“十二五”职业教育国家规划教材（修订版
经全国职业教育教材审定委员会审定

心理健康教育

（第二版）

宋专茂　李　鸥　主　编
李伟兰　黎惠生
刘荣华　肖胜勇　副主编

国家开放大学出版社·北京

图书在版编目（CIP）数据

心理健康教育／宋专茂，李鸥主编. —2版. —北京：国家开放大学出版社，2022.6（2024.5重印）

ISBN 978-7-304-11145-8

Ⅰ.①心… Ⅱ.①宋… ②李… Ⅲ.①心理健康-健康教育-高等学校-教材 Ⅳ.①G444

中国版本图书馆CIP数据核字（2022）第020895号

心理健康教育（第二版）

XINLI JIANKANG JIAOYU

宋专茂　李　鸥　主　编

李伟兰　黎惠生　刘荣华　肖胜勇　副主编

出版·发行：国家开放大学出版社

电话：营销中心 010-68180820　　总编室 010-68182524

网址：http://www.crtvup.com.cn

地址：北京市海淀区西四环中路45号　　**邮编**：100039

经销：新华书店北京发行所

策划编辑：戈　博　　**版式设计**：何智杰

责任编辑：戈　博　　**责任校对**：张　娜

责任印制：武　鹏　马　严

印刷：北京云浩印刷有限责任公司

版本：2022年6月第2版　　2024年5月第3次印刷

开本：787mm×1092mm　1/16　　**印张**：10.25　　**字数**：255千字

书号：ISBN 978-7-304-11145-8

定价：36.00元

（如有缺页或倒装，本社负责退换）

意见及建议：OUCP_ZYJY@ouchn.edu.cn

PREFACE 前言

为了适应新时代的需要，更好地服务于大学生身心健康教育与辅导工作，我们在不断吸收相关学科研究成果和总结自己多年心理健康教育工作经验的基础上，组织编写修订了这本教材。

教材根据中华人民共和国国务院批准颁布的《学校卫生工作条例》和教育部下发的《普通高等学校大学生心理健康教育工作的实施纲要（试行）》的要求，紧紧围绕当代大学生的身心特点、生活环境、学习实际以及常见的心理问题展开系统论述，为心理健康教育与辅导提供科学、实用的心理学原理与方法，力求做到“必需、够用、实用”。在内容组织与结构设计上，本书打破旧有教材的编写思路，从帮助学生认识心理认知的局限和影响健康的根源入手，以培养学生心理健康自我维护能力为主要目标，做到内容通俗而不失科学，结构清晰而又简单易记忆。全书共分 8 个单元，单元 1 从介绍个体心理认知局限和心理健康问题产生的一般机制入手，讲述了大学生常见的心理问题与应对策略；随后 7 个单元针对大学生身心健康的核心要素，包括环境适应、自我、人格、学习、人际交往、职业心理、生理发展、生活习惯等，对其发展特点、形成机制、不健康的成因与表现、调适方法等内容展开论述。在体例上，教材采用模块化设计，设置了学习目标、导航故事、知识储备、模块训练、巩固与提高等栏目。既深入浅出地勾画了大学生身心健康教育与辅导的内容体系，又有足够的实训安排，适合作为高校大学生心理与生理健康教育教材。另外，本教材增加了辅助教学的数字资料，供广大师生使用。

本书由广州大学宋专茂研究员、广东水利电力职业技术学院李鸥担任主编，广东司法警官学院李伟兰、广东工程职业学院黎惠生、广州大学刘荣华、广东工程职业学院肖胜勇担任副主编，参加编写的还有钟映荷、曹继阳、般华西、李艳霞、梁春生、梁思娴、陈琴等。

本书的编写得到有关领导的支持，书中引用了不少前辈的成果，在此一并深表感谢！由于编者水平有限，书中尚存在一些不足之处，望同人不吝赐教。

编　者

2021 年 5 月

目录

CONTENTS

单元 1

UNIT

心灵相约健康路

学习目标

1. 认识心理的实质及其变异特性。
2. 理解大学生心理发展的特点及其形成机制。
3. 掌握大学生心理健康的含义与标准。
4. 了解影响大学生心理健康的主要因素。

导航故事

我们有心理健康问题吗?

心理的变动时刻都在发生，也是每个清醒者所熟知的现象。但当人们面对种种困惑时，仿佛熟知的心理又变得陌生。请看：

“我不知道为什么，最近总感到很郁闷。”某高校大二学生小雷如是说。

“老天爷对我不公，为什么苦难、贫穷只降临于我!”一名悲观的女大学生说。

“既然偌大的世界没有我的位置，我唯有选择离开。”一名大学生留下遗书后自杀。

“我最近老走神，上课听不进，脑子里除了他还是他……”大二学生阿静苦恼地说。

“上课，枯燥、没劲；自习，无聊、没劲；睡觉，多了也累、没劲……大学让我好失望……”这是一名大学生在某大学网站上的留言。

…………

以上所举几名大学生的心理困惑感语，反映了人们对自己心理活动管理的失控。

凡此种种，印证了心理学揭示的一个原理：大学生处在人生第二次“断乳期”，身心的变化一旦走偏，就会引起不可忽视的心理危机。大学生心理健康问题不容忽视，对大学生有效的心灵导航刻不容缓。

MODULE 模块 1

心理“短板”先领悟——心理的实质与“短板”举例

知识储备

一、心理为何物

心理是十分复杂的现象。面对心理困惑，人们经常感到无所适从，甚至出现极端行为。那么，人的心理是什么？有哪些现象？它们是如何发生的呢？

在古代，人们曾经认为心理是心脏的功能，这从汉字字形与其所指就可以看出。例如，思、想、恋、怒、悲等这些表示心理现象的字，都是“心”为部首的。但现代科学证明，心理是大脑的机能，大脑神经系统进化的程度决定着心理发展的绝对水平。蚯蚓只有简单的神经节，因此产生不了思维；老虎有接近人大脑水平的复杂神经系统，故能表现出舐犊情深的母爱。

心理又是人大脑对客观世界的反映。客观世界的多样性为人的心理反映的复杂性奠定了基础。与什么样的客观世界打交道，就有什么样的心理反应内容。例如，印度历史上出现的“狼孩”虽然具备人的大脑，但由于其自幼与狼为伍，远离成人社区，结果两个“狼孩”均没有像正常儿童那样的思与想。

心理还是人大脑对客观世界的主观反映。人对客观世界的反映不是照相，不是被动地吸收，而是主动地观察、分析和整合。例如，面对相同的一幅画，不同的人会产生不同的理解。

由此可以看出，人的心理变化离不开人大脑的工作，它是人的大脑对客观现实的主观反映。既然是客观现实的反映，因而种种心理现象的发生都与当事人实际生活的经历有关联；由于是主观的反映，作为人的心理也就免不了会烙上个体经验、偏见甚至虚幻的印记。

心理是大脑的机能；大脑皮层的不同部位从事着不同类型的心理活动，大脑皮层存在功能分区，如图 1－1 所示。

二、心理“短板”举例

（一）靠不住的感知觉

感知觉，是人类心理产生的初级形式。例如，人们听到喇叭传来的声音，看到物体的光亮、颜色，尝到水果的滋味等，这些都属于感觉。人们在这些感觉的基础上，能辨认出音乐、花朵、果实等，就产生了知觉。对感知觉，人们往往赋予它以“事实”的解读。“眼见为实”，便是人们对自己感知觉信任的写照。然而，我们的感知觉并非像人们所期望的那样可靠，它甚至会无中生有。例如，注视如图 1－2 所示的这张图片，你会看到一些闪动的黑点。

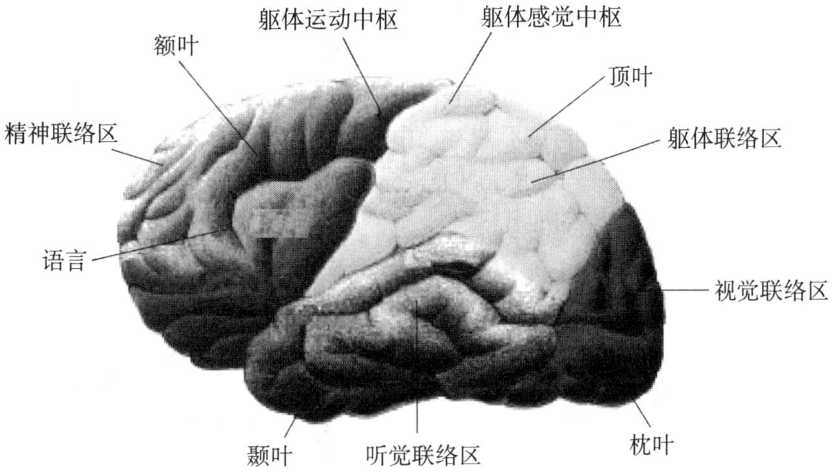

图1-1 人的大脑皮层功能分区示意图

图1-2 数一数有多少个黑点

为什么会产生这种现象呢？生理心理学家们发现，人的颜色感觉是分阶段进行的。在人的视网膜感受器阶段，光被三种锥体细胞所接受，是一种三色机制，然后在这里被编码的视觉信息再向大脑皮层视觉区的传导通路中变成四色机制，即接受来自三种锥体细胞的输入而编码的信息是一个亮度信号，同时也有一个两色差异信号。在这里，黑色的大方格与白色的小圆点由于同时被编码输送到大脑视觉中枢，结果产生视觉后效，从而变成了不断闪动的黑点。

（二）记忆：往事历历在目吗

人类凭借记忆，能积累经验和获得知识。但记忆中保存的经验和知识，是否历历在目呢？英国心理学家巴特利特（Bartlett）认为，记忆不仅形成联想，还涉及对意义的追求。记忆是一种心理重建的过程，它是在一定的社会环境中进行的，具有一定的社会性。人们对既往事件的记忆不只是简单的保存和再现，而是受文化态度和个人习惯渲染的心理重建。巴特利特通过实验证明：人们对一个事件很少在其发生的当时就如实地知觉到，观察或知觉中的遗漏部分在记忆过程中进行重建时，被以往的经验所填补。在记忆的过程中，图式起着重要的作用，因为在记忆过程中，人们总是不自觉地改变事件的某些细节，使整个事件更符合已有的图式，意义更明确。人总能在不知不觉中将新的事物纳入自己的图式中，并不断地对已有的图式进行重建。如图 1－3 所示，四个接受记忆测试的人，他们虽然见到的是同一人，可几天过后回忆起来的却是不同的面孔。

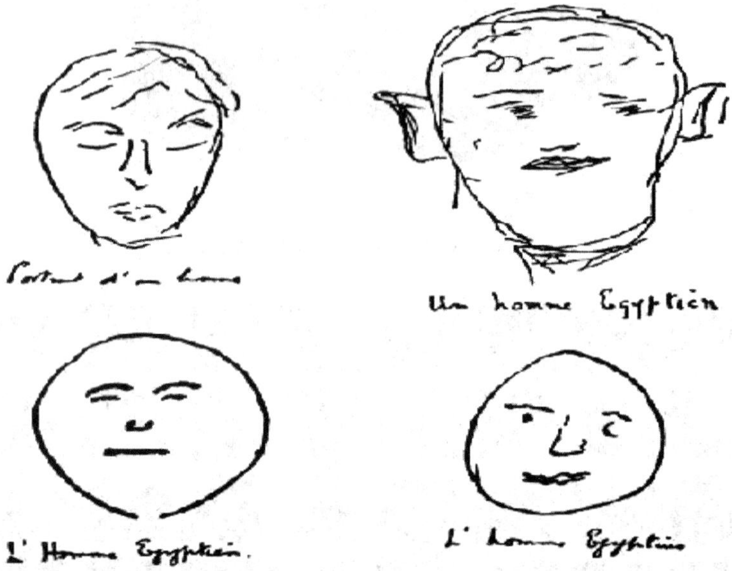

图 1－3　记忆测试

（三）思维：常常先入为主

思维，这一帮助我们摆脱具体事物的羁绊、遨游于思想太空的高级心理活动，让人类创造出千千万万的奇迹。但它也存在定式效应，使人们习惯于从固定的角度来观察、思考事物，以固定的方式来接受事物。

美国心理学家迈克曾经做过这样一个实验：从天花板上悬下两根绳子，两根绳子之间的距离超过人的两臂长，如果用一只手抓住一根绳子，那么另一只手无论如何也抓不到另外一根绳子。在这种情况下，迈克要求实验者把两根绳子系在一起。不过迈克在离绳子不远的地方放了一个滑轮，意思是想给系绳的人以帮助。尽管系绳的人早就看到了这个滑轮，却没有想到它的用处，没有想到滑轮会与系绳活动有关，结果没有完成任务和解决问题。

其实，这个问题并不难。如果系绳的人将滑轮系到一根绳子的末端，并用力使它荡起来，然后抓住另外一根绳子的末端，待滑轮荡到他面前时抓住它，就能把两根绳子系到一起，问题就解决了。

（四）信念：理解自己和世界的认知习惯

我们每个人都有关于自己及其所处世界的种种想法，这些想法来自自身的观察和经验。这些想法向我们提出世界是什么、我们为什么要存在、该怎么做才是对的等诸如此类的问题。信念的根基在于合理性，但正如美国心理学家格塞尔的观点，合理性虽然建造在心灵和语言的结构之中，却并不表明合理性就必然会遵循逻辑规则。20 世纪 60 年代以来的一系列心理学实验证明了这一点。实验结果表明，在人们的演绎推理和或然推理中，普遍存在着某些类型的、具有一贯性的（而不是偶然的）和深层的（而不是表面的）推理错误。在非常正常的情况下（而不是在疲劳、遗忘、注意力不集中、情绪激动等情况下），人们的推理活动常常会违背某些推理规则。而且，这些实验的结果具有高度的一致性。相关的心理学实验涉及两种类型的推理过程：演绎推理和或然推理。心理学实验的结果表明，被试者在正常的推理过程中会普遍地、一贯性地违背某些类型逻辑学或统计学规则。这些实验主要有：华生选择任务（Wason's selection task），了解被试者是否能够正确运用否定后件推理的规则；基率谬误（base - rate fallacy），了解被试者在确定一个假说为真的概率时是否考虑这个假说的先验概率；合取谬误（conjunction fallacy），了解被试者是否能够了解复合事件中的组成部分发生的概率要高于复合事件发生的概率。

实验的结果以华生选择任务为例，通常在实验中只有4% ~10% 的被试者能够做出正确的选择。在约翰逊 - 莱尔德（Johnson - Laird）的另一次选择实验中，被试者是128 名大学生，只有5 人做出了正确的回答。相同类型的实验，总是得到基本相同的结果。由此可以认为，逻辑规则并非我们理性能力的构成要素。

日常生活中，人们将构建逻辑规则看作内在理性能力构成要素的做法，即认为诉诸逻辑法则辩护推理的有效性。因为逻辑法则本身也需要辩护。没有得到有效维护的逻辑法则甚至会成为不利暗示的强大动力。看一看近代历史中与我们最接近及直接相关的大事件，或许就不会轻易地以为我们能够不卷入那些在事后看来极为荒唐、不可思议的事情中去了。

在理性成长相对充分的人类历史中，这种大规模人群卷入的无理智事件就有许许多多，更不用说微观的上当受骗事件。例如，我们经常购买自己并不需要的商品，并且事后才意识到是听从了他人或广告的引导暗示；又如，人们往往信任那些欺骗自己、利用自己的人。这种小范围的短暂事件可以很快被觉察并纠正，但大规模人群卷入的事件所造成的社会后果，其影响可能是巨大而长久的。

模块训练

一、训练内容

体验和感悟：思维方式影响心态。

二、训练要求与方法

以小组为单位，做以下练习：

1. 从不同的角度思考并回答“杯，是半空的还是半满的”

请分析和讨论：“只剩下半杯”或“还有半杯”，在心理上的体验有什么不同？

2. 卖布鞋和卖雨伞的故事

一位老奶奶有两个儿子，一个是卖布鞋的，一个是卖雨伞的。晴天，老奶奶担心小儿子的雨伞卖不出去；雨天，她又担心大儿子的布鞋卖不出去。因此整天愁眉不展，没有一天好心情。

想一想：老奶奶的思维方式有什么问题？应该如何转变才会有好心情？

3. 富翁的价值

有一天，苏格兰诗人贝恩斯独自一人在泰晤士河畔的大街上散步。忽然有一个富翁失足掉进河里，他在水中呼喊救命。当时有位穷苦的青年，他听到喊声后，就奋不顾身地跳进河里，冒着生命危险，把那富翁营救上岸。

那位富翁得救以后，对这位救起他的穷青年没说一句好话，丢下一个铜圆转身就要走。围在旁边观看的行人被这个富翁的骄横和忘恩负义所激怒，大家哄叫起来，七手八脚，抬起那位富翁，想把他再扔到河里去。

这时目睹这场闹剧的贝恩斯走过来，劝阻群众说："……"

那位富翁听了，面红耳赤，狼狈不堪。

提问：

（1）你觉得贝恩斯说了什么话？

（2）假如你是这位富翁，从丢下一个铜圆转身要走，到听了贝恩斯说的话之后，思维方式上应该有什么变化？

MODULE

模块 2

健康讲谱原因多
——心理健康概念与心理健康标准

知识储备

一、心理健康的含义

假如有人去医院体检，医生验完血后说他有珠蛋白生成障碍性贫血（别称地中海贫血），他肯定想知道地中海贫血是怎么回事，那些血检指标值处在什么范围内就可诊断是患了这种病。同样，你若想评定一下自己的心理是否健康，自然也要先搞清楚心理健康指的是什么，其判断标准又如何。遗憾的是，心理健康这个概念的所指不像一些生理学术语那样界限分明。相反，它的外延往往是模糊不清的，其判断标准也并非唯一。但对心理健康的评定，首先要有"心理健康"的可操作性定义，即心理健康的含义与标准。

在心理健康的含义方面，美国精神病学家卡尔·孟尼格尔（Karl Menninger）认为：心理健康是指人们对于环境及相互之间具有最高效率以及快乐的适应情况。不仅要有效率，也不只是要能有满足之感，或是能愉快地接受生活的规范，而是需要三者的同时具备。心理健康者应能保持平静的情绪、有敏锐的智能、适于社会环境的行为和令人愉快的气质。心理学家英格里斯（H. B. English）给心理健康所做出的定义是：心理健康是指一种持续的心理情况，当事者在那种情况下能有良好的适应能力，具有生命力，并能充分发展其身心的潜能。这是一种积极的丰富的心理健康表现，而不仅仅是免于心理疾病。社会学者玻肯（W. W. Bochm）的看法则是：心理健康就是合乎某一水准的社会行为，一方面为社会所接受，另一方面能为自身带来快乐。

1946 年，第三届国际心理卫生大会曾给“心理健康”做了这样一个定义：所谓心理健康是指在身体、智能，以及情绪上能保持同他人的心理不相矛盾，并将个人心境发展成为最佳的状态。

由此可以看出，虽然人们所站的角度不同，对心理健康的理解也有一定的差异，但都存在一些共同之处，那就是：心理健康是指在正常发展的智能基础上所形成的一种表现出良好个性、良好处世能力和良好人际关系的心理特质结构。

二、心理健康的标准

如何确立心理健康的标准，学术界对此并无统一的定论。世界心理卫生联合会曾提出了心理健康的一种标准，具体是指：身体、智力、情绪十分调和；适应环境，人际关系中彼此谦让；有幸福感；在工作和职业中，能充分发挥自己的能力，过着有效的生活。

我国台湾学者黄坚厚在 1982 年也提出了心理健康的四条标准：一是乐于工作，能在工作中发挥智慧和能力，以获取成就和满足；二是该有朋友的，乐于与人交往，建立良好的关系，正面态度（如尊敬、信任，喜悦等）常多于反面态度（如仇恨、怀疑人、憎恶等）；三是对自己应有适当的了解和自我悦纳的态度；四是应能和环境有良好的接触，并能运用有效的方法解决所遇到的问题。

我国学者郑日昌认为，心理健康包括：正视现实；了解自己；善与人处；情绪乐观；自尊自制；乐于工作 。

心理健康既有其基本的标准或必需成分，也存在一定的可变区间。对大学生而言，心理健康的标准可概述为如下几条。

（1）情绪稳定：心理健康的大学生能适度地表达和控制自己的情绪，愉快、乐观、满意等积极情绪总占优势，悲、忧、愁、怒等消极情绪体验很少发生或维持的时间非常短。

（2）积极的自我观念：心理健康的大学生能体验到自己存在的价值；对自己的能力、情感、身体、处境等往往有比较客观的评价；悦纳自己，既不妄自尊大做力所不能及的工作，也不妄自菲薄而甘愿放弃可能发展的机会；自信乐观，生活目标与理想切合实际，不苛求自己，能扬长避短。

（3）人际关系和谐：心理健康的大学生能认可别人存在的重要性和作用，乐于与他人沟通和交往，接受和给予他人爱与友谊，在与人相处时的积极态度（如同情、友善、信任、宽容、尊敬等）总是多于消极态度（如猜疑、嫉妒、畏惧、敌视等）。

（4）人格完整：心理健康的大学生，其人格结构包括兴趣、理想、信念、价值观和能力、性格等方面的发展平衡、和谐；具有积极进取的人生观，并以此为中心把自己的目标和行为统一起来；思考问题的方式适中、合理；待人接物常常采取恰当灵活的态度，对外界刺激不会有偏颇的情绪和行为反应。

（5）对学习、生活和工作的焦虑适度：心理健康的大学生对学习、生活和工作有紧迫感、计划性，但不过度担忧；遇到困难时，他们往往积极应对，勤于思考，有条不紊地寻找解决办法，而不是寝食不安，惶惶不可终日。

（6）良好的社会环境适应能力：心理健康的大学生在社会环境改变时能面对现实，对环境做出客观的认识和评价，使个人行为符合新环境的要求；能和社会保持良好的接触，对社会现状有清晰的认识，能及时修正自己的需要和愿望，使自己的思想、行为与社会协调一致。社会环境适应能力包括正确认识社会环境及处理个人和社会环境的关系。

（7）行为反应与年龄特征相吻合：心理健康的大学生认识、情感、言行举止都符合他所处的年龄段，具有精力充沛、勤学好问、反应敏捷、喜欢探索的行为特征，而不是过于老成或过于幼稚、过于依赖，或其他让人觉得莫名其妙的举动。在人的生命发展的不同年龄阶段，都有相应的心理行为表现。

知识链接

心理健康标准

迄今为止，关于心理健康还没有一个统一的标准，国内外学者一般认同心理健康标准较复杂，既有文化差异，也有个体差异。一般而言，判断个体心理健康与否，主要源于以下四个方面。

（1）经验标准，即当事人按照自己的主观感受来判断自己的健康，研究者凭借自己的经验对当事人的心理健康进行判定；重在关注当事人的主观心理感受，由于个体先天的遗传及后天的环境不同，经验标准更强调其个别差异。同样的生活事件，当事双方由于自我认知、自我体验不同，自我评价也不尽相同。

（2）社会适应标准。以社会中大多数人的常态为参照标准，观察当事人是否适应常态而进行其心理是否健康的判断。例如，大学生根据生理、心理与社会发展应当具有独立生活与处理生活中的事务的能力。如果有的大学生生活能力低下，不能打理自己的日常生活，这便需要引起重视。

（3）统计学标准。依据对大量正常心理特征的测量取得一个常模，把当事人的心理与常模进行比较。这个标准更多地应用于心理学研究之中。一般而言，我们都要将个体的心理测验结果与常模对照，来判断自身心理健康状况。

（4）自身行为标准。每个人在以往生活中形成的稳定的行为模式，即正常标准。事实上，心理健康与否其界限是相对的，企图找到绝对标准是不现实的，大学生心理健康标准的掌握也同样存在这样的问题。如何把握标准？我们认为应掌握三个标准，即相对性、整体协调性和发展性。我们在研究大学生整体心理健康时，应将目光投向发展的健康观，即更多的大学生在发展中面临着许多人生课题，心理危机与心理困难也都是在发展的大背景下产生的。有的心理困惑属于某一群体所特有的，如多重压力下的大学生，他们的人生期望、职业抱负、学业期待引发的学业压力、就业压力、情感压力等都需要应对。有些心理问题具有阶段性，当个体心理成熟后会自愈。

三、影响大学生心理健康的主要因素

人的心理健康是一个极为复杂的动态过程。影响心理健康的因素是多种多样的，除了与个体自身已有的心理素质有关外，也同外界环境因素的影响密切相关。一些调查研究表明，影响大学生心理健康的因素主要体现在以下几个方面。

（一）环境变迁

心理学研究表明：个体所处环境的巨大变迁会使个体产生心理应激。例如，生活环境的变迁对大学新生是一个不小的挑战。大学生离开父母后要自己独立生活，处理一切生活琐事；尤其是进入大学后面对全新的人际关系。面对来自各地风格、特点各异的新同学，如何建立协调、友好的人际关系变得非常重要。由于大多数学生在入学前一直生活在自己所熟悉的同学或亲人之间，人际关系相对稳定。但进入大学后，将面临一个结识新朋友、确立人际关系的过程。这一过程的进展将会对大学生的整个大学生活产生非常大的影响。在大学生中普遍存在的人际关系、交往及适应障碍，可能都与大学新生阶段的人际关系状况有着一定的关系。

对新环境的适应也包括对自己地位变化的适应。这种变化既包括全新的学习内容与学习方法，也包括新的人际关系，语言表达能力与未来发展定位等。全新的角色要求大学生重新评价自己与他人，重新设计自我。在适应过程中，一个基本的特点是大学生在新的环境中希望自己优秀。对于刚刚经历环境变迁的大学新生来讲，不仅存在适应外部环境的问题，更重要的是他们也面临如何自我调适的过程。总的来看，无论是对学习和生活环境的适应，还是对人际关系及自我地位变化的适应，都会极大地影响大学生当时的心理健康状况。

（二）学业期望

大学生学习的主要特点是学习自主性，学生成为学习活动的主体，而教师是学习活动的指导者。因而，大学生面临学习方法、学习内容与学习习惯的巨大转变，这也包括对自己学习能力的重新评估。

许多学生在中学时代确立自己的学业优势，有着较高的学业期待。在大学，又面临学业期待的变化、学业优势的失落，以及对自己学业的重新定位。如果大学生缺乏足够的思想准备，不能恰当接受和对待学业成绩，就会出现自信心下降、自卑感上升，甚至还会出现强烈的嫉妒心理和攻击行为。

大学的学习目的、学习方法、学习内容都有别于中学时期。社会对大学生的要求提高，用人标准转变，促使很多在校大学生既要学习专业知识，还要选修一些相关知识，如外语、计算机、汽车驾驶等，大学生需要考取各类证书以适应激烈的市场竞争。如果大学生学习目的不明确，学习方法不当，学习动机不强，自我约束能力弱，就容易出现焦虑、紧张等情绪反应，同时还会严重影响自信心，出现苦恼及自我否定等心理问题，导致学业失败。学业成绩不理想以致学业失败会极大地影响大学生的心理健康。

（三）人际关系

与中学生相比，大学生的人际关系更为广泛与深刻，角色呈多元化。来自不同地域、有着不同教育背景、不同经济状况，带着各自的生活习惯与学业期待来到大学，新型人际关系的适应是大学生面临的重要问题。既有师生关系的理解，也有同班同学及宿舍人员的相处，还有异性交往的适应等。

大学生与人交往和相处的经验相对较少，在短期内建立起一种和谐的人际关系往往需要很多的技巧，而大学生往往只感受到这一问题的重要性及其压力，缺乏必要的经验和技巧。人际关系更多反映人的一种性格特点和交往模式。因此，大学生的人际关系与自我认知和认知他人相关。一方面，他们对良好的人际关系抱有极大的期望，希望能建立和谐、友好、真诚的人际关系；另一方面，这种期望又往往过于理想化，即对别人要求或期望太高，而造成对人际关系状况的不满。这种不满又会反过来对他们的人际关系带来消极的影响。渴望交往的心理需求与心理闭锁的矛盾集于一身。

大学生中重要的人际关系是异性交往，这既包括两性之间友谊的发展也包含爱情的成长。在异性交往中需要重新认识与确立自己的方位与坐标，有的大学生面对异性的追求茫然不知所措，不知如何拒绝，如何去爱，如何把握爱的温度；有的大学生将爱情置于学业之上，甚至认为有爱就有一切，当失恋的打击袭来时，没有充分的心理准备，不知如何策略地面对分手，面对自己。

（四）自我认知

大学生活始终是丰富多彩、令人向往的。然而大学生进入大学以后，由于学习生活的转变、自身所具备的特长等诸因素的影响，大多数大学生对自我的评价也在逐渐发生转变。这些不仅表现在学习成绩、生活起居上，还表现在知识面、社会经验、人际交往及综合能力等方面。大学生的自我认知也会出现两极振荡，当取得一点儿成绩时容易自负，而遇到挫折时容易自卑，不断地调整自我认知对每位大学生都非常重要。

大学生作为同龄人中学业优秀的群体，现实自我与理想自我总有相当大的差距。对这一客观事实认识不足，就会引起认知上的矛盾，从而严重影响大学生的心理状态。在客观现实面前，有些大学生能及时调整对自身的认识，重新确立目标，符合客观现实的要求；而有些大学生则企图逃避与现实的矛盾冲突，出现消沉、颓废、苦闷、抑郁等心态，或耽于玩乐、放纵，发泄对现实的不满，以此来麻痹自己的心灵，甚至滋生自杀倾向等严重的心理问题。

处于大学阶段的青年人已强烈意识到“自我”，也注意到了自我的脆弱，因而产生强烈的充实自我、发展自我的需求。有的同学在追求发展自我中顾此失彼，没能达到期望的目标，从而产生了不良心理反应。还有的同学，在发展自我过程中放大了自我弱势、忽略了自我优势，由于害怕暴露自己的弱点而采取防御机制，缺乏必要的社会支持，甚至产生严重的烦恼和恐惧不安等心理问题。

（五）生活事件

生活事件指人们在日常生活中遇到的各种各样的社会生活的变动，生活事件不仅是测量应激的一种方法，也是一项预测身体和心理健康的重要指标。大量的研究表明：即使是中等水平的应激事件，如果它们连续发生，对个体冲抗力会累加，因而也非常严重。例如，大学生经历人际关系的疏离、评优失败及失恋，会出现明显的心理不适。

在生活事件中，重要人际关系丧失对大学生心理健康起着消极作用。重要人际关系主要是指与家人、朋友，特别是异性（恋人）的关系。这种关系一旦丧失或出现问题，不仅会影响他们的情绪、学习和生活，更重要的是，可能会极大地影响他们对自身及今后人生的看法。失恋带来的挫折感尤为严重。荣誉的丧失一般表现在：很多认为可以获奖学金或评优、入党却没有实现目标的大学生，或者如考试作弊、违纪受处分等。重要丧失在一定程度上影响大学生心理健康，严重时会导致心理障碍。

生活事件与心理健康之间的关系进行解释时，一般认为生活事件的产生增加个体适应环境的能力。个体每经历一次生活事件，必须付出精力去调整由于这一事件的发生带来的生活变化，这也带来了个体抗挫折能力的提高。

（六）家庭环境

家庭的影响主要包括家庭的情绪氛围、父母的教养态度、家庭结构及家庭经济状况四个方面。家庭是人生的奠基石，父母是孩子的第一任老师，家庭环境对大学生心理的影响是长久而深远的。家庭的情绪氛围是良好心理素质形成的前提，家庭成员间的语言及人际氛围直接影响着家庭中每个成员的心理，对个性逐渐成熟的大学生的影响更具有特别的意义。父母的教养态度和教育方法直接影响孩子的行为和心理，民主、平等而非命令、居高临下的，开明而非专制的，潜移默化而非一味娇宠的教养态度与教育方法有利于大学生心理的健康发展。家庭结构的变化如单亲家庭、重新组合家庭等因素必然会对正在读书的大学生心理产生一定影响。家庭经济状况特别是困难甚至贫困家庭的大学生易产生心理不适感。

（七）网络

因迷恋互联网而产生网瘾是影响当代大学生心理健康的新因素。互联网的飞速发展在给人类社会带来巨大变革的同时，也给大学生带来了相关的心理问题。根据有关调查研究显示，“网瘾”正在大学生群体中迅速蔓延。所谓网瘾，是指上网者由于长时间地和习惯性地沉浸在网络时空当中，对互联网产生强烈的依赖，以至于达到了痴迷的程度而难以自我摆脱的行为状态和心理状态。从类型上看，网瘾主要有以下几种类型。

（1）信息型网瘾。其主要的行为特征在于行为者出于获取信息的需要，而沉陷在互联网的信息海洋之中，对海量的信息形成无法摆脱的依赖。

（2）交往型网瘾。其主要的行为特征在于行为者出于社会交往的需要，而沉浸在虚拟的网络世界中，与天南海北的网上朋友进行信息的交流和情感的沟通，在网络空间里长时间地进行真实的“虚拟互动”，并由此而陷入沉溺状态。

（3）游戏型网瘾。其主要的行为特征在于行为者出于游戏娱乐的需要，被网络游戏深深地吸引，在过度痴迷于网络游戏的情况下，对其他事情哪怕是自己的工作和学习，也都不管不问，只顾上网玩游戏。

（4）习惯型网瘾。其主要的行为特征在于行为者出于日常工作、创新创造、排遣寂寞、寻求体验等多方面的需要，而在不知不觉中自然形成的一种网络沉溺现象。

产生网瘾的大学生，由于其对计算机和互联网形成了深度的依赖，在操作计算机和上网时，他们会长时间地持续下去而乐此不疲，如同其他类型的成瘾一样，其行为不能自制；一旦离开，他们可能会失魂落魄、烦躁不安和无所适从。网瘾使得大学生的学习和生活的正常秩序被打乱，身心健康也随即受到影响。例如游戏型网瘾者，会持久地存在难以摆脱的玩游戏的渴望和冲动，形成精神依赖和相应的生理反应。一停止游戏活动，就难以从事其他有意义的事情，而恢复操作游戏后，精神状态就恢复正常。显然，这些行为特征与其他成瘾行为一样，都属于一种心理病理行为。如果中止了这种满足，那就会产生巨大的心理压力，使人焦虑不安甚至痛苦，程度严重者，性格也会发生一定的变化，如自私、说谎、不关心他人、对社会失去责任感，以及注意力难以集中、失眠或昼夜节律颠倒等。他们不仅会有视力下降、生物钟紊乱、神经衰弱等生理特征，还经常表现出逃学、不与人交往、暴躁、自残等非正常行为。

模块训练

一、训练内容

心理健康水平自评折线图与他评折线图。

二、训练要求与方法

（1）根据如表1－1所列出的心理健康维度，参照本模块“知识储备”评价自己各个维度所在的位置，然后用一根折线将你所选位置空格中的黑点连起来，形成一个折线图。

表 1－1　心理健康水平自画像

序号	维　度	位　置		
		弱	中	强
1	情绪稳定	·	·	·
2	积极的自我观念	·	·	·
3	人际关系和谐	·	·	·
4	人格完整	·	·	·
5	对学习、生活和工作的焦虑适度	·	·	·
6	良好的社会环境适应能力	·	·	·
7	行为反应与年龄特征相吻合	·	·	·

（2）请熟悉你的同学或朋友 2～3 人，对你做出评价，画出他们对你的评价的折线图。

（3）将你自评的折线图与他人对你的评价的折线图进行比较，找出两者的差异，并分析原因。

MODULE

模块 3

心灵生忧求咨助
——心理问题、心理疾病及求助方法

知识储备

一、心理问题与心理疾病的概念

我们大多数人的心理都处于正常状态，但处于正常状态下的心理并不一定就是健康的。也就是说，一个心理正常的人可能存在一般心理问题，如因某门课程考试不及格而长久焦虑烦恼；也可能产生严重心理问题甚至疑似神经症，如因失恋而害怕见异性等。这些心理问题轻重不一，有些大学生自己找同学聊聊，诉说一番就没事了；也有些大学生可能痛苦不堪，除非向心理咨询专业人士求助，否则无法摆脱。

在心理咨询领域，人的心理状态被划分为三种，即心理正常健康状态、心理正常不健康状态和心理异常状态（见图 1－4）。所谓心理问题是指心理正常状态下的不健康情况，根据不健康程度的不同，还进一步划分为一般心理问题、严重心理问题和神经症性心理问题等多种类别。

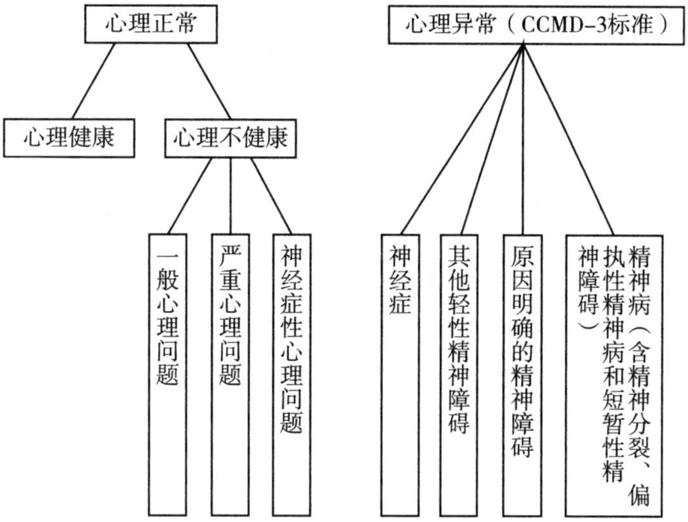

图1-4　心理状态划分示意图

在生活中，人们使用“心理问题”这个概念时，常常不仅指心理不健康的状态，也包括严格意义上的心理异常。对于心理咨询师而言，心理问题不等于心理疾病或心理异常，它顶多算是心理疾病的早期症状。

在我们人类中，有少部分人因遗传、个性和所经历的社会生活事件的影响，可能会发生大多数人认为是莫名其妙的神经症性心理问题和精神病性问题。譬如，看到人多的地方总是害怕得发抖，或自己心里头默默思考的东西总觉得能被他人听到，更为严重的是，当事人可能不觉得自己有什么病，这时他已经没有自知力了。一个人如果患有这类病，在医学上就可划归为精神性疾病了。对于精神性疾病，普通的心理咨询师大多也无能为力，而要由专业的精神科医生来医治。

值得说明的是，对于疑似神经症性心理问题和大部分神经症，如焦虑症、抑郁性神经症、恐惧症、神经衰弱等，是由于当事人精神上的紧张、干扰，而使自己在认识、情感和行为上发生偏离社会生活规范轨道的现象；心理和行为上偏离社会生活规范程度越厉害，其心理问题也就越严重。对于这类心理问题，许多心理咨询师可以运用其专业知识和技能来帮助患者解决。

二、心理咨询与心理求助

何谓心理咨询？美国心理学家卡尔·兰塞姆·罗杰斯（Carl Ransom Rogers）对咨询的定义是：咨询是指一种专门向他人提供帮助与寻求这种帮助的人们之间的关系。在这种关系中，助人者的手段及其所创造的气氛使人们逐步学会以更积极的方法对待自己和他人。

可以看出，心理咨询工作不是一般的助人行为，它所强调的是一种特殊的人际关系。心理咨询解决的是来访者心理方面存在的问题，是一种学习和成长的过程。心理咨询过程并非一般人理解的是劝慰人或开导人，也非少数人理解的仅仅是处理心理障碍。心理咨询过程，实际上是“人格重构”的过程，它所追求的目标是帮助来访者实现“心灵再度成长”。

（一）心理咨询对来访者的帮助

心理咨询对来访者有什么帮助呢？具体地讲，它可以在以下八个方面为来访者提供支持和帮助。

（1）教会来访者管理自己的情绪，使来访者拥有积极稳定的情绪，避免罹患各种情绪障碍，如抑郁症、躁狂症、分离性障碍等。

（2）帮助来访者学会正确认识自我和周围世界，使来访者拥有完善的认知体系，避免因为错误归因而导致种种失败。

（3）帮助来访者恢复爱的能力，使来访者学会幸福地工作、幸福地生活、幸福地去爱。

（4）帮助来访者拥有健全的人格，摆脱自卑、自恋、自闭等不良心态，从而更好地投入学习、工作和生活中去。

（5）帮助来访者摆脱因失业、失恋、离异等造成的痛苦，教会来访者应付生活中各种挫折的方法。

（6）矫治各种人格障碍和神经症。

（7）为来访者提供职业咨询指导，帮助来访者在人生重大问题上正确独立地抉择。

（8）帮助来访者度过人生各个发展阶段的各种危机，平安地完成人生的发展任务。

（二）寻求心理咨询师的帮助

什么状态下我们需要寻求心理咨询师的帮助？一般而言，当你处于下列一种或几种情形时，需要寻求心理咨询师的帮助。

（1）生活中遇到重大选择，犹豫不决者。

（2）学习、工作压力大，无力承受但又不能自己调节者。

（3）初涉世事，对新环境适应困难者。

（4）经受挫折后，精神萎靡不振者。

（5）过分自卑，经常心情压抑者。

（6）人际交往困难者。

（7）经历重大生活事件后，心灵受到创伤无法自愈者。

（8）有某种疾病，心理压力大者。

（9）开始出现睡眠障碍者。

（10）经常厌食或暴食者。

（11）希望提高自己素质能力者。

良好的心理咨询，是人们健康成长的好伙伴，人们将从心理咨询中找回自信和快乐，实现人生的价值与目标。

知识链接

几种常见心理疾病的特征与防治

一、焦虑症的特征与防治

（一）焦虑症的特征

焦虑症是以广泛和持续性焦虑或反复发作的惊恐不安为主要特征的神经症性障碍，表现为没有事实根据也无明确客观对象和具体观念内容的提心吊胆和恐惧不安的心情，还有植物神经症状和肌肉紧张，以及运动性不安。例如，有些人考试前预料到考试失败又无能为力去应付的痛苦反应。焦虑症分为广泛性焦虑和惊恐障碍两种形式，主要症状有下几种。

（1）与处境不相称的痛苦情绪体验。典型形式为没有确定的客观对象和具体而固定的观念内容的提心吊胆和恐惧。例如，明明知道家里父母身体健康，却总担心他们会生病去世，或过分担心课程考试不及格，为此终日心烦意乱，干什么也没有心思，常称为漂浮焦虑（Free－floating anxiety）或无名焦虑。

（2）精神运动性不安。坐立不安，来回走动，甚至奔跑喊叫，也可表现为不自主的震颤或发抖。

（3）伴有身体不适感的自主神经功能障碍，如出汗、口干、嗓子发堵、胸闷气短、呼吸困难、竖毛、心悸、脸上发红（发白）、恶心呕吐、尿急、尿频、头晕、全身尤其是两腿无力等。只有焦虑的情绪体验而没有运动神经和自主神经功能的任何表现，不能合理地视为病理症状。反之，没有不安和恐惧的内心体验，单纯身体表现也不能视为焦虑。

（二）焦虑症的防治

（1）正确估计自己，转变观念。克服不安的心情的关键在于能客观地评估自己和环境，将事实和负面的想象分开。正确估计自己有利于转变观念，调整自己的价值观和想法，以降低求胜动机所引起的焦虑程度。在心理咨询中，如果能引导来访者接受生活中不利于自己的变化，学会忍受它带来的不适，来访者就能慢慢减轻焦虑。

（2）学会舒缓和放松。可以运用深呼吸，配合正面的自我暗示，调节自己，帮助自己放松身心，做体育锻炼或找人倾诉。例如，运用意念放松法放松自己，具体操作为：静下心来，排除杂念，闭上眼睛，把注意力集中在“丹田”，想象着“丹田”中的这股气由腹部逐渐上升到胸部，再上升到头部，直到头顶“百会”处，吐气时想象，这股气由“百会”自后向下顺着脖子、脊梁，直到回到“丹田”。这样一吸一呼，反复进行。由于集中了全部的注意力，能使来访者逐渐达到排除一切杂念、心静神宁的境地，有消除紧张、自我放松的效果。

（3）学会训练自信心，敢于面对挑战。如果来访者能面对挑战，有意识地逐步做一些来访者一直在回避的事情，来访者会发现情况比其预想的更好，来访者其实拥有应付的能力。对此，我们要学会一些训练自信心的方法，即对消极的自我暗示进行挑战。

以考试焦虑为例，具体操作方法如下：首先，把一些朦胧的消极自我暗示用清晰的书面语言表达出来。让来访者坐在桌前，静下心来，在一张白纸上把对事件（如考试）的所有忧虑写出来，使来访者清楚地认识到消极的自我暗示有哪些。然后，向消极暗示中的不合理成分进行自我质辩，指出这种消极的暗示的不现实性和不合理性，阐明对自己的危害，并明确自己以后应采取的态度，给自己积极的自我暗示。例如“担心自己的能力不能胜任这次考试”，可以这样告诫自己：“这种担心会松懈自己的斗志，转移自己的注意目标，扰乱当前的精神状态，应及早排除。只要认真做好考前复习，这次考试完全能考好。当前最紧要的是做好考前复习”。通过向消极的自我暗示挑战，可以帮助考试焦虑者树立正确的自我意向，增强考试信心，克服考试焦虑的担忧成分，使考试成绩得到提高，经常进行这样的训练，经常给予自己积极的自我暗示，不仅对克服考试焦虑有帮助，而且可以改进整个人的精神面貌，使来访者在学习生活中更加主动，更加自信，更加乐观。

（4）学会正确处理各种应急事件的方法，增强心理防御能力。以实际行动解决问题。把焦虑化为积极的行为，跨出一步，有一点儿进步，来访者的压力就会减轻一些。

（5）充分认识到焦虑症不是器质性疾病，对人的生命没有直接威胁，因此不应有任何精神压力和心理负担。

（6）培养广泛的兴趣和爱好，使心情豁达开朗。在可能的情况下争取家属、同学、组织上的关照、支持，解决好可引起焦虑的具体问题。

二、神经衰弱的特征与防治

（一）神经衰弱的特征

神经衰弱是指精神容易兴奋和脑力容易疲劳，常伴有情绪烦恼和一些心理生理症状的一种神经症。神经衰弱一词最先由美国医生比尔德（G. M. Beard）于 1868 年提出，近年来又在分类中取消这一名词。在我国和国际疾病分类中均保留神经衰弱这一诊断。目前，国际上有把神经衰弱的症状局限于容易疲劳为主要表现的倾向。青壮年期发病较多，脑力工作者较常见，占门诊就诊神经症患者的半数以上。综合诸多患者的症状，可归纳出神经衰弱的特征如下。

（1）躯体化症状。患者没有器质性病变存在，但常有疼痛感，通常由紧张情绪引起，以紧张性头痛最为常见。患者感到头重、头涨、头部紧压感，或颈项僵硬，有的还表现为腰背、四肢肌肉痛。这种疼痛的程度与劳累无明显关系，即使休息也无法缓解。疼痛的表现往往也很复杂，可以表现为持续性疼痛或间歇性疼痛，有的还表现为钝痛或刺痛。病痛部位的分布不一定符合解剖部位，而且位置也不固定，会变动。总的来说，神经衰弱患者紧张性疼痛表现繁多，但多与情绪紧张密切相关。

（2）精神衰弱症状。脑力与体力均易疲劳，表现为精神萎靡不振，疲乏无力，不能用脑或脑力迟钝，困倦思睡，头昏脑涨，思考困难，注意力不集中，记忆力减退，健忘（患者诉说做事丢三落四，说话常出错，记不起刚经历过的事），工作不持久，效率下降，但智力正常，意志薄弱，缺乏信心和勇气，容易悲观失望。

（3）情绪症状。易烦多忧，心情紧张，面对生活中的各种矛盾和困难，即使是容易解决的矛盾，对正常人来说可能是“不屑一顾”的事，但他总觉得困难重重，无法解决，以致唉声叹气，终日愁眉苦脸。对已发生的事，过多地自责或怨恨别人，有短暂、轻度的抑郁心境，但不会有自杀的企图或意念。情绪容易激动，自制力减弱，可因小事而烦躁、忧伤，事后又懊丧不已。

（4）中枢神经兴奋症状。大脑中枢神经容易兴奋，可表现为回忆和联想增多且难以控制，感官与内脏感受器感受性明显增强，如对声光敏感，常怕光、怕声，甚至怕冷、怕热，一点刺激都难以忍受，手指、眼睑与舌尖颤动等。

（5）睡眠障碍。睡眠节律失调，夜晚入睡困难，睡眠浮浅，多噩梦，易早睡，醒后感到不解乏，头脑不清醒。有时表现为睡眠节律的紊乱，日间昏昏欲睡，傍晚反而精神振作。最常见的是入睡困难、辗转难眠，以致心情烦躁，更难入睡；有的患者诉说多梦、易惊醒，或感到睡眠很浅，似乎整夜都未曾入睡。还有的患者虽已酣然入睡，鼾声大作，但醒后坚决否认已经睡了，缺乏真实的睡眠感。这类患者为失眠而担心、苦恼，往往超过了睡眠障碍本身带来的痛苦，反映了患者的焦虑心境。

(6) 自主神经功能紊乱症状。主要表现在：心血管系统，如心慌胸闷、心动过速、心前区疼痛、四肢发凉、皮肤潮热、多汗、血压不稳等；胃肠道症状，如消化不良、食欲缺乏、恶心、腹胀、腹痛、便秘或腹泻等；泌尿生殖系统症状，如尿频、尿急、遗精、阳痿、早泄、月经不调等。

(二) 神经衰弱的防治

对于大学生而言，防治神经衰弱的关键是针对主要病因——学习疲劳而搞好用脑卫生，其中核心措施就是合理安排作息时间，主要可从以下五个方面入手。

(1) 学习时间。每日总学习时间不要超过12小时，特别要避免连续“开夜车”的习惯。

(2) 体育锻炼活动。根据个人的体力、爱好，每天坚持适当的体育锻炼，如打球、做体操等，每天应有1小时左右的户外锻炼。

(3) 休息因素。充分利用课间时间，尽量到户外进行活动，让大脑休息。

(4) 睡眠因素。合理的睡眠是防止大脑皮层衰竭的最积极措施，每天保证充足的睡眠。

(5) 膳食因素。科学地安排好每天的饮食，特别要吃好吃饱早餐，多吃优质蛋白以及蔬菜、水果和坚果类食品。

(三) 神经衰弱的自我调节

(1) 通过心理咨询，减轻心理负担，坚定治愈的信心。

(2) 通过呼吸控制法加以调节。

①深呼吸法。做到深长缓慢，腹部上下起伏，注意体会呼吸时的声音和躯体越来越松弛的感觉。

②叹气法。站立或坐着深叹一口气，然后让新鲜空气自然地进入肺部。

③拍打呼吸法。直立，两手自然垂直，慢吸气，后用两手指尖或手掌轻轻敲打胸部各部位，呼气时适当用力一点儿一点儿间歇地吐。

④交替呼吸法。即堵住一侧鼻孔吸气，换堵另一侧呼气，反复10～30次。

(3) 通过自我暗示法加以自我调节。例如在睡前，主要通过言语暗示，放松身体各部位，注意切勿速度过快或漫不经心。催眠的暗示语可以是：“我的全身轻松了，困乏了……我的全身都充满了倦意，手脚已无力动了，我很想睡了……我的眼睛已睁不开了，我真想闭上眼睡一觉……我很快就会睡着了……浓浓的睡意笼罩了我，我要睡了，要深深地睡一觉了……我要睡了，我马上就要熟睡了……”注意千万别去想这暗示语是否有道理或有作用，只要跟着做就行了。

(4) 音乐治疗。根据自己的症状情况和条件，选用一些轻音乐，或清晨，或下午学习疲劳时，或入睡前，边休息边听轻音乐（尽量不要用迪斯科之类乐曲），常有消除疲劳和紧张、减轻心理压力及娱乐身心等一举多得之效。需要提醒的是，听音乐时间要合理，不要过长，同时音量也不要过大，否则会适得其反。

(5) 药物辅助治疗。五味子糖浆，按说明服至症状好转；谷维素片，睡前服2片。

三、抑郁性神经症的特征与防治

（一）抑郁性神经症的特征

抑郁性神经症又称神经症性抑郁，是一种以持久的心境低落状态为特征的神经症，常伴有焦虑、躯体不适感和睡眠障碍。患者有治疗要求，而无明显的运动性抑郁或精神病性症状，生活能力不受严重影响。本症国际上通称为“心境恶劣”。其临床表现有以下几个方面。

（1）情绪低落。本病在外表上不一定有明显的异常表现，也无抑郁症那样悲痛欲绝、消极忧愁的症状。多数患者不经细致检查，无法看出有什么问题。但是绝大多数患者皆有持久性情绪低落和不愉快的内心体验，诉说自己大部分时间的情绪是低落的，高兴不起来。自觉心情压抑、沮丧、忧愁、苦闷、悲痛、无精打采；对日常活动（工作、学习、生活、家务、业余爱好和娱乐活动等）缺乏兴趣和活力；对周围环境冷淡，缺乏积极参加社交活动的情趣。但是患者并非整天处于情绪低落状态，在日常生活中可以表露出正常人喜怒哀乐的情绪变化，但是总的心理倾向是孤独、空虚、忧郁和悲伤。多数患者用“郁郁寡欢”“沉闷空虚”“凄凉失望”“孤独，无生活乐趣”等词汇描述自己的内心体验。哭泣是常见的症状表现，一般来说，暗泣多于痛哭流涕。

（2）认知障碍。情感是人心理活动的“染色剂”，人的一切心理行为无不打上情感色彩的“烙印”。因此，情绪低落必然导致认知功能的障碍，具体表现为“忧郁性认识三联征”——对自身、对现在和对未来曲解等认知障碍。其特点是自我评价过低，自责自罪，消沉悲观，优柔寡断，思维迟钝，自惭形秽，言行消极，对人生和前途充满消极情绪，感到生活毫无意义。

（3）意志行为力弱。自觉懒散无力，精神不振，反应缓慢，对学习、工作缺乏信心，效率低下。意志行为退缩，缺乏动力和活力。对日常事务感到厌倦和无意义，尽量回避社交应酬和担负责任，甚至日常家务等最简单的任务都难以完成。不愿主动与他人交往，但是被动接触良好。

（4）躯体症状表现为全身疲乏，缺乏体力和精力，常有胸闷、心悸、腹部不适、食欲缺乏、便秘、睡眠障碍、性欲减退等。其中，睡眠障碍较为突出，失眠、难以入睡、早醒、多梦等是常见症状。不少人伴有疑病观念和躯体不适症状。

（5）自杀意念。大多数患者有消极观念，声称“活着不如死去”。少数重症患者有自杀倾向，必须高度警惕。

（二）抑郁性神经症的防治

（1）遵循神经症防治原则，以心理治疗为主，辅以药物治疗。抑郁性神经症通常由心理事件引起，患者在患病初期对事件常耿耿于怀。故防治的首要环节是学会正确认识自己，设法改变自己众多不合理观念，如觉得不如人、自身无价值、成为他人的负担、无前途等，要通过求助心理咨询专业人员来帮助自己矫正不合理信念。同时，若出现精神与体力的不足与疲劳感，可以通过喊叫等发泄方式振奋精神及体能。

（2）消除致病的各种不良心理社会因素，如正确解决择业、进步、家庭、工作、恋爱、婚姻等心理社会矛盾。

（3）尽量摆脱诱发此病的环境因素，必要时调换工作和生活环境，放弃过高的人生追求，正确对待现实生活，保持心理平衡。

(4) 通过医生开具处方，应用抗抑郁药物。抑郁性神经症经过系统的认知（认知行为疗法），结合药物等治疗，可获得理想效果。

四、恐惧症的特征与防治

（一）恐惧症的特征

恐惧症是以对某一特殊物体、活动或情境产生持续的和不合理的恐惧为特征的神经症性障碍。恐惧症发作时往往伴有显著的焦虑和自主神经症状。患者极力回避所害怕的客体或处境，或是带有畏惧去忍受。其担忧可能仅仅集中于个别症状，如心慌或感觉要晕倒，也常伴有继发性恐惧，如害怕自我失控、会死或会发疯。明知别人在同样情境不会感到危险或威胁，但不能减轻其焦虑。患者只要设想进入恐怖处境，就会产生预期性焦虑。

恐惧症可分为场所恐惧症、社交恐惧症和单纯恐惧症三大类。它们的共性特征为：

①对某些客体或处境有强烈恐惧，恐惧的程度与实际危险不相称。

②发作时伴有自主神经症状，如头晕、昏倒、心慌、颤抖、出汗等。

③对恐惧对象一定要有回避行为。

④知道这种恐惧是过分、不合理、不必要的，但无法控制。

上述各症状可单独出现或合并出现。

(1) 场所恐惧症的具体特征。场所恐惧症又称广场恐惧症，它最初用来描述对聚会场所感到恐惧的综合征，目前已不限于广场。它不仅包括害怕开放的空间或害怕离家（或独自在家），也包括害怕置身于人群拥挤场合或者难以逃回安全处所（多为家）的其他地方，如商店、剧院、车厢或机舱等。其临床表现有三个特点：

①恐惧症状。患者担心在公共场所昏倒而无亲友救助，或失去自控又无法迅速离开。这种恐惧是对即将发生危险的一种预期，预感到自己或所爱的人将发生可怕的后果，且伴有植物性神经功能激活的表现，很多病人在焦虑程度严重时出现惊恐发作。

②恐惧均在特定情境中发生。多数场合是拥挤人群、封闭场所、难以立即逃到安全地方等情境。

③回避行为，即立即从恐怖情境中逃走或回避恐怖情境是场所恐惧症的一个重要特征。

(2) 社交恐惧症的具体特征。社交恐惧症主要表现为对一种或多种人际处境持久的强烈恐惧和回避行为。恐惧的对象可以是某个人或某些人，也可以相当泛化，包括除了某些特别熟悉的亲友之外所有的人。

社交恐惧症的具体表现为：恐惧被别人注视，恐惧自己会做出丢脸的言谈举止或表决；或者害怕自己在别人面前张口结舌，害怕吃饭时由于有人注视而丑态百出，在公共厕所里害怕因恐惧而解不出小便；或者，由于旁边有人而害怕得手发抖以致无法写字；害怕在公共场所呕吐；等等。由于害怕，他们拒绝参加各类聚会，也可能回避所有公众场合，如餐厅、剧场和公共车辆等。在极端的情况下，可引起完全的社会隔离。除焦虑外，还有面红、心慌、震颤、出汗、恶心、尿急等症状。

社交恐惧症患者多数有自卑感和害怕别人评论自己。虽然也可见到抑郁、强迫症状，但不如场所恐惧症时多见。本症与场所恐惧症的不同在于，患者的先占观念是害怕别人给予不好的评价和自己感到发窘，从而行为上表现出避开与他人的接触和交谈，而不是害怕无法离开。

（3）单纯恐惧症的具体特征。单纯恐惧症又称特定恐惧症，是指对存在或预期的某种特殊物体或情境出现的不合理恐惧。最常见的恐惧对象有：某些动物（如狗、猫、蛇、老鼠、蜜蜂、蜘蛛）、登高、雷电、坐飞机、外伤或出血、锐器及特定的疾病（如放射性疾病、性病、艾滋病）等。例如，对雷雨恐惧者，不仅雷雨发生时觉得恐惧，而且对可能发生雷雨的天气，如阴天时，也可能感到强烈的焦虑不安，甚至为了消除焦虑而主动离开这个地方，以回避雷雨发生。

（二）恐惧症的防治

恐惧症的防治重点要解决“怕”的认知根源和应对经验。从自我预防方面，可采取以下方法。

（1）克服自卑感。自卑感是青年大学生恐惧症的内在根源，因此防治恐惧症，尤其是社交恐惧症的关键是要从心理上去掉自卑感。克服自卑感的方法之一，是要看到自己的优点，多想一想自己曾经做成功的事例，通过成功体验来肯定自己，并由此产生积极的自我认知观念，树立一种自强、自信、自立的自我精神。只有这样，在心理上才能战胜消极的恐惧感。

（2）学会应对技巧。恐惧症主要由一种“怕”的心理引起，如怕见陌生人、怕难为情、怕表现自我等。但“怕”的根源除了与自信心缺乏有关外，还与应对技巧有密切关系。例如，一个缺少与陌生人打交道的人之所以产生对陌生人的恐惧，有个重要的原因就是缺少交往经验，脑子里搜索不到熟练的应对思路和技巧。因此，克服恐惧症的另一个重要策略，是有意识地多接触周围与所“怕”对象相关的人和事，通过常年的生活、工作、学习，积累相关应对技巧和经验，逐步培养对外界的适应能力。

（3）运用“习惯成自然”的方法来克服恐惧心理。恐惧症的认知基础在于对恐惧对象的“无知”，这种“无知”表现在接触少、了解不深，缺乏相处的直接体验。事实上，我们正常人在生活中遇到和处理的事件中，如果感到非常陌生，起初也会有些“恐惧”，但熟悉之后就会泰然自若。因此，增加与“恐惧”对象的直接接触机会，接触多了，“习惯成自然”，恐惧感也就减少甚至消失。心理咨询中使用的“满灌疗法”就是这个原理。例如，对一个社交恐惧症患者，有意让他去与咨询师布置的“陌生人”打交道，尽管起初会不太习惯，有时会出现失态的情境，会怕和难为情，但当他走出了第一步之后，会逐渐明白，任何人都不是天生就具有那种良好的社交心理和手段的，人需要在后天的社交活动中培养，才能变得自如起来。

（4）培养多方面的兴趣爱好，大胆参与有益的社会活动，改变过度内向、依赖、胆小怕事等不良性格特征。兴趣多，活动多，接触的人与事越多，应对技巧和经验越丰富，产生恐惧的心理根源就可大大减少。

在专业心理治疗方面，目前治疗恐惧症的方法主要有以下几种。

（1）认知疗法。这是一种不断灌输观念的治疗方法。咨询师不断地告诉来访者，这种恐惧是非常正常的，让来访者正确认识对象和活动的性质，如人与人交往的程序，教来访者一些与人交往的方法等。

（2）催眠疗法。咨询师将来访者催眠，挖掘来访者心灵或记忆深处的东西，看来访者是否经历过某种窘迫的事件，找出与生活事件相联系的心理冲突，使恐惧减轻或消失。这种疗法时间长，花费也比较大。

（3）满灌疗法。咨询师让来访者处在恐惧刺激最强的环境里，然后自动缓解其恐惧心理。

（4）情境治疗。让来访者在一个假想的空间里，不断地模拟发生恐惧症的场景，不断练习重复发生症状的情节，咨询师会不断地鼓励来访者面对这种场面，让来访者从假想中适应这种产生焦虑紧张的环境。

（5）药物疗法。主要是针对来访者的发病是因为来访者体内某种化学物质的失调所致，所以运用药物调节平衡。

模块训练

一、训练内容

心理健康自测。

二、训练要求与方法

1. 用本书附录1提供的《SCL－90症状自评量表》进行自评，并按照以下方法计分（见表1－2）：选A计1分，选B计2分，选C计3分，选D计4分，选E计5分。

2. 将每个因子所包含项目答案得分相加，记在“原始得分”栏，求出因子分。

3. 核实一下，看有无因子分超过2.5分。若有，请找心理咨询师帮你分析和辅导。

表1－2　《SCL－90症状自评量表》结果统计表

因子名称	因子所包含项目（题目编号）	项目数	原始得分	因子分（原始得分/项目数）
躯体化	1、4、12、27、40、42、48、49、52、53、56、58	12		
强迫	3、9、10、28、38、45、46、51、55、65	10		
人际关系	6、21、34、36、37、41、61、69、73	9		
抑郁	5、14、15、20、22、26、29、30、31、32、54、71、79	13		
焦虑	2、17、23、33、39、57、72、78、80、86	10		
敌对	11、24、63、67、74、81	6		
恐惧	13、25、47、50、70、75、82	7		
偏执	8、18、43、68、76、83	6		
精神病性	7、16、35、62、77、84、85、87、88、90	10		
其他	19、44、59、60、64、66、89	7		
均分				
总分				

巩固与提高

单元知识小结

心理是人大脑对客观世界的主观反映；其主观性为心理的个体差别和变异留下了空间；大学生的心理发展具有许多独特的特点，并有着客观的必然；虽然人们对心理健康的认识有着不同的看法，但大学生心理健康存在一个相对的评价标准；大学生心理健康受多种因素的影响，环境变迁、学业期望、人际关系、自我认知、生活事件、家庭环境、网络等是影响心理健康的主要因素。人的心理健康状态可划分为三种，即心理正常健康状态、心理正常不健康状态和心理异常状态。当心理处于不健康状态时需要寻求心理咨询师的帮助。

思考与练习

1. 如何理解人的心理特性与心理健康之间的关系？
2. 大学生心理健康的标准是什么？
3. 人的心理健康除受本单元提及的这些因素影响之外，还可能受哪些因素的影响？

UNIT 单元 2

上大学，习适应

学习目标

1. 了解大学新生环境适应的特点与心理机制。
2. 掌握大学新生常见环境适应问题与对策。
3. 掌握大学新生网瘾问题与对策。

导航故事

小钟来自广东梅州，进入广州某高校学习已两个多月。她自幼生活在贫困农村，一直使用客家方言与他人沟通，普通话水平一般，对粤语感到非常陌生。小钟在中学时代一直是受人瞩目的出色学生，她希望上大学后能够充分地发展自己，展示自己。但进入大学后，她不再像以前那样处处出色了，学习状态不理想，尤其在工程数学的学习方面很吃力，而且不再担任学生干部职务，与周围同学的交往不是很愉快，情绪经常波动，很不稳定。小钟家在农村，父母的身体不是很好，还有一个弟弟在读高中，家庭经济状况很差，她担心自己不能顺利完成学业，对不起在家的父母。因此，产生了许多心理上的矛盾和困惑。自入学以来，她情绪郁闷，时好时坏，晚间常做噩梦，食欲减退，无法安心读书；与同学的交往也不是很好，觉得同学瞧不起她；她很想家，想父母，对自己的未来很困惑，很茫然，不知该怎样做。

案例中的小钟显然出现了大学新生环境适应方面的障碍。

MODULE

模块 1

大学环境心中明
——环境适应与心理机制

知识储备

一、大学环境与适应特点

朱智贤主编的《心理学大词典》中对“适应”的定义是这样的：适应是来源于生物学

的一个名词，用来表示能增加有机体生存机会的那些身体上和行为上的改变。适应是个体与环境的互动关系，个体在与环境相互作用的过程中，通过不断调整自己身心状态，使身心与现实环境保持和谐一致，从而达到认识环境、改造环境、发展自我的目的。

大学展现给大学生的是一个全新的环境，大学新生所要经历的也是一种全新的生活，自我的不断觉醒，所处的社会环境、校园文化环境、生活环境、学习环境及人际关系的变化冲突，必将给他们带来学习、生活、交往方面的适应问题。通常大学新生对环境的适应有以下几个突出的特点。

（一）独立自理能力的要求迅速提高

离家远行的入学旅程，是大学生独立处理事情的开始。第一次独自离家远行，有不少新生自信心不足，甚至要由多个家长陪同入学，结果独立自理能力得不到锻炼。但对于那些独立处理入学事情的学生，如买车票、转车签票、托运行李等，则可锻炼自己的独立自理能力，他们会觉得自己有点儿像个大人了。这种感觉正是他们走向成熟的良好起点。

如果说入学旅程是大学生独立处理事情的开始，那么入校后能否迅速地了解和熟悉校园环境，则决定了大学新生能否在这个环境中自如地生活、学习。因为到了大学，无论是生活环境还是管理制度都与中学时代有不少差异。

首先，从生活方式上看，中学生大多住在家里，不少人拥有属于自己的独立空间，起居由父母安排，除了学习外，凡事不用操心。大学生活是集体生活，住宿舍、吃食堂，凡事要靠自己处理。这种改变对缺乏独立自理能力的学生是个挑战。

其次，从生活习惯看，饮食方面的显著差异、气候与语言环境的变化、作息制度与卫生习惯的不同、经济上安排不当等，都可能造成大学新生适应不良。

再次，从生活范围看，中学生生活领域较窄，基本上是从家门到校门。由于高考的压力，学习是其生活的中心内容，课余时间很少，校园生活单一。进入大学犹如从“小天地”来到“大世界”，丰富多彩的校园生活使大学新生目不暇接，其生活的领域大大拓宽。

最后，从管理制度方面看，在中学时代，学校、老师对学生采取直接管理，事事由老师安排。到了大学则更多强调学生的自我管理、自我教育、自我服务，许多活动由学生自己组织。

（二）角色转变与自我评估受到冲击

角色是人在社会行为系统中与一定社会位置相关联的符合社会要求的行为模式。大学新生从中学毕业而来，相当一部分人并没有真正认识到自己角色的转变，角色意识还停留在中学生这一层次。这种角色意识的滞后性，妨碍着新生对大学生活的适应。

许多大学生在中学时期是佼佼者，深得老师、同学瞩目，是家长宠爱的对象、生活的中心和重心。但在大学里，人人有奇才，个个是高手，重新排定座次，只能有少数人保持原来的中心地位和重要角色。大多数学生在从中心角色向普通角色的转变中，自我评价会受到不同程度的冲击。一方面，一些原来以学业成绩优秀而建立起自信心的大学生，如果用原有的信念推论出“学习成绩不好个人价值就低”的结论，其自尊心和自信心就会受到打击。另一方面，由于大学里评价人的标准并非是单一的学习成绩，那些知识面广、社会交往能力强或能歌善舞、有专长的同学，都可能令人刮目相看。这会使那些只看重学习成绩却缺少其他能力或特长的学生在心理上产生不平衡感，因而对自己的认识和评价发生动摇。对这种困惑迷茫的心理状态调整不好，就容易产生心理障碍，并因此而导致焦虑、失眠、神经衰弱和抑郁等。

（三）依赖资源发生剧变

进入大学后，中学时期拥有的许多依赖资源可能丧失或依赖方式发生改变。第一，大学新生最重要的依赖资源丧失是失去了对家庭的完整依赖。从事事由家长做主到常常要自己拿主意，包括买哪种牌子的牙膏、选什么课、胃痛时吃什么药等，这些在中学时代能随时得到的依赖资源在大学往往得不到，这使得初次离家者顿生无助感。甚至有少数大学生因无法独立生活而退学回家的事例。第二，对教师的被动依赖资源减少。中学教学更多地强调教师的主导作用，由教师制定学习目标、学习计划并监督执行。而大学更多强调学生的能动作用，原来由教师完成的许多工作要由学生自己完成。许多大学新生对此产生茫然不知所措的感觉。有些学生甚至要用一两年的时间来调整自己以适应新的教学风格和学习方式。不能及时调整自己状态的学生则可能导致学习成绩下降，由此带来的心理问题是不言而喻的。第三，朋友的分离。许多人在中学时代都结交了非常要好的朋友，友谊深厚，是人青春时代重要的精神支柱和财富，这种友谊关系是影响心理健康发展的一个外在因素。但升学使多数好朋友各奔东西、身处异地，在新的环境中又难以短时间内觅到挚友。一旦遇到困难，受到挫折，孤独感和失落感油然而生。

（四）学习内容与学习方式变化幅度大

大学里的学习内容和教学方法与中学相比，可以说有质的不同。

一方面，中学时期的学习任务主要是学习科学文化的基础知识，而大学是培养高级专门人才的场所，大学生既要学习基础知识，又要掌握专门技能；大学生不仅要学习经典的、基础的理论知识，而且要学习科技最新发展的成果，学习内容多、任务重、范围广、要求高。

另一方面，在中学时期，教师的授课方式是以学生能理解为目的，内容少，练习多，一切学习生活由教师安排，学生处于被动接受知识的状态。但到了大学则不同，教师上课来，下课走，课程多，教材有取有舍，要求学生能独立思考、学习及自我管理。这种学习方法的转变，要求学生尽快调整自己所处的位置，达到“角色转变”，然而，许多学生往往缺乏必要的心理准备，仍然抱着那种等待心理。在经历一个阶段的学习之后，便感到有些茫然失措，其情绪由兴奋转为自卑、消沉，部分学生处于难以适应的境地。个别学生的学习适应期长达半年到一年。

二、大学新生环境适应的心理机制

瑞士心理学家让·皮亚杰（Jean Piaget）认为，适应的内部机制就是同化与顺应的平衡。处在一定环境下的个体，通过同化和顺应的作用而取得相对平衡的适应状态。这种相对平衡的适应状态不是绝对静止的，某一个水平的平衡会成为另一个水平的平衡运动的开始。如果机体与环境失去平衡，就需要改变行为以重建平衡。这种“平衡—不平衡—平衡”的动态变化过程就是适应。

但只用同化与顺应这两个过程来说明适应似乎过于简单。在解释社会适应中一些复杂的适应过程时，许多研究者认为从出现不适应现象到重新适应之间，一般要经历认知调节、态度转变和行为选择三个环节。

（一）认知调节

认知调节是适应过程的起始阶段，它包括外部评估和内部评估。

（1）外部评估。外部评估是认知调节的第一个阶段，是指主体对变化了的外部环境及其对自身发展所具有的影响作用，进行全面了解并做出新的判断的过程，其主要任务是确定外部环境中发生了哪些新变化、提出了哪些新要求，这些变化和要求对自身发展所具有的影响，在此基础上应能对发展中遇到的困难做出准确的判断，对新的角色期待形成正确的理解与把握。

（2）内部评估。内部评估是指主体在对外部变化做出正确判断的基础上，对自身内部状态进一步的了解与判断。实际上这是一种在自我监控系统的参与下，自我评价和自我意向重新调整的过程，具体包括对因外部变化引起的内部不平衡状态的估计、对不适应现象的归因分析、对已有经验的检索与比较、对原有行为方式应对效果的审视与判断等。

由外部评估到内部评估是认知调节发展的必然过程。在这一过程中，主体的理解力、判断力和自我评价的水平对认知调节的效果具有直接的影响。

（二）态度转变

认知过程的变化必然会引起情绪体验的变化，同时也会导致行为意向发生相应的变化。当认知、情感和行为意向都发生了变化时，就会引起态度的改变。态度的转变实际上是对动力系统和反应倾向的调节，这是适应新环境的变化、保持和恢复心理平衡的一种背景条件。

（三）行为选择

行为选择实际上是一个比较与决策的过程，其核心是对原有行为方式的调整与改变。行为方式的重新选择是以认知的调节与态度的改变为基础的，受思维方式与态度倾向的直接制约。思维方式与态度倾向如果是积极的，那么主体的行为方式也会是积极的；思维方式与态度倾向如果是消极的，那么主体的行为方式也会是消极的。在这一过程中，同化与顺应这两种调节方式始终在发挥着作用。

模块训练

一、训练内容

环境适应能力自评。

二、训练要求与方法

1. 用本书附录2《环境适应能力自测》进行自评。
2. 根据表2－1，计算出每一项的得分，累计即为总分。

表2－1　环境适应能力自测答卷

题号	1	2	3	4	5	6	7	8	9	10
√	0	2	0	2	0	2	0	0	0	2
?	1	1	1	1	1	1	1	1	1	1
×	2	0	2	0	2	0	2	2	2	0
题号	11	12	13	14	15	16	17	18	19	20
√	0	2	0	2	0	2	0	2	0	2
?	1	1	1	1	1	1	1	1	1	1
×	2	0	2	0	2	0	2	0	2	0

3. 分析自己的环境适应能力，并向心理咨询师咨询或与其他同学讨论。

分数含义如下：

38～40分：环境适应能力很强。你能很快地适应新的学习、工作、生活环境，与人交往轻松、大方，给人的印象良好。你无论进入什么样的环境，都能应付自如，左右逢源。

34～37分：环境适应能力良好。你能较好地适应环境的变化，态度积极，乐于与外界交往，有较强的调适能力。

29～33分：环境适应能力一般。当你进入新环境后，经过一段时间的努力，基本上就能适应。

23～28分：环境适应能力较差。你习惯于依赖较好的学习、生活环境，一旦遇到困难则易怨天尤人，甚至消沉、退缩。

22分以下：环境适应能力很差。你在各种新环境中，即使经过一段时间的努力，还是不一定适应，常常因与周围事物格格不入而感到十分苦恼。在与他人的交往中，总是显得拘谨、羞怯、手足无措。

如果你在本测验中得分较低，也不必忧心忡忡，因为一个人的环境适应能力是随着年龄的增长，知识、经验的丰富而不断增强的。只要你有信心，努力学习，加强锻炼，一定会成为适应社会的成功者。

测验结果仅供参考。

MODULE 模块2

接受考验靠理性——心理适应问题与对策

知识储备

由于客观环境的突然变化和个体差异的存在，不少大学新生会出现这样或那样的问题，常见的有失落心理问题、人际适应不良问题、学习方法不适应问题等。

一、失落心理问题与对策

失落心理是对自己某种行为后果或境遇与预期相差甚远而感到失望的一种消极心态。其产生与两种因素有关：其一，感到学校或专业不理想。这是一种较普遍存在的、影响新生情绪的消极心理，自认为未考好或志愿未填好，产生对高考结果的失落；自己上此学校是一种无奈，是抱着权宜之计上学；带着沮丧、遗憾、无奈等复杂情绪入学，可能有考虑退学或转专业的意念，更谈不上学习的目标与动力了。由于对录取学校所学专业不接纳、不认同，导致对前途的茫然、失望，心理上的抵触情绪和失落感比较严重。其二，所上大学与理想中的大学差距太大。由于大学新生入学前将大学生活过分理想化，把大学生活想象得浪漫、神秘和多姿多彩，再加上其对所上学校的优势也不了解。入学后却发现或感到并非完全如此，现实的生活与想象中的差距也使得他们产生了很大的心理落差，他们往往是从校园环境等表面现象得出结论。过高的期望值与大学的现实生活反差较大，导致部分大学新生入学后出现情绪波动和失落。

这种因失落情绪产生的心理障碍现象，会影响当事人的身心健康发展和健全人格的形成，因此，我们必须设法对其进行防治和自我调适。失落心理的防治与自我调适主要方法如下所述。

（一）正确认识大学生活的特点和要求

大学生活的显著特点是学生必须自主、独立，不论衣食住行还是学习、交友，乃至认识社会和人生，都需要更多地依靠学生自己的知识和能力去思考、判断、选择和行动。了解大学生活有哪些新变化，将有助于新生较快地适应大学生活。

首先是在生活环境方面，生活方式由依赖父母安排，转为凡事要靠自己选择和处理的集体生活。

其次是学习状况的变化。大学里的学习任务比中学内容多、任务重、范围广、深度大，学习方式由依赖老师安排转变为学生自主安排学习，这样的学习方式更有利于大学生的个性发展，并将重点考验个人的学习能力（包括规划能力、认知新事物的能力、分析能力、分配时间的能力及反思能力）。

再次是人际关系的变化。面对一个全新的学习和生活环境，有些学生对人际交往的方式与对象的改变会难以适应；由于人际交往的要求，大学新生往往因缺乏必要的交往技巧而难以建立友好的协调关系。

最后是管理制度的变化。从教学管理看，大学实行学分制，学生可提前修满学分提早毕业，也可以延长学习时间。从管理方法上看，大学更多地强调学生的自我管理、自我教育、自我服务、自我约束。从管理系统上看，大学校园各个职能部门都直接参与学生的思想教育管理、学籍管理、宿舍管理、课外活动管理等。

因此，大学新生要正确地面对自己和他人，以积极的心态面对生活，在挫折中逐步找到自己的平衡点，探求自身更好的发展。

（二）积极适应新环境

了解了大学生活的特点，就必须尽快适应大学生活。为此，大学新生应从以下几方面积极适应新环境。

（1）尽快提高生活自理能力。上大学后，大学生应该摆脱过去过度的依赖心理，在辅导员和导师的指导下自觉主动地参与集体生活，学会自己照顾自己，独立处理生活与学习中遇到的问题。注意向高年级优秀学生学习，听取他们的成长感言及建议。

（2）摸索适应大学学习的方法。对大学学习的不适应最易使大学新生产生情绪波动与自我评价偏差。大学新生要正确认识大学学习的特点，逐步摸索与自己水平、基础相适应的学习方法，注重自学能力的培养，学会管理支配时间，学会应用工具书，利用图书馆等条件自学。

（3）学习掌握人际沟通技巧。与来自各地，性格、习惯各异的同学交往，需要把握交往机会，学习沟通技巧，采取积极主动的方式与他人交往。

（4）升华理想，确定新的奋斗目标。适应环境最根本的因素是要有明确的奋斗目标。

进入大学后，专业方向基本已定，可以把美好的理想与所学专业结合起来，从社会理想的高度来认识上大学的意义，增强社会责任感和历史责任感，把社会需要与自身条件相结合，确立新的奋斗目标。

二、人际适应不良问题与对策

“与从四面八方来的同学同住一个宿舍，我遇到了好多问题：我习惯早起，室友说我早晨吵到他们了；可是晚上他们又‘卧谈’，谈到很晚，我被他们吵得睡不着；还有寝室卫生，有的人特别不自觉，该值日时偷懒，而且从来不提开水，用别人的……很多很多问题，有几次差一点儿要开战了。我也知道这不是谁的错，可能是大家的生活习惯不一样吧。可是怎么才能解决这些问题，让我尽快适应大学的集体生活和人际关系呢?”

不知如何与来自不同家庭、不同社会背景的人相处，是一些大学新生人际交往障碍的主要表现．由此而引发的人际矛盾和心理不适往往给一些大学新生带来许多烦恼。这在大学生的心理问题中占很高的比例。例如，有的学生与同寝室的同学长期关系冷淡，稍有不和便恶语相加。有的学生不愿与人交往，也很少参加集体活动，缺少朋友，对外界很少关心，经常把自己封闭在狭小的天地中。还有的学生奉行“我行我素”的处世原则，过分关注自我，注重自我在人际交往中的地位，过多考虑自己的需要，而忽视他人的需要和存在，对别人缺乏关心和谅解，导致了人际交往中的自命不凡和过于敏感挑剔。还有不少新生不能适应新的师生关系。有的学生不知如何处理与异性的关系，有的新生受习惯心理影响，对男女交往过分敏感，从而使正常的异性交往不能自然进行，甚至相互隔离；也有的学生过快地将同学关系发展成恋爱关系，过早地沉溺于“二人世界”；也有的学生陷入单相思而不能自拔，由此而产生情感冲突。这些学生大都会出现因人际关系失调造成的焦虑不安、心慌意乱、孤单失落、寂寞失眠、注意力分散甚至社交恐惧等症状，严重地妨碍个人身心健康。

克服人际适应不良主要有以下方法。

（1）要学会承认各人有各人的生活习惯和价值体系。如果你与别人生活在一起，你就得连同他（她）的生活方式一起接受。如果别人的生活方式有碍于你的生活（如夜里玩游戏影响你的休息，未经允许随便翻动你的东西等），你就需要委婉地提出意见，并适当地进行自我调整（如调整作息时间、调换宿舍等）。

（2）学会宽容。对人宽，对己严，切忌以自我为中心。在平时的生活中，做到“三主动”，即主动与同学打招呼，主动和同学讲话，主动帮助别人。在帮助别人的时候，不要计较别人能不能、会不会报答你。

（3）主动做一些公共的工作。主动做公共事务，可以增加同学们对你的好感，同学间的关系也会变得融洽。

（4）要学会与人沟通。要建立良好的人际关系离不开良好的人际沟通，良好的人际沟通是开启人与人之间心灵沟通的钥匙，是化解人们之间误解和冲突的宝剑，是增进人与人之间感情的润滑剂。尊重、理解和信任他人是建立良好的人际关系的基石，只有建立在尊重、理解和信任他人的基础上，人际关系才能纯洁、长久和有活力。人际交往要心理相容。每个人的优缺点各不相同，本着“求大同存小异”的原则，学习别人的优点，包容别人的缺点，你就会得到很多的朋友。尽管现在社会竞争激烈，利益冲突增多。但是，无论什么时候，那些不过分计较自己得失，多为别人着想的人，总会受到大家的尊重和喜爱。

作为学生，应学会多渠道主动与老师交流和合作。首先要理解老师的多种角色，有的老师，不仅是老师，而且是领导，还是科研工作者，他们的时间非常宝贵。所以，如果你不能主动与大学老师沟通和交流，老师可能以为你没有这样的需求。当然，与老师的沟通和交流有多种方式，既可以面对面地交流，也可以通过网络、电话、书信等方式来交流。

三、学习方法不适应问题与对策

由于大学学习与中学学习在学习目标、学习内容和形式上都有所不同，刚入学不久的一部分大学新生会有许多的不适应。大学生学习活动的组织管理，不再像中学那样主要依靠老师的指导和督促，而是以自我组织、自我管理为主，教师指导、督促为辅。大学生除参加必要的课堂教学活动外，大部分时间都由学生自己安排，选修课也由自己选定，因此，从学习时间到学习内容都有较大的自由支配的余地。没有了中学里老师的耳提面命，许多大学新生面对知识的海洋，不知从何学起，难免会产生困惑、迷茫和无所适从的感觉。也有一些大学新生在学习上有一种“船到码头车到站”的松懈心理，学习动机的强度发生落差，没有正确的学习目标，缺乏较强的学习动力与意志，于是不思进取，得过且过。此外，部分学生处理不好学习专业知识和为了扩大知识面而参加社会活动的关系，处理不好学习与文体活动的关系，不会调节学习和休息，不会制订科学、可行的学习计划。面对知识的海洋，这部分学生会产生困惑、迷惑和无所适从的感觉，进而形成焦虑和自卑心理。

要解决上述问题，就要尽快摸索和掌握大学的学习方法，及时解决学什么、怎么学和如何安排学习时间的问题，这是大学新生尽快适应大学学习生活的关键。

（1）正确认识大学学习的特点，做学习的主人，通过自主学习，逐步养成自学的习惯，培养自学能力。

（2）克服学习方法的惯性，尽快改变中学时被动的、听命于老师的、满足于死记硬背的学习方法，树立主动、独立、勤于思考的学习观念。从个人实际出发，逐步摸索出与自己水平、基础和大学教学相适应的学习方法。要根据大学的课程特点、教学内容、教学形式和教学方法及教师的个性特点，不断地进行调整，主动适应大学学习的特点。

（3）要把转变学习方法与转变思维结合起来。例如，在中学时代，我们的学习较多研究事物在相对静止状态下的问题，偏于形式逻辑思维，而大学的学习重在研究事物的运动、变化、发展过程中的问题，偏于辩证逻辑思维。这种辩证思维贯穿于整个大学的教学过程，它对学习方法有着直接的影响；反过来，学习方法的转变又会促进辩证思维的发展。两者是相辅相成、相互促进的。

（4）要学会善于支配时间，制订学习计划。在学习精力和时间的支配上，刚入学的最初阶段应该集中在学好规定的课程，而不是急于过多地阅读与课程无关的书刊。要养成预习、复习的好习惯，抓好听讲、记笔记、练习、质疑等几个环节，学会利用工具书、图书馆等条件，处理好学习与体育锻炼、文娱活动、社会活动及睡眠的关系，还要注意合理的营养，以满足脑力和体力劳动的消耗。当学习中遇到困难时，要不畏惧、不气馁。经过一个阶段的努力，培养起新的学习习惯，就会逐步适应新的生活，进入大学阶段学习的自由王国。

模块训练

一、训练内容

心理应对能力自评。

二、训练要求与方法

1. 用本书附录3《心理应对能力测验》进行自评。

2. 根据表2－2和随后的“计分与解释”，计算出每一项的得分，累计即为总分。

表2－2 心理应对能力答案表

题号	答案			题号	答案		
	A	B	C		A	B	C
1	2	4	6	16	6	4	2
2	2	4	6	17	2	6	4
3	6	2	4	18	6	4	2
4	4	6	2	19	2	4	6
5	6	4	2	20	6	4	2
6	2	6	4	21	2	4	6
7	2	6	4	22	4	2	6
8	6	4	2	23	4	6	2
9	6	4	2	24*			
10	4	6	2	25	4	6	2
11	2	6	4	26	6	2	4
12	2	4	6	27	2	4	6
13	6	2	4	28	2	6	4
14	6	2	4	29	2	6	4
15	2	4	6	30	4	2	6

注：第24题计分如下：答案A、B、C中，若答“是”计6分；反之计0分。

3. 分析自己的心理应对能力，并向心理咨询师咨询或与其他同学讨论。

【计分与解释】

将选定答案与表格内的分数对照，各项得分相加即为总分。

总分越高，表明心理应对能力越强；反之，则越差。

总分在80分以下，表明心理应对能力很低，面对外界的各种变化、挑战和困难，你可能会茫然、束手无策。

总分在81～100分，表明心理应对能力偏低，应对内外刺激的水平有限。

总分在101～135分，表明心理应对能力在正常范围内。

总分在136～165分，表明心理应对能力较强，能较好地适应外界的变化和各种压力，你知道如何来处理出现的问题，并能较好地做出调整。

总分在165分以上，表明心理应对能力很强。

MODULE 模块3

网络好用莫上瘾——网瘾问题与对策

知识储备

刚从竞争激烈的高考“独木桥”上脱颖而出的大学新生，面对宽松、自由的学习生活可能或多或少有点不适应。互联网构建的虚拟世界，着实也有着这样或那样的诱惑，其中对新生影响最大的就是网瘾。它不仅影响大学生的学业和身心健康，也给管理者带来不少麻烦。如何防治网瘾已是人们必须解决的课题。

一、网瘾的含义及特征

网瘾即网络成瘾，又称网络成瘾综合征（Internet Addiction Aisorder，IAD），临床上是指由于患者对互联网过度依赖而导致的一种不健康心理状态以及伴随的生理性不适。国外有学者将其定义为：强迫性的过度使用网络和剥夺上网行为之后出现的焦躁和情绪行为。也有学者认为，网络成瘾是由于重复地使用网络而导致的一种慢性或周期性的着迷状态，并且带来难以抗拒的再度使用欲望，同时对上网带来的快感一直有生理及心理依赖。也就是说，因为网络的许多特质带给使用者许多快感，同时又因很容易重复获得这些愉悦的体验，使用者便在享受这些快感时渐渐失去了时间感，一方面逐渐对网络产生依赖，另一方面导致沉迷和上瘾。最早提出网瘾概念的是美国纽约市的心理医生依凡·金伯格（Ivan Goldberg），这一提法迅速引起了美国临床心理学家的广泛关注。网络成瘾的患者通常会没有理由、无节制地花费大量时间和精力在互联网上持续聊天、浏览和玩游戏，以致影响生活质量，降低工作效率，损害身体健康，并在生活中出现心理障碍、人格障碍。

美国学者格劳赫尔（Grohol）认为，使用互联网的行为具有阶段性：第一个阶段是成瘾阶段，新用户往往采用完全沉溺于其中的方式，来使自己适应新环境；第二个阶段是觉醒阶段，用户开始减少互联网的使用；第三个阶段是平衡阶段，此时用户进入了正常的互联网使用状态。他认为，那些被互联网“俘获”的人主要是不能顺利度过第一个阶段，需要他人帮助才能进入第三个阶段。而对于一个已经度过第一个阶段并进入第三个阶段的网络“老手”，也仍然有可能出现滥用，如他想寻找更有吸引力的聊天室、新闻组或Web站点等。

二、网瘾的诊断标准

按照《网络成瘾临床诊断标准》，网络成瘾分为计算机网络游戏成瘾、网络色情成瘾、网络交友成瘾、网络信息搜集成瘾、网络交易成瘾五类。该标准明确了网络成瘾的诊断和治疗方法。网络成瘾的临床症状诊断标准为：

（1）对网络的使用有强烈的渴求或冲动感。

（2）减少或停止上网时会出现周身不适、烦躁、易激惹、注意力不集中、睡眠障碍等戒断反应，上述戒断反应可通过使用其他类似的电子媒介，如电视、掌上游戏机等来缓解。

（3）下述 5 条内至少符合 1 条：①为达到满足感而不断增加使用网络的时间和投入的程度；②使用网络的开始、结束及持续时间难以控制，经多次努力后均未成功；③固执使用网络而不顾其明显的危害性后果，即使知道网络使用的危害仍难以停止；④因使用网络而减少或放弃了其他的兴趣、娱乐或社交活动；⑤将使用网络作为一种逃避问题或缓解不良情绪的途径。

三、大学生网络成瘾的原因

根据弗洛伊德（Sigmund Freud）的精神分析理论，人的心理活动分为潜意识、前意识和意识三个部分。网络成瘾的起因应归结为被压抑在潜意识中的本能欲望没有得到释放的结果。潜意识是指行为主体察觉不到的、不能自觉调控的意识；前意识是指可以回想起的、重新唤醒的意识；此处所说的意识是指能够察觉到并能自觉调节控制的意识。以此为基础的人格结构由“本我”“自我”“超我”三个部分组成。“本我”是个人最原始、最本能的冲动，依照“快乐原则”行事；“自我”是个人在与环境接触中由“本我”衍生而得的，它依照现实原则行事，并调节“本我”的冲动；“超我”是道德化的“自我”，依照道德原则行事，是良知与负疚感形成的基础。“本我”“自我”“超我”之间的矛盾冲突及协调构成了一个人的人格基础。部分大学生在追求快乐、刺激的同时，不能控制“本我”，越陷越深，导致了恶果的发生：痴迷游戏、学业退步……

网络给传统人际关系带来的冲击是史无前例的。由于家庭和学校缺乏对大学生社会交际能力的培养，不少大学生形成了孤僻的性格。相当部分的大学生有某种程度上的人格缺陷，如意志薄弱、优柔寡断、好依赖他人、过分焦虑紧张、缺乏自制力等。此外，大学生活受到挫折，如学习上的失落、失恋等，他们往往难以应付生活对他们的挑战，希望在互联网上寻找精神寄托，从而大大减少了现实生活中人际交往的压力。网络可以让一些人在一定程度上宣泄被压抑的情绪，获得一定程度的心理自我调适效果，可以让大学生尝试虚拟的新角色，起到“角色扮演”的作用。

四、大学生网瘾的危害

互联网虽然有很大的利用价值，但一个人若上网成瘾，则弊大于利。其危害主要表现在以下几方面。

（一）网络成瘾荒废学业

一名学生这样描述自己的“症状”：平日里无精打采，一上网就处于亢奋状态。每天虽然告诫自己不要泡吧了，可一到傍晚，还是不由自主地走进网吧，一玩就玩到了凌晨，想停也停不下来。刚进大学时成绩还不错，后来“红灯”越挂越多，差点被除名，学校最后同意让我试读一学期。

学生本是以学知识为主，然而不少学生沉迷网络游戏和聊天后，便整天想着网络，不能集中精力听课，不能按时完成作业，或者干脆不上课。结果就是学习成绩下滑，学业无法顺利完成。

（二）人际交往能力减退

网络突破了交往的时空限制，对大学新生的人际交往产生巨大影响。人们在网上待的时间越长，他们在现实中与人打交道的机会就会越少，“人—机—人”的交流取代了“人—人”面对面的交往，但人际情感是需要人与人的社会交往来维持的。网上交流时，人们的音容笑貌以数字化的方式在屏幕上传播，缺乏现实情感的真实体验，这必然导致个体对现实情感的疏远、亲朋好友的感情联系淡化。人们长时间与计算机打交道便减少了与外界人际接触的机会，这样便会对网络产生无形的眷恋和过多地依赖。“网上是社交高手，网下是孤家寡人”，这样也就造成了人际情感的逐渐萎缩，从而也使人际信任产生危机。

（三）腐蚀灵魂

色情和暴力对人们的心理冲击是非常大的。网络上一些暴力游戏、色情电影（音乐、图片及文字）、非法论坛等消极信息会诱导青年大学生过分放纵，使大学生法律及道德观念淡薄，人生观、价值观扭曲，继而迷失方向。美国的调查资料显示，由于媒体大肆渲染色情和暴力场面，致使美国社会暴力犯罪不断，使人们的安全感和道德意识大大降低。国内案例也说明，有一些学生因为长期迷恋网上的枪战游戏、杀人游戏，在现实世界中，他们也是经常打打杀杀，不是弄得这个头破血流，就是把那个打得鼻青脸肿，生活充满血腥味，这些游戏使人都成了“知人知面不知心”的危险人物。还有一些学生，因为经常浏览色情网站，或沉迷于网聊、网恋、网婚之中，发展到现实中破坏别人家庭，丧失伦理道德。

五、网瘾的防治

防治大学生网瘾，既需要改善客观环境，也需要当事人的主观努力。

从客观环境的改善方面看，一方面，学校要为大学生创造实现自我价值的环境。目前不少大学生是从大一就开始就有网瘾的。因为他们进入新的学习环境和人际交往领域后，一旦不合群而产生失落感，就往往以网络为寄托。因此，高校对大学新生，要特别关注他们的这一转型期，帮助他们解决困难，鼓励他们利用课余时间为社会服务或参加勤工俭学活动。另一方面，要加强网瘾治疗方法的研究，为有效的咨询和治疗提供依据。网瘾常常与某方面的心理缺陷有关。有的学生渴望胜人一筹，但在现实生活中难以实现，便到网上寻求心理补偿；有的学生在人际交往中遇到问题不知所措，便向网友倾诉，但根本解决不了实际问题；还有的学生在中学时被管得太紧，有逆反心理，进了大学，便在网上拼命释放“天性”。此外，专家认为，那些性格内向、焦虑倾向严重、不善于与人交往的学生有网瘾的可能性较大，一些自律能力较差的学生也会不知不觉地上网成瘾。对这些心理缺陷，应该“对症下药”，给予治疗。

从网瘾当事人的主观努力方面看，若上网成瘾，首先，自己要尽快寻求心理帮助。其次，努力培养自己正确使用网络的技能，养成良好的使用习惯。通过向专业人士请教或同学间互相讨论，或阅读专业书籍、刊物，掌握正确使用网络的技能。例如，学会时间管理技术，制作上网时间提示卡片或用闹钟定时，按照规定的时间及时下网；将网络的危害列在卡片上，放在显示器旁边以随时自我提醒；制订学习及娱乐的计划，按重要性进行排序，请同学或朋友监督完成。

模块训练

一、训练内容

梭子鱼综合征。

二、训练要求与方法

有一条来自北方的梭子鱼被养在一个分隔为两部分的大水箱里的一边，另一边里有无数鲤鱼。鲤鱼和梭子鱼之间被玻璃隔开。饿坏了的梭子鱼为吃到鲤鱼做了无数次的努力，但每次都因玻璃的阻隔而失败。最后，梭子鱼认识到要接近鲤鱼是不可能的。这时，玻璃板被拿走了，但梭子鱼却不再去攻击鲤鱼。这种行为就称为“梭子鱼综合征”。

讨论：

1. “梭子鱼综合征”有什么特点？
2. 与大家分享一些你所知道的“梭子鱼综合征”例子。
3. 为什么会出现“梭子鱼综合征”？
4. 怎样才能帮助别人或自己摆脱“梭子鱼综合征”？
5. “梭子鱼综合征”有没有积极的方面？如果有，一般在什么情况下发生，请举例说明。

巩固与提高

单元知识小结

大学新生对环境的适应具有独立自理能力的要求迅速提高、角色转变与自我评估受到冲击、依赖资源发生剧变、学习内容与学习方式变化幅度大等特点，这些特点会给不少新入学的大学生带来学习、生活、人际交往等方面的适应问题，常见的有失落心理问题、人际适应不良问题、学习方法不适应问题等。同时，刚从竞争激烈的高考“独木桥”上脱颖而出的大学新生，面对宽松、自由的学习生活可能或多或少有点不适应。互联网构建的虚拟世界，着实也有着这样那样的诱惑，其中对新生影响最大的就是网瘾。它不仅影响着大学生的学业和身心健康，也给管理者带来不少麻烦。对大学新生出现的各种心理问题，可以从客观环境的改善和当事人的主观努力两方面来协同防治。

思考与练习

1. 你认为大学新生的适应性心理问题主要是由哪些因素引起的？
2. 大学新生怎样做才能适应大学新的生活方式？

单元 3 UNIT

自我意识须弄清

学习目标

1. 掌握大学生自我发展的特点与形成机制。
2. 了解大学生自我发展与心理健康的重要性，能够识别大学生自我发展过程中常见的异常表现。
3. 学会分析导致大学生自我发展出现异常的原因。
4. 掌握对大学生自我发展异常进行心理调适的几种方法。

导航故事

自己救自己

某人在屋檐下躲雨，看见观音正撑伞走过。这人说："观音菩萨，普度一下众生吧，带我一段如何？"观音说："我在雨里，你在檐下，而檐下无雨，你不需要我度。"这人立刻跳出檐下，站在雨中说："现在我也在雨中了，该度我了吧？"观音说："你在雨中，我也在雨中，我不被淋，因为有伞；你被雨淋，因为无伞。所以不是我度自己，而是伞度我。你要想度，不必找我，请自找伞去！"说完便走了。第二天，这人遇到了难事，便去寺庙里求观音。走进庙里，才发现观音的像前也有一个人在拜，而那个人和观音长得一模一样，丝毫不差。这人问："你是观音吗？"那人答道："我正是观音。"这人又问："那你为何还拜自己？"观音笑道："我也遇到了难事，但我知道，求人不如求己。"

MODULE 模块 1

自我意识怎形成
——自我意识的发展特点与形成机制

知识储备

一、自我意识概念与个体发展进程

自我，是心理学界一直关注的一个问题，也是人类古老的一个话题。人类从未停止对自我的探讨，也一直争论不休。

美国心理学家希尔加德（Hilgard）曾认为：……自我意识是……最不可靠的。你自己就像坐在理发店里的两面镜子中间一样，一个影像对着另外一个，你看着我，我看着你，很快，你就会对哪一个是自我在看、哪一个是被看而感到迷惑。

自我的使用范围非常广，它不仅指我们是如何思考和感觉自己的，也指我们进行这些活动时的过程，即对我们自身在思考和感知的一种意识。①

知识链接

个体自我发展的进程

个体的自我意识不是与生俱来的，而是在其成长过程中逐步形成和发展的。人首先是对外部世界、对他人有了自己的认识，然后才逐步认识自己，将目光逐渐由外部世界转而关注自己的内心世界，把自己作为认识的对象。我们知道，婴儿刚出生的时候是没有自我意识的，混混沌沌，人我不分，物我不分，在 1.5～2 岁，儿童有了最初的自我意识，开始以第一人称直呼自己。到了学前期，3～4 岁的幼儿自我评价开始发生，4 岁左右有了自我体验，4～5 岁的幼儿已有了一定的自我控制，其独立性、目的性、自觉性得以发展。到了学龄初期，儿童出现道德评价能力，能从道德原则、主观动机等方面评价自己行为的好坏。到 10 岁左右，他们的自我评价的独立性、批判性获得发展。进入少年期，自我意识产生质变，他们不仅能认识到自己的外部特征，而且还能反映和体察自己的内心世界，意识到自己的人格。少年开始关心自己，注意思索自己是什么样的人，产生了解自己特点与人格的愿望。

初步进入青年期，自我意识接近成熟，他们不但关心自己是什么样的人，而且极为看重自己将成为什么样的人及如何成为理想中的人。他们能进行自我调控、自我反省，以及发展自我、完善自我和教育自我，有意识地形成优良的人格品质，消除不良的人格特点。青年人实现“现实自我”与“理想自我”的有机统一，实现“主体的我”与“社会的我”的有机统一。他们能有目的、有计划地改造自我、塑造自我、完善健全自我，能较为全面、客观、辩证地认识、评价和看待自我，能有意识地协调自己的心理与行为、自己的人格倾向与人格特征。由于自我认识水平的提高、自我体验程度的加深、自我调控能力的增强，青年人的自我意识已然成熟和稳定。

美国著名精神病专家和精神分析学派的代表人物之一——埃里克森（E. H. Erikson）的自我论对推动完整自我心理学体系的建立有重要贡献。他认为，人的自我意识的发展持续人的一生，但经历不同的阶段有着不同的核心问题，这些问题是由个体的成熟、社会文化环境、社会期望间不断发展的冲突和矛盾规定的。如果在每一阶段内，冲突解决得好，发展问题处理得好，就能形成积极的自我意识，形成良好的个性，否则对自我的认识处于极大的矛盾中，容易形成消极的个性品质。

埃里克森强调，青年期的发展课题就是同一性的确立和防止同一性的扩散，在确立

① 乔纳森·布朗. 自我. 陈浩莺，薛贵，曾盼盼，译. 北京：人民邮电出版社，2004.

自我同一性的过程中必须在七方面取得整合，才能建立正确积极的自我意识，获得健全的人格发展。一旦在自我同一性的形成过程中出现同一性失调，就会导致自己无法认识自己或无法确认自我，从而使得自我处在一种毫无布局的弥漫、扩散、混乱状态。

在一段时间内，为寻找自我、发现自我而出现暂时的同一性分散或角色混乱，多属正常现象。通过角色实验、亲身体验，经过一段时间的自我的痛苦探索，可能实现新的、更富创造性的、积极的自我同一。

但是，如果长期遭受同一性的挫折，就会出现持久的、病态的同一性危机。他们无法知道自己究竟是什么样的人，想要成为什么样的人，不能形成清晰的自我同一感，致使自尊心脆弱、受挫，道德标准受阻，长久找不到发展方向，无法按自己设计的样式正常生活。有的会走向与社会要求的同一性相反的消极的同一性。

二、大学生自我发展的特点与形成机制

进入青年期，自我意识发生了新的质变，心理活动指向内心世界，深度和广度都是前所未有的，他们开始从社会性方面意识到自己的存在，并从社会性方面认识和评价自己，体验和调控自己。由于一系列的矛盾（见表3－1），大学生在独立意向、自我评价、自我体验和自我控制等方面均表现出相应的矛盾性，形成大学生自我发展的特点与规律。

表3－1　埃里克森的发展阶段理论[1]

成年后期								自我整合对绝望
成年中期							繁衍对停滞	
成年早期					提携感对社会孤立	亲密对孤独		
青少年期	时间前景对时间前景的扩散	自我肯定对自我意识过剩	角色实验对消极同一性	成就预期对工作瘫痪	同一性对同一性扩散	性别同一性对性别扩散	领导的极化对权威的扩散	思想的极化对理想的扩散
童年期				勤奋对自卑	劳动同一性对同一性丧失			
幼儿期			主导对罪恶感		游戏同一性对同一性幻想			
婴儿后期		自主性对羞耻、怀疑			两极性对自闭			

① 张日昇．青年心理学．北京：北京师范大学出版社，1993.

续表

婴儿前期	信任对不信任							
社会性发展	1. 口唇期	2. 肛门期	3. 生殖器期	4. 潜伏期	5. 青春期	6. 成年期	7. 中年期	8. 老年期
生物性发展								
中心环境	母亲	双亲	家庭	近邻或学校	伙伴及朋友	性爱或结婚	家庭传统	人类亲友
品质	希望	意志力	目标	能力	诚实	爱	关心	贤明

（一）独立意向的矛盾性

大学生独立意向的矛盾性表现在他们的独立意向强烈、较强的逆反心理和依赖心理并存。

独立意向是大学生在成长和发展中摆脱他人监督、支配和管教的一种自我意识倾向。大学生生理发育已基本成熟，社会化程度也有了一定提高，因而在心理上产生强烈的成人感和独立感，希望摆脱自己对家长和教师的依赖，向周围人显示自己的主张和能力，不喜欢旁人有太多的干预。

在现实中大学生逆反心理主要表现在如下几方面：对正面宣传做反向思考；对先进人物无端否定；对不良倾向产生认同感；对思想政治教育和校规校纪消极抵制。① 由此可见，有的大学生是为了显示自己与众不同，突出自我，故意做出与传统、成人、师长和社会所不期望的事或与要求相违背的事情，以示对现实的不满。他们的经济未独立，心理上不成熟，独立性表现不成熟就有可能出现消极盲目的逆反心理。

有的大学生在某些方面表现得很有见解，而遇到大事，又摇摆不定，没有主意，最终只好听从父母的意见。不少大学生仍然处于父母的遥控之下，还有的大学生很容易受到外界的暗示，随波逐流，不加分析地接受别人的意见或受到各种诱惑。

（二）自我评价的矛盾性

大学生的自我评价需要增强，但是他们的自我评价易出偏差。

进入大学后，大学生对认识和评价自己充满了浓厚的兴趣和紧迫感，自我认识的内容更加丰富和深刻。随他们独立生活的开始，大学生拓展了自由空间、交际面和活动空间，开始了“自我发现”的新时期，他们急于想在新的环境里认识自己、评价自己，找到自己的位置，不仅是对自己仪表和外貌的认识和评价，更多的是对自己的能力、性格、品德、人生价值等深层次问题的探讨。

尽管大学生对自我认识的内容十分全面，但由于他们的认识能力有限，难免出现对自我评价缺乏必要的客观性和正确性的现象，对自我的了解和判断常常流于表面，出现自我否

① 邱弘钟．大学生心理咨询与治疗．广州：广东高等教育出版社，1997.

定、自卑、自负等不良的自我体验。有人曾经对98名大学生的自我鉴定与本人的实际表现进行比较分析发现，与本人实际情况相符合的有25%，有75%的大学生对自己做了不同程度的有偏差的估计。①

（三）自我体验的矛盾性

大学生自我体验敏感、丰富、深刻，可能因为各种原因，他们出现了内心闭锁的现象。

大学生自我体验的强度较大，具有敏感性、丰富性、深刻性等特点。随着自我认识发展，大学生开始重视自己在集体中的地位与威信，对他人的言行与态度十分敏感，对涉及自己的名誉、地位、前途、理想及异性交往等方面的问题，更易引起强烈的自我情绪体验。

有些大学生的独立欲望和自尊心较强，内心世界不愿轻易向人袒露，十分注重自己在外界的形象，会有意无意地掩盖自己的缺点和短处。另外，有些大学生认为在大学里，人心叵测，担心自己袒露心声后会受到伤害，从而把自己封闭起来。大学生的自我封闭心理有一定的普遍性，他们有问题而不愿向其他人倾诉，使得问题得不到及时的解决从而成为心理障碍。

（四）自我控制的矛盾性

自我控制愿望强烈与自我控制力仍然不足。

大学生自我控制的自觉性与独立性显著增强，自我控制的水平明显提高。大学生自我控制的愿望十分强烈，力图摆脱社会传统的束缚，按照自己的意愿行事；他们也能够自觉地根据社会的要求来调节、改变自己不切实际的目标和动机，能够在较高水平驾驭自我。

但是大学生自我控制水平还不是太高，不善于及时、迅速地调整自我追求的目标和行为，也不善于以理智控制自己的行动，在校园出现的种种暴力事件、破坏公物的现象就是他们不善于控制自我的结果。

模块训练

一、训练内容

孩提时代经历的冥想。

二、训练要求与方法

找一个安静的地方，以舒适的姿势站着或坐着，做以下练习：

1. 深呼吸三遍，心里自我暗示：我要让自己完全放松—彻底放松—越放松越舒服—放松—舒服……

2. 想象自己回到童年，在什么地方，与谁在一起，发生了什么事，你觉得开心，还是……

3. 哪些事，你觉得一直没再想起？是不愿想它，还是有意忘记？

4. 哪些事，让你经常回忆？

5. 现在，请你回到今天，思考一下：为什么有些事你喜欢想它，而有些事总喜欢提起？这些事之间有什么不同？它们是怎样影响着你现在的许多想法的？

6. 若你觉得有什么困惑，请向你最信任的人说说你内心的想法。

---

① 张大均．大学生心理的发展．重庆：重庆大学出版社，1993.

MODULE 模块2

自我意识忧患多
——自我意识存在的问题与原因探析

知识储备

一、自我意识发展中存在的问题

健全的自我意识是健康心理成熟的标志之一。首先，自我意识成熟的人有自知之明，能正确地评价自我和发展自我；其次，自我意识成熟的人是自我肯定、自我体验与自我调控协调一致的人；再次，自我意识成熟的人是积极自我肯定的、独立的并与外界保持协调一致的人；最后，自我意识成熟的人是理想自我与现实自我统一的人，有积极的目标意识和内省意识、积极进取的人。大学生的心理发展存在着某种程度上的不成熟和矛盾性，因而其自我的发展会出现异常，常见的有以下几种。

（一）过度自我接纳与过度自我拒绝

自我接纳是指认可自己和肯定自己的价值，对自己的才能和局限、长处和短处都能客观评价、坦然接受，不会过多地抱怨或责备自己。能否自我接纳也是显示心理是否健康的重要标志。

过度自我接纳是指过高地估计自己，对自己的才能、个性等的肯定评价超越了自身的实际，用放大镜来看自己的长处，用显微镜来看别人的短处，甚至把自己的短处当成优点，盲目乐观、目中无人、自以为是、孤芳自赏等。过度自我接纳的人的交往模式是“我好，你不好”“我行，你不行”。他们对自己评价过高，容易骄傲，听不进别人的意见和建议，不容许别人有意见，不易处理好人际关系，遭遇挫折后通常不能很好地反省自己，总是抱怨别人和周围的因素，较难适应社会生活。

自我拒绝是指不喜欢自己、不能容忍自己的缺点和弱点，否定抱怨指责自己。其实，很多学生都有拒绝自己的时候，如做错事情时会责骂自己。恰当的自我拒绝可以表现一个人的反思能力。

过度自我拒绝的大学生往往认为自己一无是处，甚至从根本上否认自己存在的价值，从而带来了严重的后果。它使人无视自己的任何优点，却始终盯着自己的各种缺点，最终摧毁自己对生活的全部兴趣。过度自我拒绝的交往模式是“我不好，你好”“我不行，你行”。

（二）过强的自尊心与过强的自卑感

心理健康的研究表明，适度的自尊心是个人健康成长所必不可少的一种心理品质，同时也是自我意识发展的一种重要表现。它是要求尊重自己的言行与人格、维护一定荣誉和社会地位的一种自我意识倾向。大学生都有强烈的自尊心和荣誉感，好强、好胜、不甘人后，但过度了，就会产生缺乏自我批评、不允许别人批评自己的心理，而且容易导致自我中心，盛气凌人，总认为自己对别人错，把自己的意志强加于他人，既容易失败，也容易受到伤害。

自卑感是对自己不满，一种自我否定的情感，即对自己缺乏信心、缺乏独立主见，遇事从众。当一个人的自尊得不到满足，又不能合理而实事求是地分析自己的时候，就容易产生自卑感。产生自卑后，往往怀疑自己的能力，怯于与人交往，甚至还会封闭自己，即使原来经过努力可以达到的目标此时也会由于没有信心而主动放弃。自卑感严重的人看不到生活的光明与希望，更谈不上生活的乐趣与美好。

（三）过分的独立意识与过分的逆反心理

独立意识是大学生自我发展中最显著的标志之一，但是独立意识并不意味着独来独往，不顾社会规范我行我素。很多大学生把独立理解成“凡事自己来”，不需要别人帮助与依赖他人的需要，其结果是在现实生活中遇到困难挫折只能自吞苦果，活得沉重而辛苦。其实，一个真正成熟的个体是独立的，他对自己负责任，但不排除接受他人的帮助。

逆反心理也是大学生自我意识发展中的一种非理性产物，是大学生施展自我形象，强调个人意志的一种手段，其实质是为了寻求独立与自我肯定，为保护正逐渐形成的、还比较脆弱的自我而抵抗和排除他们认为压抑自己力量的一种要求。逆反心理具有两面性：一方面它说明青年大学生蔑视权威的反抗精神和独立意识；另一方面说明大学生中还有不少人不能确切地把握这种心理，表现出过分的逆反心理，不分正确与错误、精华与糟粕，一概排斥，理性分析少，情绪化成分多，逆反对象多是家长、老师和社会言传的观念，其结果往往是阻碍了其学习新的和正确的经验，不利于健康成长。

（四）自我中心和从众

以自我为中心的人凡事从自我出发，很少站在别人的角度考虑问题，不能设身处地地为他人着想，把自己的意志强加于人，习惯于让别人屈从自己、迁就自己，自己却不愿为别人着想，因而无法赢得别人的尊敬和信任。

与自我中心相反的是，在大学生中还存在另一种现象，就是从众。大学校园中常见的有学习从众、消费从众、恋爱从众、娱乐从众、择业从众等。从众效应最值得注意的是“班级效应”和“宿舍效应”。大学新生入校后，每个学生都在探索新的学习方法，寻求新的学习动力，而班级、宿舍中其他成员的学习方法、学习成绩及平时学习时间的利用，都成了他们最直接的参照物。他们在形成自己的学习特点的同时，在某些方面也程度不同地与班级、宿舍大多数人保持一致。

从众行为的普遍，反映了部分大学生自我意识弱化、独立性较差，缺乏个体倾向性的世界观、人生观、价值观，这是从众行为中不好的一面，如迫于群体氛围的压力，屈从于某些不良倾向，而不敢坚持正义，不能有效地抵制。盲目从众也容易导致大学生心理上的矛盾冲突，引起心态失衡，甚至产生心理障碍。

二、大学生自我发展异常的主要原因

（一）影响大学生自我发展的情境性因素

1. 学习环境

在大学阶段，大学生知识的学习开始由以基础知识和基本技能为主向理论的系统化、专业化和高级化的方向转变，这既是一个由被动式学习向主动探索式学习的转变，又是一个从单一的文化知识层次的学习到理论与技能学习并重，并尽可能进行知识复合的过程。同时，还是一个由单纯知识学习到丰富自身综合素质与内心世界、陶冶情操、健全人格的过程。在这样一个复杂的转变过程中，大学生难免会产生一些心理矛盾与冲突。

2. 生活环境

进入大学校园，由过去分散的个人小天地到集体生活，由“不当家不知柴米贵”到自己独立支配经济开支和料理自己的生活，由熟悉的家还有熟悉的地方到成为“异地他乡”的游子，面对陌生的地方、不同的风土人情，等等，都有可能会给每一位大学生带来由依赖到独立的过程期的某些程度的不适应。因而必须调整自己，主动适应新的生活方式。

3. 社会环境

大学校园并不是一座象牙塔，随着大学生年龄的增长，他们比以往任何时候都强烈地关注自己周边的社会环境。不断改变的生活方式、不断加快的生活节奏、不断丰富的先进的媒介手段向大学生们扑面而来，这就迫使他们更加强烈地寻求适应社会，寻找个人与社会的结合点。在这样的过程中，大学生必然要承担一定的心理压力，不得不反过来更为严格地审视自己。

4. 人际交往

大学生正处于学习知识、了解社会、探索人生的重要时期，这些主要活动都是在与其他人交往的过程中进行和实现的。大学生对人际交往有着强烈的渴望和要求，他们渴望被别人理解，此时恋爱问题也会多起来，人际交往的复杂性和广泛性比以往大得多。这些问题处理不好就会产生心理矛盾，引发障碍，影响自我意识的发展，因而必须随时调整自己在人际交往中的角色、定位，改进人际交往的方式。

5. 活动领域

中学阶段的学生一般是以“学校—家庭”两点一线为主要的生活轨道而展开活动的。进入大学校园后，众多的社团活动、社会实践、勤工助学及各种实习等活动，极大地丰富了大学生的视野，拓展了他们的活动领域和范围，为他们的自我意识的深化和发展提供了广泛的、极为有利的参照和借鉴的因素，同时大量接触新的人、新鲜的事物，在自我认识和自我体验上也会产生矛盾冲突，需要重新整合。如果调适不当，也会影响自我意识的形成和顺利发展。

（二）内在因素

1. 自身的成熟

与中学阶段相比，大学生们拥有更强烈的独立意识和成熟意识，这种证明自己是一个成熟的成年人的心态对自我意识的发展起着直接而明显的作用。

2. 自我期望的水平

大学生自我期望的高低，直接影响着他们对自我塑造的信心和决心。

3. 自我评价的能力

能否对自己有一个科学的、合理的认识和评价，关系到大学生自我意识能否健康发展。特别是进入大学后，大学生自身的优秀地位发生变化，在新的起点上应该怎样展开新的开端，也成为自我发展过程中一个新的考验。

4. 对角色变化及社会期望值的认识程度

一方面，社会对大学生的期望远比高中生要高得多，要求也更为严格，这就使得大学生努力调整自己发展的方向以符合社会期望；另一方面，大学阶段除了专业学习外，文体特长、人际交往、组织管理能力、独立生活能力等知识与技能，也成为大学生之间相互比较的重点内容。

由于大学生所处的位置、自我角色的变化，他们对自己的责任、权利与义务及个人的价值等都进行了重新认识与再评价。如果不能正确地认识自己，合理地确定自己与周围世界的关系，科学建立新的自我目标体系并付诸实施，就会引起自我同一性的混乱，产生新的困惑。

模块训练

一、训练内容

发现自我，了解他人。

二、训练要求与方法

按15～30人的规模自由组团，推选组长，做“串名字”“解开千千结”“优点轰炸”游戏。

1. “串名字”游戏。方法：组员可先分成几个小组并围成一圈，其中一人做自我介绍。例如，第一位同学说：我叫张三。接下来，旁边的一个同学则说：我是张三后面的李四；第三位同学则说：我是张三、李四后面的×××。依次类推。最后大家围成一个大圈再做一遍。若中途有不清楚的，两人可互做自我介绍。

2. “解开千千结”游戏。方法：首先，组长让大家手拉手围成圈，认清自己的左手和右手分别拉的是哪位同学，然后松手。随着组长说开始，大家开始自由走动，组长说停的时候，大家寻找自己刚才左右手拉的同学，这样就形成了一个错综复杂的结，组长鼓励大家在不松手的情况下把结解开。

3. “优点轰炸”游戏。方法：组员围成一圈，每次有一名同学坐在圆圈中，其他成员依次对其进行赞美。要求赞美要真诚、客观、实事求是。

思考和讨论：

让成员分享讨论：大家的赞美属实吗？大家称赞的优点你都发现了吗？此时此刻的体会和感受是什么？

MODULE 模块3

对症调适有策略——自我发展异常的心理调适

知识储备

一、学会正确认识自我

所有大学生在心中都有自己的自画像，每一个人的自画像都是多姿多彩的。在一个人的自画像中，会不同程度地体现出一个人对自己的各种观念，反映出一个人对自我的认知。健康成熟的自我意识，是以正确地认识自己为基础的。正确地认识自己，不能单凭自己的主观想象，陷入自我迷茫状态，更需要清醒地对自我做出剖析，从而及时走出困境。分析自我，剖析自我，要在与他人的交往活动中、在自己不断的社会实践中逐渐地形成对自己比较客观的、合理的认识。正确认识自己的途径通常有以下几种。

（一）自我认识

生理自我特征：个体在生理结构方面的特征。自我的存在首先是个体身体的存在。生理自我就是人们对自身生理结构方面特征的态度。生理方面的自我有时又被称为身体自我。身体自我随身体的变化而变化，也随身体的消亡而消亡。大学生对自我的认识中，生理自我同样占有一定的分量。不论男生还是女生，他们对自己的相貌、身材等都较为重视。

1. 心理自我特征

个体在心理素质方面的特征。大学生对自己心理素质方面特征的态度构成大学生的心理自我，如对自己的兴趣、爱好、能力、性格、气质等方面的态度。就大学生而言，他们对自我在心理素质特征方面的态度比对自我在生理方面特征的态度更加重要。

2. 社会自我特征

个体在社会中扮演的角色特征，主要是指工作中所处的身份与社会位置。大学是整个社会的一部分，相对于社会大背景而言，大学生所扮演的角色仍然是学生的角色。他们在毕业后方可完全融入社会，并只有在其中担当一定的角色时，才能体会到更加真实和具体的社会位置。人们的社会自我是在不断发展变化的，在校园中，大学生的个人社会角色随着他们所参加的社团活动的不同而有一定的差异。

3. 关系自我特征

个体在与外界作用时，被人为地纳入自己的视野并进入自己脑海中的事物、他人或现象所反映出来的特征。很多事物、他人或生活事件本来是独立于我们而存在的，但当他们于我们自身发生，并被自我赋予一定的价值判断，由此形成的自我即为关系自我。关系自我具有物化的特征，是指一个物体在被某人接纳后就成为其自我的一部分。

（二）比较

人是生活在社会中的一分子，每个人在认识自己时，除了可以把自身分成生理的、心理的、社会的、关系的等多方面进行认识之外，还常常希望能了解与自己属于同一群体的人是怎样看待自己的。把其他人对自己的看法作为认识自己的一面镜子，这也是大学生们通过知彼而达到知己的一个重要方法。

如果说一个人就是一面镜子，那么以下关于大学生整体特征的示意图（见图3－1），则正好就像一面巨大的镜子，它把大学生的自我评价综合地展现出来。每个大学生都可以在这面巨大的镜子面前去找寻一下自己的位置，并以此来进行调节。

通过与他人的比较认识自己。他人是照见自己的镜子，与他人交往，是个人获得自我观念的主要来源。在比较中认清自己的优势和不足，可吸取他人所长补自己所短，缩短主观自我与客观自我的差距。但是，不恰当的比较也可能会带来自卑或自负。因此，进行比较要注意以下几方面的问题：注意可比性原则；注意比较的对象和条件；注意比较的内容；注意比较的数量和质量的关系；注意横向比较与纵向比较相结合。

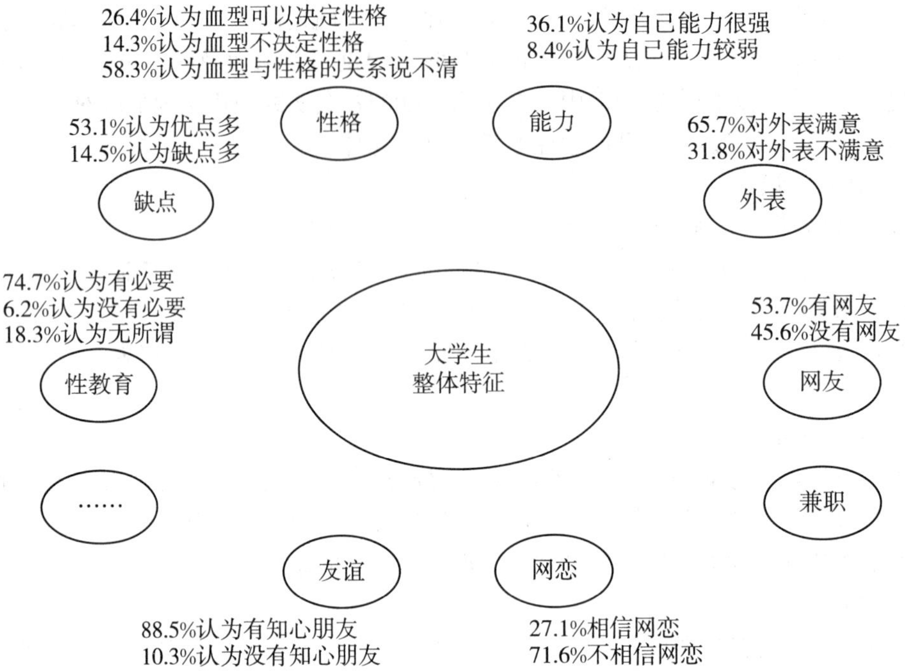

图 3－1　大学生整体特征示意图

（三）借助他人的评价

别人对自己的态度和评价是评价自己的重要依据之一，犹如一面镜子，可以帮助纠正自我认识的偏差，形成较为客观的自我概念。对待别人对自己的态度和评价要注意以下几点。

（1）要重视熟悉自己或与自己打交道较多的人的评价，如父母、老师、交往和接触较多的同学等，他们对自己较为了解，评价较有依据。

（2）要特别重视高度一致、众口一词的评价。

（3）既重视与自己观点一致的意见，也重视与自己观点不一致的意见。

（4）多和别人交往，用开放的心态多了解别人，同时也多了解自己。

（四）内省

内省是通过反省自己、分析自己来了解自己的方法。“吾日三省吾身”，自己对自己的观察与思考也是自我认识的一个重要方面。要学会经常反省自我，自我检查得失功过，从而使自我更加客观、更加稳定，避免认识偏差。

（五）测量

测量可以分为生理测量和心理测量。通过生理测量或检查，可以了解自己的生理状况；通过心理测量，可以了解自己各方面的心理特征，包括智力水平、人格特征、心理健康水平等。通过一些较为成熟的、信度和效度较高的测验，来了解自己的心理状况是一种比较科学的、准确的方法。

提醒：

（1）人们在寻求认识自己的同时参考了多种认识来源：物理世界、与他人做比较、纳入他人对自己的看法（反射性评价）、内省、考察行为发生的背景并提取恰当的线索（自我知觉和归因）。

（2）多数人用非常积极的词汇来评价自己和与他们有密切关系的人，他们认为自己有很多积极的品质及有很少消极的品质。

（3）多数人在认为与自我有关的反馈是积极时会努力地寻找它，当反馈是消极时，人们就显得很勉强。

（4）在某些情况下，人们会通过为自己的成功设置障碍而主动地隐藏消极反馈。

（5）人们会选择性地与喜欢他们的人联合，并以能够使他们的自我观念得到提升和保持的方式来和他人比较。

（6）人们在对事物进行归因时，目的是支持自己积极的自我观念而出现偏差。

（7）当人们担心自己无法做到他人对他们的期望时，具有消极自我观念的人就会寻找关于他们的消极信息。

二、自我意象调试法

在临床心理学家、实用精神医学家的研究成果和发现中，逐渐形成了一个关于“自我”的新概念——自我意象（self－image）。自我意象是指一个人对自身的理想观念，或其自我的图像，它是左右人的个性和行为的真正关键。

当你决定要改变自我意象时，你一定觉得有某种原因“看到”或者认识到了自己的本来面貌。你必须要有充分的理由和有力的证据确认自己旧的自我意象是错误的，因而要重新塑造相应的新的自我意象。要相信任何一个人都具有一种超越自身的力量，这就是你自己。

（1）内在的理想机制必须有一个目标——你必须想象到，这个目标现在已经以实际的或者潜在的形式存在着。内在的理想机制的作用就是把你引向一个已经存在的目标或者是发现已经存在的事物。

（2）自动机制是有目的的——也就是说，它永远指向最终结果，向目标运转。达成目标的方法或许不一定十分明确，但不要因此而丧失信心。自动机制的功能是在你提出目标后向你提供实现的方法。如果你考虑到最终结果，你所采用的方法就会自负其责。

（3）不要怕犯错误，不要怕暂时的失败——所有的引导机制都由否定的反馈去实现目标，或者继续前进，在前进中一旦发生错误，立即加以纠正。

（4）学会各种技巧都要经历考验、都会犯错误，犯错误后要用心改正目标，直到实现“理想”行为——此后忘掉过去的错误，记取成功达到理想目标的反应，在以后类似的事情中，你还可以模仿，这样你可以学到更多的东西，就会继续取得成功。

（5）你必须学会信任你的创造机制，不要过于担心它是否能开动，或者过分有意识地努力强迫它而使它受到干扰——你必须放手让它工作。这种信任是必要的，因为你的创造机制是在意识的水平下工作的，而你无法了解意识水平以下的工作情况。而且，它的本性是根据目前的需要而自发地工作。因此，你事先得不到它的保证，它只是在你行动的时候，在你行为发布的指令下开动。你不能等到有了完全的把握才行动，你必须像确有把握一样地行动起来，然后有利的因素就会显露出来。

三、自我生涯规划

放飞梦想，是每一个大学生内心的向往。大学新生入学后，要尽快明确在大学期间要做的一些具体的事情。例如写出你在大学期间要做的 10 件事。当每一件具体的事情呈现在面前时，行动的力量就会大大增强，只要付诸行动，达成目标的距离就会越来越近，美好的理想也就一步一步地接近现实。其中的关键在于选择，要敢于选择，只有选择了才会知道，事情其实并不像想象中的那么复杂，在选择中知道适合自己的都是最好的，因而形成切合实际的理想。在自我生涯规划时注意要处理好以下四个环节。

（一）合理定位

大学生对自我理想的期望往往过高，显得不切合实际，也使得他们遭受一系列的挫折，深受打击，从此萎靡不振，感到空虚无聊。因此，对大学生自我生涯规划的要求是让他们做出符合自己实际并与社会准则相一致的规划，这样才能得到社会的认可，找到自身可实现的价值。

（二）制订详尽的行动计划

大学生由于心智尚未完全成熟，有时缺乏足够的自制力，因此要尝试养成良好的行为习惯。制订详尽的行动计划和具体实施的步骤，以及奖惩的方法，促使自己的行为按照计划有条不紊地进行。

（三）培养健全的意志品质

既然制订出详尽的行动计划，就要严格按照计划实施，对自我加大监督和修正的力度，也可以请朋友帮忙督促自己实行计划；采用自我激励和严惩的方法，锻炼自己的意志，有效进行自我监控，最终实现理想中的自我。

（四）提高自我管理能力

大学生要真正成为自己的主人，就要主动地、积极地进行自我管理。自我管理是大学生心理成熟的重要一环。不墨守成规，喜欢独立思考和解决问题是大学生迈出自我管理的第一步。美国著名心理学家特尔曼通过对 1 000 名学生的跟踪调查发现：高成就者在理想、进取心、自信心、坚持等方面高于低成就者，他们的成功也是因为自我管理能力强于低成就者。

四、挑战自卑，学会自我悦纳

见表 3－2，积极悦纳自己是接受自己好的、差的、优势和劣势等各方面，喜欢并接受自己，具有较高的自我价值感，是发展自我意识的关键。

表 3－2　自我悦纳训练

我的缺点	可转化为相应的优点
缺乏激情	冷静
易于冲动	易抓住来之不易的机会
爱面子	自尊心强、有自信
急躁	做事迅速、有效率、有激情
太容易相信人	善良、不做作、纯真
有时固执	坚持正确的观点，最后必胜
爱要性子	情绪宣泄，不易生病
特别内向	善于思考
好出风头	善于推销自己

(1) 自我接受。既能认识自己的缺点，又不过分苛求自己，能正确理解对完美的追求，对缺点不仅能认识，更能明白怎样去克服。

(2) 喜欢并悦纳自己，并不会看不起别人，怡然自得。

(3) 对自己的价值有恰当的尊重。不一定非要认为自己比别人更能干或能力更高才自我悦纳，换言之，不一定要追求高能力或高效率，而应学会尊重自己。

模块训练

一、训练内容

自我探索：二十问法。

说明：二十问法是由英国心理学者高顿创制的用于测试自我意识的一种方法，又称为“我是谁测验”。

二、训练要求与方法

1. 在10分钟内完成以下关于“你是谁”的20句话，这些句子是为你自己而不是为别人写的，按照你思考时的顺序写，不必考虑其中的重要性和逻辑性，不要参考周围同学的答案。

2. 对20问法分析的内容和角度大体上可以从自我压抑感、自我肯定感、自我意识内容的完整性、未来感等几方面进行。

(1) 自我压抑感分析。自我压抑感表现为过分地考虑他人的评价而有意无意压抑或延缓自己的表现或行为。在20个句子中，假如学生在规定时间回答的句子有12句就可以认为自我在压抑感方面不存在问题；有8~12句，则可以认为可能存在一定的自我压抑；少于7句，可以认为可能过分压抑自我。

(2) 自我肯定感分析。在回答中，有关自我的主观判断中肯定自己的个数与否定自己的个数相比较而言，假如全部都是肯定自己的，那么自我肯定感较强，表现为接纳自我，自信心强，但可能显得自负，自尊心过强，不容易认识到自己的缺点而固执己见；假如肯定自己的主观判断与否认自己的主观判断都有一定的个数，那么可以解释为对自我的认识较客观；假如主观判断基本上或全部都是否定自己的，那么可以解释为存在较严重的自我否定感，可能过分自卑，无视自我的价值，有时可能出现轻生的念头。

(3) 自我意识内容的完整性分析。自我意识的内容，分为生理自我、心理自我、社会自我和关系自我。在回答中，假如有关生理自我的数目较多，那么可以解释为较为注意锻炼身体，关注自身的疾病，表现较强的占有欲；假如有关心理自我的回答数目较多，那么可以解释为对自己的心理健康较为关注或心理发展成熟；假如有关社会自我和关系自我的回答较多，可以解释为对自我的角色、义务或职责较为了解，能按照社会规范行动，或是有较强的社会交往能力。

(4) 未来感的分析。自我意识按其自我认识中的自我观念分为现实自我和理想自我。在回答中，假如没有提到自己未来的事情，可以解释为现实感较强烈，但也可能在生活中缺乏目标，显得缺乏前进的动力；假如在回答中提到自己未来的事情有一个以上，说明有一定的理想或生活目标；假如提到未来的事情超过三个，说明未来感较强，但可能存在一定的空想，显得不切合实际。

假设你想让某人知道你真实的情况，你可以告诉此人关于你的20件事，即写出20句话，每句话以“我……”作为开头。这20句话可以包括你的个性、背景、生理特征、爱好、属于你的东西、你亲近的人，等等。简言之，就是任何能够帮助这个人了解你真实情况的东西。你会告诉他们什么？

1. ______________________
2. ______________________
3. ______________________
4. ______________________
5. ______________________
6. ______________________
7. ______________________
8. ______________________
9. ______________________
10. ______________________
11. ______________________
12. ______________________
13. ______________________
14. ______________________
15. ______________________
16. ______________________
17. ______________________
18. ______________________
19. ______________________
20. ______________________

巩固与提高

单元知识小结

关于自我的研究一直是心理学界关注的课题，大学生正处于自我发展的高潮期，本单元详尽介绍大学生自我发展的规律和特点；大学生自我发展中常见的异常表现，如过度的自我接纳或过度的自我拒绝、过强的自尊心与过强的自卑感、过分的独立意识与过分的逆反心理、自我中心和从众；从情境性因素和内在因素两方面分析影响大学生自我发展出现异常的原因；介绍了测试自我意识的方法——二十问法；并介绍了几种常用的自我发展异常的调适方法。

思考与练习

1. 自我意识发展的特点有哪些？

2. 列举目前影响你生活的三件大事，推测你可能活到的最大年龄并说明理由（如身体素质、家族史、精神状况、职业、生活水平等），然后与周围同学交流。

（1）通过这样的活动，你是否增进了对他人的理解？

（2）你是否了解到别人跟你一样，有令人高兴和不愉快的事情？

单元 4

UNIT

个性虽难改，人格却可塑

学习目标

1. 了解当代大学生人格发展的特点、形成机制以及人格发展与心理健康的关系。

2. 联系实际，探讨现实生活中大学生常见的人格异常的表现、原因及其调适方法，帮助大学生塑造健康人格。

导航故事

老鹰是世界上寿命较长的鸟类，最长寿命可达70岁。要活那么长的寿命，它在40岁时必须做出困难却重要的决定。当老鹰活到40岁时，它的爪子开始老化，无法有效地抓住猎物。它的喙变得又长又弯，几乎碰到胸膛。它的翅膀变得十分沉重，因为它的羽毛变得又浓又厚，致使飞翔十分吃力。它只有两种选择：等死，或经过一个十分痛苦的更新过程。

150天漫长的操练。它必须很努力地飞到山顶，在悬崖上筑巢。停留在那里，不再飞翔。老鹰首先用它的喙击打岩石，直到完全脱落。然后静静地等候新的喙长出来，它会用新长出的喙把指甲一根一根拔出来。当新的指甲长出来后，它们便把羽毛一根一根拔掉。5个月以后，新的羽毛长出来，老鹰开始飞翔，得以再过30年的岁月！

在我们的生命中，有时候我们必须做出困难的决定，开始一个更新的过程。我们必须把旧的习惯、旧的传统抛弃，使我们可以重新飞翔。只要我们愿意放下旧的包袱，愿意学习新的技能，我们就能发挥潜能，创造新的未来。

我们需要的是自我改革的勇气与再生的决心。

MODULE

模块1

人格形成有规律
——人格发展特点与形成机制

知识储备

一、人格的含义

“人格”的使用范围非常广泛，在生理、心理、宗教、社会、伦理、法律和美学等不同领域，人格有不同的意义。例如，我们常常听人说，张三的人格卑鄙，李四的人格高尚，这是从伦理道德上给人以评价。在某种情境下有人气愤地说："这是对我人格的污辱。"这里的"人格"又是属于法律范畴，说明有人侵犯了他的尊严和人权。在心理学中，"人格"是一个很复杂的概念。人格的定义因人格心理学家的理论观念而异，有多少种理论就可能有多少种定义。据统计，心理学上，人格有50种以上的不同定义。综合各家的看法，我们可以将人格概念界定为：人格是相对于认知、情绪、意志等而言的一种心理现象，亦称个性，它反映了一个人总的心理面貌，是相对稳定、具有独特倾向性的心理特征的总和，它是在长期的社会生活实践中形成、发展起来的。一般认为，人格包括气质、性格、能力、兴趣、爱好、需要、理想、信念等方面的内容。总体上，人格涉及四个方面：全面整体的人、持久统一的自我、有特色的个人和社会化的个体。人与人之间显著的差别就在于人格。

人格是人的心理面貌的集中反映，心理卫生学认为，随着社会的发展，人类的幸福生活越来越多地取决于人类自身的人格健康状况，而且人格的健康发展也是促进社会健康发展的重要力量。人格素质是大学生综合素质的重要组成部分，综合素质的发展和提高包含着人格素质的发展和提高，而人格素质的发展和提高对综合素质的发展和提高有着重要的促进作用。因此，寻找通向健全人格之路、塑造健全的人格是大学生心理健康教育的重要目标之一。

二、大学生人格发展的特点

大学生正处于身心急剧发展和自我意识分化的特殊时期，大学阶段是大学生人格不断发展的重要时期。人格是社会文化的产物，当下的社会环境和校园文化氛围使大学生有了更大的适应性、灵活性和更多的发展可能，也为人格塑造提供了一个广阔的天地。

我国有关学者的研究表明，具有创造力的当代大学生的人格特征是：勇于创新和开拓、有努力取得成就的坚韧性、富有热情、自信心强等。然而，急剧变革、观念多元化的社会文化亦使人格的形成变得更加不确定，从而使大学生在人格发展中面临更多的迷茫和冲突。有学者指出，我国当代大学生的人格发展呈现出如下几方面的特点。

1. 能正确认知自我

当代大学生自我认知能力较强，对自我的认可度较高，从而形成对自己积极的看法；其次是对自己的所有与所缺都比较清楚和明确，理解现实自我与理想自我之间的差别。大多数大学生都有明确的奋斗目标和愿望，并为之而努力。

2. 智能结构健全而合理

从总体来看，当代大学生具有良好的观察力、记忆力、思维力、注意力和想象力，没有认知障碍，各种认知能力能有机结合并发挥其应有的作用。

3. 对社会环境的适应能力较强，不断地进行社会化活动

当代大学生对外部世界有着浓厚的兴趣，有着广泛的活动范围和许多爱好，人际交往范围扩大，积极参与各种形式的社会实践。同时，能容忍别人与自己在价值观与信念上存在的差别，能根据实际情况看待事物，而不是根据自己的主观愿望来看待事物。

4. 富有事业心，具有一定创造性和竞争意识

当代大学生能把事业看成生活的重要组成部分，有较强的进取心和责任感；具有竞争意

识，具有开放性的思想观念；喜欢创造，勇于创新，甘愿冒险，独立性强，富有幽默感，态度务实。

5. 情感表达适度

当代大学生情绪上的稳定性与波动性、外显性与内隐性并存；情感丰富多彩；积极的情绪、情感体验在学习、生活中占主导。

这些特点表明，我国当代大学生人格发展状况基本良好，大学生在人格教育方面具有良好的自觉性。

三、人格类型及形成机制

（一）自私型人格

自私型人格是大学生中一种较为普遍的人格异常现象，如贪婪、嫉妒、报复、吝啬、虚荣等。自私型人格有两个显著的特点：其一是深层次性。自私处于一个人的心灵深处，近似本能的欲望，常常不为人所意识到，有自私行为的人并非已经意识到他在干一件自私的事，相反他在侵占他人利益时往往心安理得。其二是隐蔽性。自私是一种羞于见人的病态行为，自私的人常常会以各种手段掩饰自己，因而自私具有隐蔽性。

（二）自我封闭型人格

自我封闭型人格是指个人将自己与外界隔离开来，很少或根本没有社交活动，除了必要的工作、学习、购物以外，大部分时间将自己关在家里，不与他人来往。自我封闭者都很孤独，没有朋友，甚至害怕社交活动，因而是一种环境适应能力差的人格障碍。自我封闭型人格的表现如下。

（1）社会恐惧。多发生在性格内向者身上，由于幼年时期受到过多的保护或管制，他们内心比较脆弱，自信心也很低，只要有人说点什么，就会对号入座，紧张起来。他们最怕到公开场合去，在陌生人面前常显得束手无策，于是干脆躲在家中不出来。

（2）自责心理。有些人因生活中犯过一些“小错误”却道德观念太强烈而自责自贬，自己做错了事情，就看不起自己，贬低自己，甚至辱骂、讨厌自己，总觉得别人在责怪自己，于是深居简出，与世隔绝。

（3）消极的自我暗示。有些人十分在意个人形象的好坏，总觉得自己长得丑。这种自我暗示，使他们非常注意别人的评价，甚至目光，最后干脆拒绝与人来往。

（三）自恋型人格

自恋型人格是一种因过度以自我为中心而逐渐形成的人格障碍，通常发生在性格内向、情感戏剧化、冷漠者身上，在行为上表现为：

（1）对批评的反应是愤怒、羞愧或感到耻辱（尽管不一定当面表露出来）。

（2）喜欢指使他人，要他人为自己服务。

（3）自高自大，对自己的才能夸大其词，希望别人特别关注自己。

（4）坚信他所关注的问题是世上独有的，不能被某些特殊的人所了解。

（5）对无限的成功、权力、荣誉、美丽或理想爱情有非分的幻想。

（6）认为自己应享有他人没有的特权。

（7）渴望持久的关注与赞美。

（8）缺乏同情心。

（9）有很强的嫉妒心。

就个体而言，上述特征并不一定会全部出现，现实中若出现其中的 5 项以上者，即可以评定为自恋型人格。

（四）表演型人格

表演型人格又称歇斯底里人格，其典型的特征表现为心理发育的不成熟，特别是感情过程的不成熟。具有这种人格的人其最大特点是做作、情绪表露过分，总希望引起他人注意。此类人格障碍在大学生中较普遍。在现实中，表演型人格一般有以下几方面的表现：

（1）引人注意，情绪带有戏剧化色彩。这类人常好表现自己，而且有较好的艺术表演才能，说唱哭笑，演技逼真，有一定的感染力。他们常常表现出过分做作和夸张的行为，甚至装腔作势以引人注意。

（2）高度的暗示性和幻想性。这类人不仅有很强的自我暗示性，还带有较强的被他人暗示性。他们常好幻想，把想象当成现实，当缺乏足够的现实刺激时便利用幻想激发内心的情绪体验。

（3）情感易变化。这类人情感丰富，热情有余，而稳定不足；感情炽热，但不深刻。因此他们的情感变化无常，容易激情失衡，即便是轻微的刺激，也可引起激动的情绪反应，“大惊小怪”，缺乏固有的心情，情感活动几乎都是反应性的。由于情绪反应过分，往往给人一种肤浅、没有真实感和装腔作势甚至无病呻吟的印象。

（4）玩弄手段以达到个人目的。玩弄多种花招，使人就范，如任性、强求、说谎欺骗、献殷勤、谄媚，有时甚至使用操纵性的自杀威胁。他们的人际关系肤浅，表面上温暖、聪明、令人动心，实际上完全不顾他人的需要和利益。

（5）高度的自我中心。这类人喜欢被别人注意和夸奖。只有投其所好和取悦一切才合自己的心意，表现出欣喜若狂，否则会攻击他人，不遗余力。

此外，此类患者还有性心理发育的不成熟，表现为性冷淡或性过分敏感，女性患者往往天真地展示性感。①

（五）偏执型人格

偏执型人格又叫妄想型人格，主要表现为：

（1）过分敏感。在没有依据的情况下就预感自己会受到伤害和摧残。

（2）没有经过任何证实，就无端地怀疑同学、朋友、爱人对他的忠诚。

（3）从普通的事件中看出对他羞辱和威胁的意向。

（4）对嘲笑和羞辱绝不宽恕，嫉妒心强，对别人的成绩妒火中烧。

（5）极端固执，认准的一条路，即使撞到南墙也不会拐弯。

（6）无端自卑，很容易感觉自己受轻视，而且立即报复。

（7）对亲友没有感情，很冷漠。

（六）强迫型人格

强迫型人格是一种以过分要求秩序严格和完美、缺少灵活性为特征的人格障碍。其主要表现是：

---

① 宋专茂．大学生心理健康测量与导向．广州：暨南大学出版社，2005.

（1）心理上过分追求完美，小心谨慎，总怕出事，多思多虑。

（2）循规蹈矩，不厌其烦地重复一个行为，并把自己的意志强加于人，强令他人按自己的特殊要求去做。

（3）情感表达拘束。

（4）优柔寡断，借故拖延、回避。

（5）当个人没有得到好处时，他绝不会大度地给别人奉献时间、金钱、礼物。

（6）对毫无感情价值的破旧之物也舍不得抛弃，而且将其保存起来。

除人格障碍外，还有人格缺陷问题。人格缺陷是介于正常人格与人格障碍之间的一种人格状态，也可以说是一种人格发展的不良倾向，或者说是某种轻度的人格障碍。常见的人格缺陷有自卑、抑郁、怯懦、孤僻、冷漠、悲观、依赖、敏感、多疑、焦虑或对人敌视、暴躁冲动、破坏等。这些都是不健康的心理因素，它们不仅影响活动效率、妨碍正常人际关系，而且也会给人生蒙上一层消极的阴影，如不及时矫正与治疗，会发展为各种人格障碍。与人格障碍相比，人格缺陷的发生更为普遍，在青年群体中较为常见。

模块训练

一、训练内容

团体互助交友训练。

说明：在同一个班集体中，总会有人存在程度不一的自我封闭倾向，不利于共同生活和发展。这需要同学之间互相帮助，留下美好的记忆。

二、训练要求与方法

1. 班级心理小组成员（或班干部、义工等）主动发起互助交友小组，推选或自命组长，召集组员一起商讨帮助有自我封闭倾向的同学。

2. 互助组约定行动规则，统一行动，鼓励同学积极主动地进行交友活动，在交友中学会信任别人，消除不安感。

互助交友训练的原则和要领是：

（1）真诚相待，以诚交心。组员必须诚心诚意地交友。要相信大多数人是友好的和比较友好的，可以信赖的，不应该对朋友存在偏见和不信任。必须明确，交友的目的在于克服封闭心理，寻求友谊和帮助，交流思想感情，消除心理障碍。

（2）交往中尽量主动给予朋友各种帮助。这有助于以心换心，取得朋友的信任和巩固友谊。尤其当对方有困难时，更应鼎力相助，患难中知真情，这样才能取得朋友的信赖和增进友谊。

（3）注意交友的“心理相容原则”。坚持小事容忍、大事讲理的行动原则。对对方的脾气、习惯等不要指责，允许保留各自的意见和观点。

MODULE 模块 2

异常发展源可溯
——人格发展问题与成因分析

知识储备

一、人格发展与心理健康

人格由气质、性格等多种因素构成，诸因素的相互作用构成了一个人的人格。人格是人的心理行为的基础，它在很大程度上决定了人在面对外界刺激时如何做出反应以及反应的方向、速度、程度、效果，进一步说，人格会影响人的身心健康、活动效率、潜能开发以及社会适应状况。因此，重视人格的整合与塑造，既是身心健康的需要，又是自我发展、自我实现的需要。

（一）人格发展异常与心理疾病

健全的人格能带来健康的心理，同样，不健全的人格会给心理健康带来不良影响，引发一些心理疾病。例如：

一个人若具有过于循规蹈矩、固执、死板，要求一切事物都是有规则的，无法容忍任何无条理性的事件，对自己要求过高等人格特点，就容易患强迫症。

一个人若具有悲观怀疑、意志消沉、尖刻挑剔、胸襟狭隘、怯懦畏惧等人格特点，就容易患抑郁症。

一个人若具有情绪不稳定、依赖性强、主观执拗、敏感脆弱、自制力差等人格特点，就容易患神经衰弱。

一个人若具有固执多疑、沮丧消沉、处世过于小心谨慎、过分担心自己健康状况等人格特点，就容易患疑病症。

（二）人格发展异常与精神疾病

多数研究发现，许多精神疾病患者在发病前常常有相应的人格异常表现。早在近百年前，瑞士著名精神科医生布鲁勒（Bleuler）诊断精神分裂症患者时就认为约有一半的病人在发病前有分裂型人格，这被后来许多精神科医生所关注。又如，常见的偏执性精神病，也有相当高比例的病人在没有出现精神病以前就有了偏执型人格障碍。他们看问题明显表现出偏差，而且固执己见，一旦形成了某种观点就不容易改变。

（三）特殊人格特征与心身疾病

人格发展异常患者毕竟为数不多，但具有特殊人格特征（某些人格特征成分有所偏离）的人，却是很多的。这些特殊的人格特征对于人体疾病，尤其是身心疾病的发生、发展和病情的转变都有明显的影响。同样的致病因素作用于不同人格特征的人，就可能产生非常不同的结果。

例如，A型人格（这种人爱与别人比高低，好胜心极强，时间观念强，说话、走路、办事都是快节奏，爱指手画脚，喜欢频繁打断别人的讲话）被认为是“容易患冠心病的人格”；所谓的C型人格（这种人善于压抑烦恼与不满，害怕竞争，表现得过分谨慎、细心、忍让、否认和回避冲突，情绪不稳而又不善于宣泄）则被认为是“容易患癌症的人格”。

人格的健全是心理健康的根本标志，重视人格的培养，既是健康的需要，也是发展的需要；既是现实的需要，又是未来的需要。青年大学生要充分认识到健康人格对自身发展的必要性，既要充分发现自己的长处，又要寻找和承认自己的不足，勇敢地面对挑战，不断地发展自己，促使自身健康人格的完善。

二、人格发展异常的主要原因

瑞士著名心理学家卡尔·古斯塔夫·荣格（Carl Gustav Jung）认为：“影响人格发展的，首先是人的个性化程度，其次是环境。”在人格形成、发展的过程中，内外不良因素的作用，会不同程度地影响人格的健康发展，从而导致人格发展缺陷，严重的还会引起人格障碍。导致大学生人格发展异常的原因非常复杂，早期研究强调遗传因素。事实上，精神医学的遗传研究并不能说明一切，先天因素加上环境等因素的相互作用，是导致大学生人格发展异常的主要原因。总体来说，引起大学生人格发展异常的因素包括生物学因素、儿童早期教育与家庭因素、自然和社会灾难以及社会环境因素等。

（一）生物学因素

1. 遗传因素的影响

在家谱调查方面，心理学家卡尔曼（Kallmann）指出，人格障碍患者的亲属中人格异常的发生率与血缘成正比，即血缘关系越近，发生率越高。兰格（Lange）调查的13对同卵双生子中发生反社会型人格障碍的一致率有10对，占77%，而异卵双生子的一致率只有12%，差异显著。在寄养子的研究方面，1972—1973年期间曾有3组关于寄养子的研究报道，人格障碍患者的子女从小寄养出去后，与正常对照组相比，前者有较高的人格障碍发生率，这也提示遗传因素起一定的作用。

2. 病理生理因素的影响

虽然没有发现人格障碍患者神经系统解剖、生理上的病变，但一般认为他们在神经系统先天素质特点上有某些不够健全的地方。有人根据大脑边缘系统与情绪和行为有极其密切的关系，研究人格障碍患者的观察资料，发现大多数患者的大脑边缘系统可能发育不够健全或者有某些缺陷。又有人根据其对人格障碍患者的观察资料发现，大多数患者的行为往往由一些偶然动机或情绪冲动所左右，或受某些本能活动与特殊嗜好所支配，从而推测患者在大脑皮层与皮层下组织之间，高级神经活动的兴奋与抑制过程之间的相互作用可能存在某种障碍。此外，研究报道，反社会型人格患者在情绪唤起方面有明显不足的表现，往往难以感受到常人的恐惧、焦虑和悔恨等情绪体验，因而对自身的反社会行为也就缺乏适当的调节和控制；同时也难以学会从惩罚中吸取经验，以避免遭受再度的惩罚。

（二）儿童早期教育与家庭因素

儿童早期是人格形成的重要时期。这一时期的不良境遇则是形成人格障碍的重要根源。

儿童正处于生长和发育阶段，大脑的发育也尚未成熟，因此特别容易遭受有害因素的影响。例如，对儿童的不良教养方式、童年期的某些精神创伤以及恶劣的家庭环境是促成人格障碍的因素。

1. 早期精神创伤的影响

强烈的精神创伤如家庭破碎、母爱剥夺等往往给儿童人格发展带来严重的影响。研究资料表明，人格障碍患者中很多人在生活早期曾遭受双亲亡故或失去双亲之一的创伤。例如，格里尔（Greer）发现他所研究的反社会型人格患者中有60%在儿童期失去双亲之一，对照组的正常被试者则只有27%。

2. 家庭关系不和谐、父母不良行为的影响

家庭成员之间关系不和谐及父母之间经常争吵打架、钩心斗角、撒谎欺骗以及酗酒、吸毒、道德败坏和违法乱纪等不良行为，都会对儿童的人格发展造成严重危害。家长的不良行为往往成为儿童模仿的恶劣榜样，使儿童的人格发展偏离常规，导致人格障碍，特别是反社会型人格障碍的形成。

3. 不良教养方式的影响

麦科德（McCord）认为不合理的教养态度，如父母严厉的拒绝和缺乏父母关爱是人格障碍的主要成因之一。具体来说，一是父母对孩子的冷漠和疏远，或粗暴凶狠、过于严厉与苛求，或放纵溺爱、不加管教、放任自流等，使正常的温暖和亲密的亲子关系得不到发展；二是父母对孩子要求规范不一致，父母在提供情感、奖赏或惩罚时显得反复无常，或父母在自身角色设定上很不一致，使孩子缺乏可以仿效的楷模而无法发展出自身明确的自我统合感。这种不良影响，通常是母亲过度娇惯和溺爱孩子，而父亲虽事业有成却对孩子过度批评、苛求和粗暴。①

（三）自然和社会灾难

自然和社会灾难来势凶猛，让人毫无防备，也是引起心理问题的原因之一，如强烈的地震、台风、水灾等自然灾害，不仅摧毁人的生命财产，而且会给幸存者带来严重的心理阴影和心理创伤。

（四）社会环境因素

任何一个人都不能脱离社会而孤立地存在。个体在发展的各阶段表现出的人格和行为，都是他本人内在的因素同其生活的社会、文化环境相互作用的产物。社会在社会结构、生活方式、价值观念、行为模式等方面发生的变革，对每个人来说都有一个适应与不适应的问题，不可避免地会带来心理上的矛盾冲突和压力。例如，价值观念的冲突、竞争的日益激烈、生活节奏的加快、人际关系的疏离、人口与环境的显著变化，都会引发大学生的心理冲突和压力，进而导致大学生人格发展异常。

模块训练

一、训练内容

表演型人格缺陷的心理训练。

说明：这类人常好表现自己，而且有较强的艺术表演才能，唱说哭笑，演技逼真，有一定的感染力，他们常常表现出过分做作和夸张的行为，甚至装腔作势，引起人们注意，并以

① 张伯源．变态心理学．北京：北京大学出版社，2005.

之为乐。

二、训练要求与方法

重点在于纠正其心理不成熟、情感高度不稳定、自我中心、高度暗示性、戏剧性、用幻想代替现实，具体方法为：

（1）认知提高法。这类人聪明、活泼，接受能力较强，但是心理不成熟，天真幼稚，幻想丰富，自我中心。虽对自己的心理缺陷有所察觉，但是认识肤浅，不会自行克服纠正。提高自我认知能力是关键的纠正措施。为此，可向心理咨询师求助。

（2）读书训练法。刻苦学习，勤于用脑，有助于纠正心理不成熟。

（3）自省法。写日记、记周记，自我反省、自我检查日常的心理行为。重点是回顾自己的心理缺陷给个人和集体带来的影响，以及采取正确的纠正方法后所带来的变化。可以向心理咨询师求助，获得指导。

MODULE 模块3

找对方法心中有数——人格发展异常的调适方法

知识储备

一、自私型人格的调适方法

自私型人格的核心是以自我为中心，不关心他人。因此可以采取以下方法进行调适：

（1）内省。这是构造心理学派主张的方法，是指通过内省，即用自我观察的陈述方法研究自身的心理现象。依据社会公德与社会规范的客观标准，经常对自己的心态与行为进行自我观察，加强学习，更新观念，强化社会价值取向，总结改正错误的方式方法。

（2）尝试做些利他的事情，从中获得一些有关利他行为效果的体验。

（3）回避性训练。这是心理学上以操作性条件反射原理为基础，以负强化为手段进行的一种训练方法。例如，当自己下决心改正自私心态时，只要出现自私的念头或行为，就用缚在手腕上的一根橡皮环弹击自己，从中意识到自私是不好的，促使自己纠正。

二、自我封闭型人格的调适方法

1. 乐于接受自己

我们要学会将成功归因于自己，把失败归结为外部因素，不在乎别人说三道四，“走自己的路”，乐于接受自己。

2. 提高对社会交往与开放自我的认识

交往能使人的思维能力和生活机能逐步提高并得到完善；交往能使人的思想观念保持新

陈代谢；交往能丰富人的情感，维护人的心理健康。一个人的发展高度，取决于其自我开放、自我表现的程度。克服孤独感，就要把自己向交往对象开放。既要了解他人，又要让他人了解自己，在社会交往中确认自己的价值，实现人生的目标，成为生活的强者。

3. 精神转移法

将过分关注自我的精力转移到其他事物上去以减轻心理压力，如练习写字、画画、唱歌、弹琴等。

4. 系统脱敏法

自我封闭者要正视现实，勇敢地介入社会生活，找机会多接触和了解他人。这样不断摸索经验，可扩大与外界的交往。

三、自恋型人格的调适方法

1. 解除自我中心观

自恋型人格的最主要特征是以自我为中心，而人生中最为自我中心的阶段是婴儿期。由此可知，自恋型人格障碍患者的行为实际上退化到了婴儿期。因此，要调适自恋型人格，必须了解那些婴儿退化的行为。可以把自己认为讨人厌烦的人格特征和别人对你的批评罗列下来，看看有多少婴儿期的表现，例如：

（1）总是渴望父母的关注和赞美，每当父母忽视这一点时，便要无赖、捣蛋或做些异想天开的动作以吸引父母的注意。

（2）童年时衣来伸手，饭来张口，父母是仆人。

（3）总想占有一切，别的小朋友有的，自己也想有。

明白了自己的行为是童年幼稚行为的翻版后，便要时常告诫自己：

（1）必须努力工作，以取得成绩来吸引别人的关注与赞美。

（2）我不再是儿童了，许多事都要自己动手去做。

（3）每个人都有属于自己的好东西，我要争取我应得到的，但不嫉妒别人应得到的。

还可以请一位和自己亲近的人作为你的监督者，一旦出现以自我为中心的行为，便给予警告和提示，督促你及时改正。通过这些努力，自我中心观念是会慢慢消除的。

2. 学会爱别人

对于自恋型的人来说，光抛弃自我中心观念还不够，还必须学会爱别人。生活中最简单的爱的行为就是关心别人，尤其是当别人需要帮助的时候。当别人生病后及时送上一份问候，病人会真诚地感激你；当别人在经济上有困难的时候，力所能及地解囊相助，自然会得到别人的尊敬。只要在生活中多一份对他人的爱心，自恋型人格便会自然减轻。

四、表演型人格的调适方法

1. 提高自我认识，了解自己人格中的缺陷

只有正视自己，才能扬长避短，适应社会环境。如果不能正视自己的缺陷，自我膨胀，放任自流，就会处处碰壁。

2. 自我调整情绪

表演型人格的人情绪表达太夸张，旁人常无法接受。要改变这种情况，首先是向自己的亲朋好友做一番调查，听听他们对自己情绪表达的看法。对他们提出的看法，不要反驳，要

自我反思，这些情绪表现哪些是有意识的、哪些是无意识的，哪些是别人喜欢的、哪些是别人讨厌的。对别人讨厌的，要坚决予以改进；对别人喜欢的，则在表现强度上力求适中。

3. 升华法

表演型人格的人都有一定的艺术表演才能，可以利用自己的特长，把兴趣转移到表演艺术中去，从而使自己的才能得到升华。实际上，许多表演艺术都有一定的夸张成分，为了使观众沉浸到剧情中去，演员必须用自己的表情、语言去打动他们。因此，表演型人格的人投身于表演艺术是一条很有效的自我完善之路。

五、偏执型人格的调适方法

1. 认知疗法

首先，要将头脑中的非理性观念列出。然后，反观自己的行为，对这些非理性观念进行改造，以除去其中极端偏激的成分。例如，“世界上有好人也有坏人，但大多数人都是好人”。如果能够自我反省了，就是良好的开端。每当非理性观念出现时，把改造过的合理化观念默念一遍，以制止自己的偏激行为。

2. 行为禁止法

受到刺激要发作之前，可用行为禁止法克制自己的行为。如认为受到别人的侮辱或攻击而要发作时，对自己默念一下指令：“我必须克制住反击行为，我至少要忍 10 分钟，因为我以往的行为是过分的，在这 10 分钟内，我必须分析一下是不是非理性观念在作怪。”

六、强迫型人格的调适方法

这类人以要求严格和完美为主要特点，希望遵循一种他所熟悉的模式，一丝不苟，吹毛求疵，过于严肃认真，工作中重视细节而忽略全局。情感以焦虑、紧张、悔恨为多，轻松、愉快、满足较少。因此，可以采取以下办法进行调适：

（1）自我反省法。应好好反省一下人生的意义，自己这样做的意义，对自己的行为做出客观的评价。自问：为什么要为自己定下如此多的条条框框？为什么做事一定要求十全十美？与这种人格特点做斗争，可采用顺其自然法、行为阻断法和思维停顿法。

（2）理性观念疗法。对种种非理性观念，应逐条地加以改造。例如，我应该争取得到重要人物的赏识，但不是为了献媚、讨好，否则将是可悲的；表现好一些是应该的，要所有方面都出人头地也太过分了，更不能妒忌他人的成绩；规矩是人定出来的，不合社会潮流的旧规矩应该抛弃，世界上没有不变的事，灵活机动更为重要。

大学生优化人格，整合、塑造健全人格的目的不仅仅是避免身心疾病，更重要的是发挥人格最佳作用，达到自我实现。所谓最佳作用，具体是指：人是可变的，人是最佳的，人能够实现任何一种个体潜能，能够塑造自己的生活，促进周围环境的发展。发挥最佳作用是实现自我、不断超越自我的必由之路。

模块训练

一、训练内容

人格缺陷与对应运动训练。

二、训练要求与方法

(1) 胆怯型。此类人天性胆小，做事怕担风险，动辄害羞脸红，性格腼腆。

参加运动项目建议：游泳、溜冰、拳击、滑雪、单双杠、跳马、平衡木等运动项目。

这些运动要求人们必须不断地克服害怕摔倒、跌痛等种种心理畏惧，以勇敢、无畏的精神去战胜困难，方能越过障碍。经过一段时期的锻炼，相信你的勇气会逐渐增加，处世也能老练不少。

(2) 紧张型。此类人一遇重要场合就惊慌失措，严重时大脑一片空白，从而导致正常水平无法发挥。

参加运动项目建议：这些人要克服性格缺陷，应多参加竞争激烈的运动项目，特别是足球、篮球、排球等比赛活动。

这些运动在赛场上风云变幻，紧张而激烈，只有拥有沉着冷静的心态，才能从容应对，取得胜利。若能时常经受这种激烈对抗的考验，人在遇事时就不至于过分紧张，工作、学习都会更加从容。

(3) 孤僻型。这种人天生不大合群，不善于与人交往，容易被社会孤立起来，一不小心就使工作和生活陷入四面楚歌的境地。

参加运动项目建议：足球、篮球、排球或是接力跑、拔河等团队型体育项目。

坚持参加这些集体项目的锻炼，能增强自身活力和与人合作精神，使运动者更加热爱集体，逐步适应与同伴、同事的交往，从而逐渐改变孤僻性格。

(4) 自卑型。此类人缺乏应有的自信心，习惯于未上战场就先打退堂鼓，经常担心自己完不成工作任务，挨批评。

参加运动项目建议：可以选择一些简单易做的体育项目，如跳绳、俯卧撑、广播操、跑步等。

这些项目简单易行，有助于舒缓绷得过紧的“弦”，不断提醒自己“我还行”。坚持锻炼，自信心一定会逐步增强。

巩固与提高

单元知识小结

健全的人格是大学生心理健康的基础，大学阶段是人格形成的重要时期。总体来看，当代大学生具有以下人格特点：能正确地认知自我、智能结构健全而合理、对社会环境的适应能力较强、富有事业心、情感表达适度等。同时，由于某些不够健全的生理、不良的儿童早期教育和家庭环境、自然和社会文化变动等因素，当代大学生也存在人格发展异常。其中，自私型人格、自我封闭型人格、自恋型人格、表演型人格、偏执型人格和强迫型人格都是常见于大学生中的人格障碍。这些人格障碍有不同的表现，也有其特殊的调适方法。

思考与练习

1. 个案分析

【案例描述】

女大学生小王总是处理不好和同寝室同学的关系，为此感到非常苦恼。原来在和同寝室同学相处时，她总觉得别人都在故意和她过不去。比如：在寝室睡觉时，她觉得别人总是故意弄出声音把她吵醒；看到寝室的同学凑在一起窃窃私语时，她就会认为别人正在说她的坏话；心爱的布娃娃被别人无意弄脏时，她就会认为别人是故意这样做让她伤心；寝室同学去上课时没有喊她，她又会想到是别人在故意冷落她……

你能运用本单元所学知识，帮助她处理好和同寝室同学的关系吗？

2. 自信心训练

实践证明，自信心是可以通过训练来增强的，我们可以通过欣赏自己、欣赏他人而增强自信心，从而树立积极的心态；还可以通过改变个人的形象、行为和言语来改变心态，提高自信心。下面给出一些具体方法：

(1) 观察自信者的形象。找一个或几个你最佩服的成功者，观察他们的外貌、服饰、发型、举止、态度、语言……加以概括，并找出可学之处。你会发现，他们可能具有这样一些共性：走路挺胸抬头，快步向前；举止高雅、庄重而不刻板；说话干脆利索，不吞吞吐吐或含糊不清；待人接物热情、大方、不卑不亢；当众发言，并不逞能；正眼看人，并非直瞪；开会准时，并朝前坐……

(2) 找回成功的感觉，让成功进入良性循环。回忆已有的“成功”事件，也有助于提高自信心。缺乏自信的人习惯于回忆过去的失败，以不断提醒自己少犯错误，这是一种不好的习惯，它在心理上强化了我们的自卑感与失败感。而事实上，每个人都有过成功与失败，只有努力搜寻成功事件的记忆，才能再次找回自信的自己。不妨在脑海里尽可能详尽地重现成功事件发生的场面，包括当时的地点、时间、声音，周围的环境，自己的行动和感受，等等。回忆得越细越好，你会发现体验到了那种成功的感受，肯定了自己的价值，感受到了自信，自信是建立在过去成功的记忆之上的。

(3) 练习爽朗地大笑。各种笑的感觉是不一样的，爽朗地大笑不是狂笑，也不是似笑非笑或苦笑，而是一种发自内心的笑。发自内心的笑能治愈自己的不良情绪，但如果你心情不好，就有“笑不出来”的感觉，窍门就是要强迫自己笑。学会笑、运用笑会使你变得更开心、更自信、更具有魅力。心理学研究表明，人的行为可以改变人的心情，笑能改变心态，使人变得开朗、健康。

(4) 学会欣赏自己。欣赏自己，即善于发现自己的优点。欣赏自己的价值并不等于自我中心主义，不要因为过去的错误而无止境地责备自己；也不要因为没有正确利用某些自身“优势”就贬低自己。特别是当自己处于不利之地时，要学会寻找自己的优点，这是一种自我激励的方法，也是形成积极自我认知的方法之一。

单元 5 UNIT

学业欲提升，方式方法需更新

学习目标

1. 了解大学生学习的基本特点与学习过程中的心理特点及形成机制，懂得保持健康学习心理的重要性。
2. 分析大学生学习心理异常的表现及其成因。
3. 引导大学生掌握学习心理异常的调适方法，使自己的学习心理适应处于良好状态。

导航故事

李×如何迷途知返?

来自沿海一个繁华都市的18岁女生李×，在家里是父母的掌上明珠，中学各科成绩一直名列前茅，高考成绩也比较理想，本以为能进入自己理想中的一流学府深造，但是，由于在填报高考志愿时期望过高，未能遂愿，被调剂到一所地方高校，进校后又被安排在远离市区的分校学习。面对与理想中大学相差悬殊的分校环境，李×的精神遭受了很大的打击。因此，进入大学新的学习与生活环境后，她在学习上一度很不适应，一直闷闷不乐，对学习新知识提不起兴趣，一年级期末各科考试成绩很差，甚至有3门主课不及格，她有时候还萌发出退学的念头……

理想的目标是指引行动的一盏明灯。但是，当理想的明灯暂时昏暗的时候，行动也许会陷入迷茫之中。李×迈进大学校门后，理想与现实的强烈反差使其产生了较明显的学习心理异常：学习整体适应不良，学习取向不明确，学习动力不足，学习成就感低，学习行为方式中的自信度差。

从李×学习心理异常的实际情况来看，其学习不适应性问题的根源在于学习观中个人目标定位过于理想化和简单化，缺乏相对稳定的学习动机与学习耐心。因此，当个人目标出现一时的偏差就会失去强有力的精神支柱和价值信念的支持，情绪上往往一蹶不振，学习中常常过度焦虑。要改变这个状况，李×必须面对现实（而不是逃避现实），冷静观察和客观评价自己，及时调整自己的学习观念和目标定位，只有这样，才能在现实与理想中找到稳定、均衡的学习状态，也才能重新振奋精神，实现自己的理想目标。

MODULE 模块1

学习方式怎养成
——大学生学习的特点与形成机制

知识储备

一、大学生学习的特点

学习活动是大学生的主体活动，完成学习任务、实现学习目标是大学生活的核心内容。学习活动及其效果决定着大学生知识技能的提高和智能潜力的发展。同时，学习活动又是一种典型的智力活动，它与学习者的认知、情感、意志相连接。因此，大学生的心理素质和心理发展水平对其学习活动的过程和效果也有着极为重要的影响，良好的心理素质和健全的人格品行对大学生成长为德智体全面发展的人才发挥着直接的、至关重要的作用。

（一）学习的性质

学习是主体与客体互相作用的过程中，主体认识客体并获得知识（经验）和技能的过程。一般来讲，学习有广义与狭义之分。广义的学习是指人和动物“在某一特定的情境中由重复经验而引起的对于那个情境的行为的变化”，形成新习惯，改变自己的行为的较长的过程。学生学习是学习的一种特殊形式，学生的学习活动属于狭义的学习范畴，它是在教育情境中发生的认识活动。教育是有目的、有计划地按照教育目标改变学生行为的过程，教育情境中的学习可以定义为：“凭借经验产生的，按照教育目标进行的比较持久的行为变化。”基于此，学习过程的基本属性表现为：其一，学生的学习是一种特殊的认识活动，其目的或任务主要是掌握前人所积累的一定的系统的科学文化知识即间接知识；其二，学生的学习是在教师指导下有目的、有计划、有组织地进行的；其三，学生的学习是在比较短的时间内接受前人的知识经验，学习过程中的实践活动服从于学习目的；其四，学生的学习不但要掌握知识（经验）和技能，而且还要发展智能、培养品德以及促进健康个性的发展，以利于今后的生活、学习与工作。

（二）学习的特点

从教育情境中的学习活动基本属性的概括中不难发现，大学生在特定的教育教学环境下从事的学习活动的特点主要是：

1. 专业性

大学教育更多的是专业定向教育，其教学计划是针对专业培养目标制订的。大学的课程设置、教学活动都是围绕培养各类专门人才的需要组织的。中学教育与学生未来的职业没有直接的必然联系，而一个人只要上了大学，其职业倾向性就比较明确。这种职业倾向性将会决定大学教学过程要为专业培养方向服务，制约着大学教学的各个环节。

2. 独立性

大学学习活动中，教学内容大幅度增多，出于培养学生能力的需要，教师往往只是讲授有关内容的重点、难点，介绍一些学习和思考问题的方法，通常只是起引导的作用，较多的学习内容则要求学生通过自学去掌握。因此，大学生的学习活动呈现出显著的独立性。同时，大学阶段的教学活动，学生在学习时间的支配、学习计划的安排、学习潜力的发挥上具有较强的自主性。

3. 探索性

大学的教学过程渗透了科学研究和学术活动，因此大学生的学习必然具有一定的探索性。大学生不再只满足于接受书本的现成结论，而开始倾向于探索结论的由来与发展。特别是高年级的大学生，往往不满足于教学大纲规定的学习要求，会利用图书馆、实验室以及开展实际调查等多种渠道搜集本学科的各种信息，在信息交流中确定研究方向。毕业生在教师指导下从论文选题到独立完成毕业论文，实质上就是在科研活动中积极探索。大学阶段是学生系统地接受学校教育的最后阶段，也是由“求学期”向“工作期”和“创造期”转变的过渡过程。因此要求大学生不仅要理解、巩固知识，还要在学习中培养独立思考、探索创新的精神。倘若只会“死记硬背”必然导致“高分低能”，尤其是缺乏灵活性、创造性的大学生在未来的工作中难免会受到挫折或遭到失败。

4. 多元性

就目前的学习形式而言，虽然课堂教学在高等教育中仍是主要的学习途径，但已不像中小学那样几乎是唯一的途径，尤其是在信息载体不断涌现、信息渠道日渐宽泛、网络交流方便快捷的今天，大学生的学习形式已经不可避免地走向多元化。在这种学习环境中，如何正确处理好课内知识和课外知识、课内活动和课外活动的关系以及专业学习和能力培养诸方面的关系，成为困扰许多大学生的矛盾所在，它常常使有些大学生顾此失彼，甚至对学生的全面发展产生了消极影响。

大学的学习特点表明，大学生的学习活动是一项复杂而艰苦的脑力劳动，大学时期的学习无疑会消耗大学生更多心智能量，因此，大学生学习活动的持续和有效进行需要有良好的心理素质和健康的身体素质来保障。

二、大学生学习活动的心理机制

现实的学习活动总是呈现出不同的水平，而各种水平的学习往往都能引起学生身心适应性的变化。大学学习阶段是人才成长由“求学期”进入“创造期”的过渡阶段，学生接受的是具有专业性、独立性、探索性等特征的高层次教育。由于大学的教学目的、教学内容和教学方法与中学有着明显的不同，因此，大学生入学后必将经历由中学学习向大学学习转化的学习适应期，逐渐形成大学学习心理。

（一）大学生的学习心理

学习是一种十分复杂的心理现象，它不仅与感觉、知觉、注意、记忆、思维等认知过程直接相联系，而且还涉及人的情绪、动机、个性和社会化等问题。

大学生学习活动的主要形式有 4 种：按教育大纲规定的课堂学习活动；补充课堂学习的自学活动；独立钻研的创造性学习活动；同学互相讨论、相互启发的互相学习活动。从心理活动的作用来看，大学生的学习心理结构主要由学习动力、学习智力、学习能力和学习自我评定力等要素组成。大学生的学习心理活动是一套能动的智能结构的运动，其中，学习动力是心理动力部分，学习智力是认知结构部分，学习能力是促进发挥物质能量部分，学习自我评定力是反馈自动调节部分。具体地说：

1. 学习动力

学习动力主要是学习动机的作用形式，学习动机是指学生个体内部促使其从事学习活动的驱动力。学习动机一般表现为强烈的求知愿望、对未知世界的好奇心及兴趣、认真积极的学习态度等，它集中表现为学生学习过程的精神状态，诸如“愿不愿学”“勤不勤学”“乐不乐学”等心理活动。学习动力是一定的社会和教育对人的学习的客观要求和社会意义在人脑中的反映，作为个体的学习活动的内在驱动力，它对人的学习活动有发动作用和维持作用。

2. 学习智力

学习智力是人脑中的各种认识组成的对客观事物的稳固的综合的反映，它是影响人的反映效率、反映效果的个性心理特征，并表现在人脑对客观事物的反映深度、广度、速度及准确度等方面。智力可以分解为7种基本的认识力：观察力、表现力、思维力、创造力、想象力、理解力和记忆力。

3. 学习能力

学习能力是受人的智力支配的改造客观事物的各种操作动作组成的稳定的、影响活动效率的个性心理特征，它表现在人实际改变各种物体的效度、速度及精确度等方面。学习者具有的最基本的能力是：定向能力、动手操作能力、表达能力、组织能力和创造能力等。

4. 学习自我评定力

学习自我评定是学习者以教育、教学的客观要求为标准，对自己学习效果进行自觉的合理评价的心理活动，包括：对自己的学习动机的性质、内容、方向、动力大小的自我评定；对智力、能力活动水平及效率的自我评定；对知识、技能掌握程度的自我评定。学习者自我评定力的作用是依靠自己学习活动的结果提供的反馈信息，对自己的学习活动进行的自动化调节与控制，从而发挥自我激发与自控功能。

（二）学习过程特征的转化

从大学学习活动的内在规律与大学生心理发展的阶段性特点来看，大学生在大学期间的学习活动要完成两个心理转变过程：其一是实现从中学的习惯性学习向大学的研究性学习的过渡；其二是做好从学校（学习）走向社会（就业）的心理准备。在完成这两个心理转变的过程中，大学学习心理的特点逐步表现出来。与大学生心理发展的阶段性特点相一致的大学生学习过程特征的转化体现在：

1. 适应阶段的学习心理

进入高等学校以后，大学生首先面临的是新的学习环境：课堂教学比重减少，自主学习时间增加，课堂讲授内容增多，知识难度加深，课外知识扩大，作业形式灵活，等等。大学学习形式与中学学习形式存在强烈反差，常常会使大学生在一定时期内表现出多方面的不适应。例如，中学学习阶段的主导动机失效，造成升入大学后学习积极性的波动，导致学习动因不适应（主导动机失效造成的不适应往往在学习成绩中有较明显的反应）；现实中的大学生活与自己理想中的美好憧憬产生了矛盾，也容易导致入学初期学习积极性下降或兴趣转移等现象，对于大学基础课的学习十分不利；许多学生因高考成功而滋生出了过于相信自己的学习能力和习惯的心理定式，进入大学后往往不能及时认识到自学能力是决定大学生学习效果的重要因素，对大学学习活动特点往往是在多次“碰壁”后才能有所领悟。因此，在适应阶段，学生在学习活动中的主要心理异常表现为学习中的学习能力不适应。有关调查显示，新生入学后有70%的同学有一种失落感，这一阶段大约要持续2个或3个学期，个别同学甚至要延长到二至三年级。

2. 稳定发展阶段的学习心理

大学生在逐步适应了大学生活以后，开始转入获取知识、发展能力的阶段。在这一阶段学习活动中表现出的心理特点主要是：大部分学生在适应了大学生活以后重新获得了自信，学习兴趣日益浓厚，态度基本端正，意志更加坚定；特别是随着价值观和是非观的确立，求异心理不断强化，在同学中出现了奋斗目标和学习态度的差异。调查表明，大约有60%的学生选择了未来目标并开始为之奋斗；而有些同学由于各种因素的影响，人生目标不明确，自我要求不高，学习上得过且过，以致自酿苦果，学业无成。在整个大学生活中，稳定发展阶段是大学生在校期间人生价值的认知阶段，是名副其实的大学时代，它对每个大学生以后的人生经历起着至关重要的作用。因此，在这个阶段大学生必须排除影响和干扰学习活动的各种心理障碍，积极、主动、自觉地从事学习活动。

3. 趋于成熟阶段的学习心理

随着大学生活的延续，到了毕业前夕，由于学习内容及其形式从课堂讲授（为主）向毕业实习（设计）转移，学习活动与毕业后的工作岗位及所从事职业性质的联系密切，大学生的学习活动也就相应地发生了变化。由于每个学生对自己未来社会职业的性质、环境的认识和设想不同，对学习活动的态度就有很大的差异。因为个人就业能力、就业心态以及国家就业政策与市场就业形势等多种因素的影响，这个阶段成为大学生自入学以来产生矛盾最为复杂和激烈的时期。大学生就业中对未来工作单位期望值过高的心态会引起他们的种种心理冲突，产生忧虑感、紧迫感，造成对毕业前学习活动的干扰。

大学生学习心理发展过程的阶段性特点，因学校性质不同、专业特点不同和个体素质不同而有一定的区别。但就学习活动的全过程来看，三个阶段前后相继、连续发展共同构成了大学生学习心理发展动态过程。一般而言，在有限的大学学习时间内，大学生只有通过积极努力争取缩短第一个阶段的心理适应期，有效提高第二个、第三个阶段的心理发展水平，才能使学习过程中的智能发挥达到最佳效果。而要使自己的智能发挥达到最佳效果，大学生就必须在学习活动中排除各种学习心理异常现象，保持稳定而持久的心理健康。

模块训练

一、训练内容

学习适应性的自评与对比及学习行为纠错。

二、训练要求与方法

1. 使用本书附录4《大学生学习适应性测试》在全班进行测评，统计测评结果。

2. 将自己的测评结果与全班结果进行比较，看看自己的学习适应性有哪些不足。

3. 找出班上学习综合成绩最好的前3名同学和学习成绩落后的3名同学，比较他们在学习适应性方面有什么不同。

4. 根据学习适应性测评结果和平时学业情况，分析自己在学习方式上存在哪些不足，并提出改进计划。

MODULE 模块2

学业不良思成因
——大学生学习适应问题与成因分析

知识储备

一、大学生学习适应、适应性概念与现状

（一）学习适应

学习适应是主体根据环境及学习的需要，努力调整自我从而达到与学习环境平衡的行为过程，它是学习活动主体克服各种困难取得较好学习效果的一种心理倾向。在大学学习过程中，由于社会、家庭、学校以及个人等多方面因素的影响，并非每个大学生都能够保持良好的学习适应状态，有许多大学生常常发生学习心理异常现象而对学习效果产生消极影响。因此，提高大学生学习适应水平，加强对大学生学习心理异常的调适，对于大学生保持最佳的学习状态有着重要意义。

大学生的学习是他们在大学生活中通过实践或训练而获得知识（经验）和技能的相对持久的适应性心理变化过程，这种心理变化包括两方面，即“同化性”心理变化和“顺应性”心理变化。同化是主体将所遇到的外部信息直接纳入自己已有的认知结构的过程；顺应则是主体通过调节自己的认知结构，使其与外界信息相适应的过程。可见，学习适应性会对大学生学习的质量和学习效率产生直接影响。

（二）大学生学习适应性的概念

学习适应性有其内在的心理结构、心理条件和实现过程，一般需要经过适应原有平衡状态的打破、新的学习需要产生、学习动机的调整和学习环境的适应，最后达到学习适应的良好状态。根据大学生学习活动的特点和大学生学习过程中的心理特点，大学生的学习适应性主要包括：

1. 学习动机适应

学习动机是指引发并维持学习活动的倾向，包括学习目标、学习态度和学习兴趣等。学习动机的形成深受社会生活条件和教育的影响，不同的家庭背景对学生的学习有不同的要求，学生的学习动机也就十分复杂。学习动机是直接推动人们学习的动力，是激励和指引人们进行学习的一种需要。学习动机和学习的关系是辩证的，学习既能产生动机，学习动机又能反过来推动学习。学习动机可以促进学习，学习亦可增强学习动机。

2. 学习环境适应

特定的学习活动总是在一定环境中发生的。与中学的学习环境相比，大学生面对的学习环境更为复杂，特别是人际交往的日益频繁使得社交因素的影响相对于中学阶段明显增强。而大学又有不同于中学的学习制度和特有的规范，这就要求学生必须适应这些制度和规范。

同时，大学生还要对学校的物质环境诸如学习场所（教室、图书馆等）以及高校所处的社区环境设施进行适应。

3. 学习能力适应

学习能力主要是指感知能力、记忆能力、思维能力等，也包括学习方法。大学学习的内容多、难度大、进度快、独立性强，这对大学生的学习能力提出了较高的要求。大学生的学习方法和思维方式的转变显得尤其重要，这是影响学习适应性的重要方面。

4. 教育氛围适应

大学教育氛围包括学习的时间安排、管理方式、教学内容、教学方式以及教师的授课风格、课余辅导方式等。进入大学学习后，大学生必须尽快适应大学的教育氛围，及时摆脱固有学习习惯的约束，进入积极的学习状态。

5. 学习心理适应

从学习心理的本质来看，大学生的学习心理存在一段适应期：在大学学习生活的初期，大学生的学习心理适应还延续着许多中学阶段的学习心理特点，而伴随着大学生对自己新的社会角色的认同，从社会要求和自我期望而言，大学生又必须具备其角色的相应学习心理，如学习稳定性、学习意志力、个性特征等心理素质。

大学生的学习适应性分析表明，学习心理适应很大程度上通过大学生的身心健康反映出来。面对复杂的社会环境和变化多端的社会需求，大学生的学习心理适应处于良好状态才能及时有效地处理好学习心理冲突和矛盾。

（三）大学生学习适应性的现状

大学生的学习适应状态标志着大学生能否根据学习环境、学习内容和学习需要，调整学习方式与方法，从而与学习环境达成平衡的心理水平，它既关系到学生学业的成败，也对大学阶段学生的人生发展产生较大的影响。综合我国许多专家的研究资料发现，现在大学生的学习适应性心理水平普遍较低，突出地表现在学习不够积极、学习目标不明确、学习动力不足、自主学习能力不强、学习环境适应性较差以及学习心理不稳定等方面。

导致大学生学习适应性水平低的原因是多方面的。目前，社会、学校、家庭等方面都出现了不少导致大学生价值观和学习观产生偏离的不利因素，使教育（教学）体系与发展中的原有的价值观和学习观教育在很大程度上受到冲击，而大学生心理发展的不稳定等诸多特点又使他们陷入心理冲突，加上大学生的自我调节能力有限而难以回归正常的学习心理状态，极易导致各种各样的心理异常现象的发生。因此，加强大学生学习心理健康教育需要考虑社会、学校以及受教育者的家庭、性别等多种因素，有针对性地从价值观念重构、学习目标确立、行为方式选择和自我调控等方面着手，加强以学习为基础的大学生品德教育促进他们形成成熟而稳定的价值观念，帮助他们提高学习适应能力，培养他们成为社会需求的身心健康、德才兼备的人才。

二、大学生学习心理异常及其表现

学习心理异常，是指影响个体正常学习行为和学习效能的心理因素或心理状态，如缺乏学习兴趣，学习中的焦虑、自卑情绪、注意力不能集中、记忆困难、学习效率低下等。大学生常见的学习心理异常主要表现在以下几方面：

（一）学习过度焦虑

焦虑是个体对当前或预感到的挫折的一种复杂的消极情绪状态，它包括自尊心的损伤、自信心的丧失、失败感和愧疚感等交织而成的紧张、不安、忧虑、恐惧等情绪状态。轻度的焦虑在正常人的生活中是普遍存在的，当人们遇到挫折时，一般都会自然地产生焦虑的情绪反应。在大学生学习过程中，适度的焦虑能够形成一定程度的压力感而对提高学习效率有一定的积极作用，但过度的焦虑会损害大学生的正常心理健康，导致心理疾病，从而严重影响正常的学习活动。

在部分大学生中，学习过度焦虑是比较常见的心理异常现象，它主要表现在新生入学后学习上的适应不良，例如，部分大学生希望通过学习来保护自尊心不受损害，心理压力增大，就产生了严重的学习焦虑，尤其个性较敏感、性情急躁的同学更容易陷入这种状态。学习过度焦虑在学习上表现为：注意力不集中、记忆力明显减退、思维混乱、烦躁易怒等，难以进行正常的学习。为了摆脱这种状态，有些大学生采取了回避和退缩的方式消极地对待学习，过早地放弃努力而使学习每况愈下，这样又诱发出自卑情绪与自责心理，甚至怀疑自身的学习能力，导致恶性循环，又进一步增加了焦虑，引起学习行为上的混乱和盲动，以致发生心理疾病。

（二）学习动力缺乏

心理学认为，学习动力系统由学习动机、学习兴趣和学习态度组成，这3个要素密切联系、互相促进，贯穿于学习的全过程。良好的学习动力系统具有动力功能、反馈功能和调节功能。具有良好学习动力系统的学生，不仅能够树立端正的学习态度，养成浓厚的学习兴趣，拥有远大的学习目标，而且还会自觉排除内外干扰，不断调整学习策略和方法，积极适应新的学习环境。学习动机、学习兴趣和学习态度3个要素中有一个要素出了问题，就难以真正形成良好的学习动力系统。

大学生的学习动力缺乏是指学习上没有明确的学习方向，无知识需求，更无学习兴趣，得过且过，不思进取。这种学习心理问题是大学生中常见的，一些大学生常说的“学习没劲”，即是这种类型的心态。学习动力缺乏的心理特点主要表现为：对所学专业不感兴趣，学习动机不明确，学习态度不认真。例如，在学习活动中缺乏学习的自尊心和自信心，将上课当成负担，无学习成就感；学习过程敷衍了事，不积极思考；把主要精力放在与学习无关的活动上，难以排除各种内外因素的干扰。

大学的学习时间短暂而又宝贵，学习动力缺乏的大学生往往会虚度光阴，给大学生的学习活动带来严重的干扰，应引起高度重视。

（三）学习动机过强

心理学认为，人的动机分为外部动机和内部动机两大类。大学生的外部学习动机来自学生个体以外的动力吸引和推动，来自学习目标、学习诱因和学习强化物的作用。内部学习动机来源于学生个体的内部需要，如安全需要、尊重需要、情感需要、认识需要和成就需要等心理需要。由于所处的社会环境的不同和个人经历的差异，大学生学习动机的内容及其模式是多种多样的。大学生的学习动机大致可以分为“求知型”“感恩型”“自尊型”“兴趣型”“就业型”“信念型”等多种类型。在实际学习过程中，大学生的学习动机往往又是多种动机的“复合型”或“混合型”。换句话说，学习动机并非是单一的，只是某种动机在某特殊时期表现出一定的优势而已。

学习动机是直接激励大学生进行学习活动的动力，但这并不意味着学习动机的强度越大，学习效果就越好。学习动机对学习活动的作用只有控制在最佳水平上才是适度的。心理学研究认为，动机对学习活动的作用是以专注水平为中介的。动机促进学习的作用形式是唤起、集中并保持学生的注意力，使他们能专注于学习，但过于专注自己的抱负和外部的奖惩，而不专注于学习反而会阻碍学习。因此，学习动机过强时，无论是内部的抱负和期望过高，还是外部的奖惩诱因过强，都会使学生产生害怕失败的紧张心理和拼命蛮干的有害行为。

大学生的学习动机过强，一般表现为成就动机过强。一些学生缺乏对自己能力的客观认识，往往自视甚高，对学习的期望远远超过自己的实际水平，又缺乏承受挫折的心理准备，遇到困难和失败时容易心理失衡，不但不能专注于学习，还会因为心理压力过大而导致学习的失败，而失败的体验又会挫伤自尊心，产生情绪情感上的压抑和自卑心理，进而丧失学习的勇气，引发心理疾病甚至发生悲剧。

（四）学习疲劳

学习疲劳是大学生学习活动中常见的问题之一。所谓学习疲劳，是指在学习活动中，学习效率逐渐降低并伴有渴望停止学习活动的生理和心理现象，具体表现为学习错误增多、学习效率下降、对学习厌倦、动机行为改变、心理失去平衡等。学习疲劳包括生理疲劳和心理疲劳。生理疲劳主要是肌体受力过久或肌肉重复伸缩造成的肌肉痉挛、麻木、眼球发疼、头脑发胀、腰酸背疼、动作不准确、打瞌睡等肌体的生理反应。心理疲劳一般是由于长时间从事心智活动，大脑得不到休息，脑细胞处于抑制状态所引起的心理反应。此时，思维迟钝，注意力涣散，情绪躁动、忧郁、厌烦，学习效率下降。

学习疲劳是一种保护性抑制。一般来说，经过适当的休息即可得到恢复，对大学生的身心发展不会造成什么影响。但如果长期处于疲劳状态，勉强让大脑的有关部位保持兴奋，就会导致大脑兴奋和抑制过程的失调，严重的还会引起神经衰弱等疾病，并可能引发身体器官的病变，严重影响大学生的学习。

（五）考试应激障碍

应激是指人在适应社会的过程中，实际的或认识到的要求与实际的或认识到的满足要求的能力不平衡所引起的身心紧张状态。适度的应激是维持心身正常功能的必要条件。强烈而持久的应激可能造成心身功能迅速出现障碍或崩溃。

考试应激障碍是大学生学习活动中的一种重要心理障碍，表现为过度考试焦虑、考试怯场等。过度考试焦虑是一种担心自己考试失败有损自尊、高度忧虑的负性情绪反应，表现为考试前后紧张恐惧、心烦意乱、喜怒无常、无精打采、胃肠不适，可能出现原因不明的腹泻、呕吐、多汗、尿频、头痛、失眠、记忆力减退、注意力不易集中、思维迟钝、学习效率下降等反应。

考试怯场是过度考试焦虑在应考中的急性反应，是学生在考试中因情绪激动、过度焦虑、恐慌而造成思维和操作困难的一种心理现象，表现为在应试中心跳加速、呼吸急促、满头大汗、头昏、恶心、软弱无力、思维迟钝等，严重时，全身颤抖、两眼发黑，甚至昏倒（平常人们说的“晕场”）。

考试应激障碍既影响学习，也损害心身健康。过度考试焦虑和考试怯场都是一种负性情绪反应，在考试前和应试中，容易分散和阻断注意过程，使注意力不能集中，不能专注于学习和应试，而是专注于各种各样的担忧；还会使思维呆滞凝固，无法发挥正常的水平，严重影响考试成绩。在考试过后，如仍陷入焦虑之中不能自拔，不但会陷入恶性循环，危及下一次考试，而且容易转为慢性焦虑。慢性焦虑会影响大学生日常活动的方方面面，甚至转为焦虑症等心理疾病，并危害身体健康，引发心律不齐、高血压、冠心病等。过度考试焦虑还会造成消化系统功能紊乱，影响呼吸系统和内分泌系统的功能。

模块训练

一、训练内容

学习不适应心理问题分析与调适技能练习。

二、训练要求与方法

【案例描述】

学生谢××是××大学二年级学生，学习非常用功，但考试分数不高，每学期均有不及格的科目。

谢××在中学时期学习非常用功，成绩一直名列前茅，父母对她寄予了极大的期望。通过多年的努力，她终于考上了大学。进入大学后，她没有及时转变中学养成的死记硬背的学习习惯，难以适应大学新的学习方式，特别是对专业课老师探讨式的讲授很不习惯，因此对专业课程的学习兴趣非常淡漠。在第一个学年的考试中就有两门功课不及格，谢××思想负担很重，觉得对不起父母。尤其是当她听到同学们谈论毕业后去向的话题后，更让她担心自己因成绩不好以后难以就业，因此把考试成绩看得高于一切，以致每次参加考试都会无法抑制地产生恐惧感。谢××性格比较内向，也不善于交际，平时很少参加体育锻炼和文娱活动，她对考试的这些忧愁、烦闷、恐惧，平时很少与他人谈及。久而久之，考试恐惧感越来越严重，结果是越想考好，越是考不好。

【案例分析】

根据案例描述，以小组为单位，围绕以下主题讨论：

1. 案例中的谢××所存在问题的性质、特点和原因。
2. 谢××应该怎么做才能克服心理困惑?
3. 如果谢××是你的好友，你打算如何帮助她?

【分析参考】

谢××同学的主要心理问题是考试焦虑。要摆脱“考试焦虑”这一学习异常心理的消极影响，她可以根据实际情况从以下三方面尝试进行自我心理调节：

（1）主动消除心理上对考试的不必要的顾虑，正确理解考试成绩与就业能力的辩证关系，从调整学习动机的角度改变总是对考试成绩期望值过高的不良心态。

（2）积极消除造成考试焦虑的内外压力。谢××考试前的思想压力过于沉重，担心考试成绩影响毕业和就业，成绩不好难以向父母交代。其实，就业时用人单位不仅要看成绩，更看重的是大学生的实际能力，只要拥有真才实学并掌握了一定的技能，就一定会获得施展才能的用武之地。

（3）自觉增强个人的交际能力，敞开心扉，大胆和同学沟通交流。积极锻炼身体，改善自己的学习心理状态。

MODULE

模块 3

学业陷困境，方式方法需更新
——学习问题的调适方法

知识储备

一、学习状态与心理健康的关系

在学习过程中，善于学习者，能够享受发现智慧之乐趣；乐于学习者，可以体验收获成功之喜悦。既“善于学”又“乐于学”者能使自己通过学习站在人生较高的起点上，一步一步走向辉煌！然而，真正进入大学，学生们在学习中遇到的种种困惑可能成为阻碍他们取得优良学习成绩和健康成长的绊脚石。克服学习心理异常、保持健康的学习心态是提高学习效能的关键环节，否则“善于学”与“乐于学”相互背离，必然导致学习活动事倍功半。

（一）学习与心理健康的互动

学生的学习是在教育情境中和教师指导下，学生凭借掌握间接经验而产生的比较持久的能力或倾向的变化以适应社会的过程。心理学认为，学习活动极大地影响人类的心理过程和心理发展。同时，人的心理健康状况和心理发展水平又对学习活动产生直接的作用。人的学习活动与人的心理健康两者互为基础，互相影响。

（二）良好的学习状态有助于心理健康

学习对促进人的心理健康和人的全面发展是有益的，良好的学习状态对学生心理健康的发展所起到的积极作用概括起来如下：

（1）学习能发展智力，开发潜能。人生来就有各方面的发展潜能，但这些潜能必须通过学习才能发挥出来，一个人的智力也是在学习过程中不断发展的。心理卫生学认为，一定的智力水平是心理健康的基础，而潜能的开发状况则反映了心理健康的状况。

（2）学习能带来满足，创造愉快。心理卫生学认为，献身于某些引人入胜的工作，是实现心理健康的基本条件。乐学者常常能从学习中找到乐趣，每当学习、工作取得一些成绩，就会发现自己的价值和尊严，就会有一份喜悦和满足。而当遇到不如意的事情时，若能埋头于学习，把不如意的情感升华为学习的动力，就能忘掉苦恼，并从学习上取得的成绩中得到安慰。因此，大学生积极主动地学习，有利于促进心理健康。

（3）大学生的学习活动还有助于纠正错误的认知观念，发展正确的认知方式；有助于发展健康的情绪和高级情感；有助于培养健全的人格，改善个性品质，提高自己的适应能力；有助于建立和谐的人际关系；等等。

（三）心理健康是大学生保持良好学习状态的需要

学习是掌握知识、开发智能的，复杂的心理活动过程，如果不遵循学习心理活动规律，学习活动产生的不利因素会直接或间接地影响大学生的心理健康。例如，在学习活动中，如果学生学习的期望值过高，学习负担加重，就会使学生心理压力增大而引起身心的不适应；如果学习方法不当，则会使学习积极性受挫而事倍功半；如果不能很好地劳逸结合，忽视了必要的休息和娱乐，虽然表面上非常努力但学习效率会下降。与此同时，心理健康状况对大学生学习活动的影响也越来越显著。大量的事实和研究表明，大学生的心理健康状况是影响大学生学习状态及其效果的重要因素（在某些大学生身上甚至成为主要的或首要的因素）。许多研究发现，大学生的学习成绩与智商并没有一一对应的关系，心理健康的学生其学习成绩往往优于心理不健康的学生。对于具备一定智商基础的大学生来说，学习兴趣、学习动机、情绪、态度、意志、个性等心理因素对学习更具有影响力。这些非智力因素对学习起着动力、定向、激励、强化和调解等方面的作用。因此，良好的心理健康状况，即健康的情绪、健全的意志、良好的个性、正确的自我意识、和谐的人际关系、较强的适应能力等，对大学生的学习有很大的促进作用；反之则会不同程度地影响和妨碍学生的学习，阻抑学生潜能的发挥。

二、大学生学习心理异常的调适

培养大学生良好的学习心理是保证大学生能高效完成学习任务的重要条件。针对大学生学习过程中存在的心理异常，采取积极有效的方法加以调适，才能不断提高学生的学习素质以保持大学生健康的学习心态，从而奠定大学生高效能学习的生理和心理基础。现将大学生学习心理异常的调适方法综述如下：

（一）克服学习过度焦虑的态度和方法

大学生产生学习过度焦虑的主要原因在于学习期望过高，学习压力过大，那些好胜心强、心理脆弱的学生更易发生学习过度焦虑。过度的焦虑心理对大学生的学习会造成不可低估的危害，克服学习过度焦虑的关键在于确立合理的学习目标，理性看待考试成绩，养成求真务实的学风，重视并采取积极的态度和方法进行调造。学习过度焦虑心理调适的具体要求是：

（1）应冷静分析造成心理焦虑的主观和客观原因，绝不能采取回避现实的态度放任焦虑的发展。

（2）要正确认识和评价自己的能力，确立切合实际的学习目标，不必把每次考试成绩看得过重，懂得圆满完成学业，使自己在大学阶段德、智、体全面发展才是大学学习的真正意义。

（3）要增强自信心和意志力，面对困难或失败时，能够保持情绪的稳定。

（4）通过积极的自我调整，掌握大学学习的主动权，尽快适应大学的学习生活。

（二）学习动力缺乏心理的调适

大学生学习动力缺乏是由社会、学校、家庭和个人等多方面原因造成的。比如，社会中一度流行的“知识贬值”和“读书无用”论、大学生就业难现象、学校教育和教学方法陈旧、父母不恰当的期望等都会对大学生的学习产生负面影响。当然，大学生个人社会责任感不强和学习目的不明确、学习活动中没有压力感和竞争意识、对所学专业缺少兴趣，从而对学习产生厌倦或畏缩情绪，是造成学习动力缺乏心理障碍的主要原因。因此，大学生应根据自身缺乏学习动力的具体原因做针对性的调适，但总的来说，主要应从以下两方面进行：

1. 培养强烈的求知欲望与浓厚的专业兴趣

求知欲望与专业兴趣是直接的学习动机，是学习动机中最直接、最现实、最活跃的心理因素。它不仅可以推动学生主动地学习，而且能使学生在学习中获得满足，产生愉快的情绪，从而形成进一步学习的需要。强烈的好奇心与求知欲表现了大学生宽广而强烈的学习需要，只有当这种初级兴趣稳定地指向某一学科方向时，才能形成理论探讨、深入钻研的浓厚专业兴趣。这种浓厚的专业兴趣就成为推动学生不懈地进行学习的内部动机，形成学习动力。

2. 要有意识地培养和激发自己的成就动机

所谓成就动机是指个体对认为重要或有价值的学习和工作，积极地从事和完成，并欲达到完美地步的内在的推动力量。它是推动社会向前发展的力量，社会的发明、创造和进步，以及个人的前途发展完全依赖于这种力量的推动。大学生要通过参与社会实践和了解国情来增强社会责任感，把社会需要化为个体内在的学习需要，激发自己的成就动机，增强学习的自觉性。在学习实践中体验获得知识的乐趣，在创造性的劳动中感受喜悦，在战胜困难中增强勇气和自信。

（三）学习动机过强的调适

学习动机过强极易使大学生产生心理疾病，严重危害他们的心理和生理健康。消除学习动机过强心理障碍的方法有以下几方面：

（1）把个人学习目标确定在自己能力所及的范围内，建立在对自己的能力充分正确的认识基础上，切勿好高骛远、不切实际，发挥成就动机的激励作用时一定要适度。

（2）制定切实可行的与自己远大目标相结合的阶段目标，脚踏实地，循序渐进。

（3）关注自己通过学习活动取得的进步，不要盲目攀比，更不必总是设想学习成败所可能带来的得失。

（四）防治学习疲劳的方法

造成学习疲劳的原因是多方面的，通常有学习压力大，学习时间过长，不注意劳逸结合，睡眠时间不足，学习缺乏兴趣，不注意用脑卫生，等等。防治学习疲劳主要是学会科学用脑。学习疲劳是大学生中较为普遍的学习心理障碍，克服的办法主要有：

（1）要学会科学用脑。大脑左半球与逻辑思维有关，主管心智活动的计算、逻辑分析、书写等活动；右半球与形象思维有关，主管想象、色彩、音乐、韵律、幻想等活动。应根据左右大脑的不同分工，科学用脑。研究表明，如果将读书与计算、读书与思考、书写与听音乐等脑力活动穿插进行，能防止疲劳，起到事半功倍的效果。

（2）注意劳逸结合，保证充分睡眠。大学生每天睡眠时间应保证 7～8 小时。在紧张的学习之余，要适当参加文体活动或干一点自己感兴趣的事，使身心放松，有利于消除疲劳，提高学习效率。

（3）遵循个体生物节律。人体的日生物节律，一般是上午 7～10 时精力逐渐上升，10 时左右精力充沛，处于最佳工作和学习状态；之后趋于下降，下午 5 时左右再度上升，到晚上 9 时达到高峰，晚上 11 时之后急剧下降。大学生应摸索出自己学习的黄金时间，合理安排学习内容。

（4）培养学习兴趣。研究发现，人对感兴趣的学习能做到乐此不疲甚至废寝忘食，如果对学习兴趣浓厚，学习时心情愉快，则即使学习时间长也不易感到疲劳；反之，学习那些兴趣不大甚至厌烦的内容时，就会感到枯燥，很快进入疲劳状态。因此，培养自己的学习兴趣也是防治学习疲劳的方法之一。

（5）创设良好的学习情境，提高学习效率。良好的学习环境可使人在学习活动中心身舒畅，提高学习效果；而在嘈杂、脏乱的学习环境中，可能引起心烦意乱，焦躁不安。在过暗或过亮的地方学习，可能头晕目眩，出现视觉疲劳，影响学习效果。这些情况大学生在学习时都应注意和避免。

（五）防治考试应激障碍的方法

产生考试应激障碍的原因主要是，有的学生把分数看得过重，对以往的考试失败顾虑重重；过分自尊，担心因考试通不过影响自己的前途，损害自己的形象；缺乏自信心，心理压力过大；等等。防治考试应激障碍的方法有：

（1）正确认识考试。不要把考试成绩看得太重。考试只是衡量学习效果的手段之一。考试成绩不能全面反映一个人的学习能力和知识水平，更不能决定一个人的前途和命运；考试也是促使更加努力学习的手段，激励人们将所学知识掌握得更加牢固。

（2）考试应激产生的根源不是考试而是个人的心理素质，大学生要相信自己可以用理智和意志控制和调节自己的情绪，主动应考，发挥出应有的应试水平。

（3）认真学习、复习，制定合理的目标。平时刻苦学习，考前全面复习，不存侥幸心理，同时正确评价自己，不要抱过高期望。既要相信自己的能力，又要实事求是。期望越高，压力越大，就越容易焦虑。

（4）保证身体健康。考前应加强营养，劳逸结合，睡眠充足，保证有充沛的精力和清醒的头脑及良好的身体状态参加考试。

（5）怯场的处理。如果考试时，由于过分紧张，焦虑感很强烈，以致思维混乱或一片空白，手脚发抖，头昏脑涨，此时应：立即停止答卷，闭眼、放松，做几次深呼吸；反复自我暗示“我很安静”“我很放松”；适当地舒展身体，待情绪趋于稳定后再答题。

（6）寻求心理支持，请心理医生帮助。若考前难以克服考试应激障碍，或以前出现过几次“怯场”现象，应积极寻求心理医生的帮助。心理医生可通过自信训练、放松训练和系统脱敏法等来进行矫治。

模块训练

一、训练内容

自评和分析自己的学习动机。

二、训练要求与方法

1. 采用本书附录5《测测自己的学习动机》在全班进行测评，统计测评结果。

2. 找出班上学习综合成绩最好的前3名同学和学习成绩落后的3名同学，比较他们在学习动机方面有什么不同。

3. 小组讨论：针对每位组员的学习动机测评结果和平时的学业情况，分析各个组员存在的问题和纠正方法。

4. 自我反思，提出今后的学习计划。

巩固与提高

单元知识小结

学习是大学生在大学生活中的主导活动。学习活动及其效果决定着大学生知识技能的提高和智能潜力的发展；学习活动又与大学生的认知、情感、意志相连接，其心理健康水平与学习效果有着密切的关系。大学生学习活动的主要特点是专业性、独立性、探索性、多元性。

在大学学习过程中，由于社会、家庭、学校以及个人等多方面因素的影响，并非每个大学生都能够保持良好的学习适应状态，有许多大学生常常发生学习心理异常现象而对学习效果产生消极影响。大学生学习中常见的心理异常，是指影响个体正常学习行为和学习效能的心理因素或心理状态，主要表现在学习过度焦虑、学习动力缺乏、学习动机过强、学习疲劳、考试应激障碍等方面。

学习活动影响人的心理过程和心理发展。良好的学习状态有益于身心健康的发展；心理健康是大学生保持良好学习状态的需要，培养良好的学习心理是高效完成学习任务的重要条件。针对学习过程中存在的心理异常，大学生要采取积极有效的方法加以调适，不断提高学习素质以保持良好的学习心态，从而奠定高效能学习的生理和心理基础。

思考与练习

1. 大学生学习的特点与培养健康学习心理有何关系？
2. 结合自己学习的实际情况谈谈保持良好学习适应性的意义。
3. 举例说明学习与心理健康的互动。
4. 简述培养和激发自己成就动机的作用。
5. 谈谈学习疲劳的危害，并根据自己的体会提出防治学习疲劳的方法。
6. 个案分析。

【案例描述】

周×，男，大学三年级学生。其大一、大二各科成绩大部分都是优秀或良好，学习上总体感觉还比较适应。可是，进入大三后，就渐渐感到学习上越来越不适应，情绪上一度非常低沉和苦恼。特别是毕业在即，想到毕业后是考研还是准备就业，心中更是一片茫然。听到一些同学谈论考研信息和就业准备等话题，他也都不熟悉，即使同宿舍的同学热烈地讨论，他也无从参与，只能在一旁默默地听。这种气氛让周×感到前所未有的压力，也打破了他心中的平静，随之学习节奏被打乱了，学习热情下降了，学习效率也大不如以前了……周×心急如焚却又无能为力。

【分析参考】

周×的情况表面上看来好像只是他的周围环境发生了变化导致其学习心理的不适应，但深入分析不难发现，其学习环境的变化只是一个表面原因，直接原因在于他对是“选择就业”还是“选择考研”不知道该如何取舍，根本原因还在于他自己的学习观念的错位，学习目标模糊，价值导向不明确，学习取向不清晰。加之他的一些个性特征，如自信心弱、从众性强等的“催化”，在学习环境变化的影响下，内心的冲突很容易加剧。要改变这种学习心理状态，周×只有结合个人学习目标，从学习价值观层面上对未来进行判断和选择。一旦做出明确选择，其学习适应性问题就会随之发生相应的变化。此外，周×还需要有意识地改变。自己的人际交往方式，主动与同学进行思想交流，这有助于他积极适应环境变化，也有助于纠正学习观念。

单元

6 UNIT 学交际，讲方法

学习目标

1. 了解大学生人际交往发展的特点与形成机制，人际交往的意义。
2. 了解大学生人际交往异常的表现和产生的原因。
3. 掌握人际交往的方法和技巧及交往异常的调适方法，形成良好的人际关系。

导航故事

小冲，男，大一新生，在高考中成绩不理想，为了减轻家里的负担，决定就读一所没有多大名气的高职院校。入学前，他对大学生活充满了期待，美丽的校园、学识渊博的老师、志趣相投的同学、丰富多彩的课余生活……然而，报到的第一天小冲的梦想就被打破了，一切并没有他所想的那么美好。对于不大不美的校园、不丰富的课余生活，他都能给自己找到接受的理由，最不能让他接受的是同宿舍的同学。他们经常上网和打游戏，但学业成绩也不差，似乎生活得十分快乐，自己几乎把所有时间都花在学习上，但效果并不是很好。同宿舍的同学在交友、学习方面都游刃有余，而自己总是融不进他们的圈子。自己没有任何特长，好像与周围的一切都格格不入，喜欢独来独往。他决定要把所有精力放在学习上，于是埋头读书，其他与学习无关的事一概不涉及，可是总集中不起精神，上课不能认真地听讲，到第一学期期末考试有两科亮了红灯。

小冲的情况在大学生，特别是新生中最为常见，主要是由人际交往问题、学习问题等引起的。每个新生初入校门，都会遇到新的人和事。如何与新同学相处、如何提高自己的交往能力，是每一个大学生必须面对和解决的问题。

MODULE 模块1

人际交往有何惑——人际交往发展异常与原因分析

知识储备

一、人际交往的含义及意义

交往是人与人之间的相互往来，它是人在社会活动中的基本行为方式。人际交往是人与人之间通过一定的方式进行接触，从而在心理上、情感上和行为上发生相互影响的过程。人际交往对大学生的成长发展至关重要。和谐的人际交往有助于大学生的自我完善和个性重塑、学习提高和智力开发，也有助于身心健康。

人际交往是营造良好人际环境的有效方法，是身心健康必备的条件，是个性自由发展的关键环节。积极的人际交往一方面可以帮助大学生宣泄、转移和遗忘不良情绪，心理压力得到释放；另一方面可以使大学生心里有所依托，精神充实，心情舒畅，有利于身心健康。

然而，并非所有的大学生都能愉快地进行人际交往。有的学生想交朋友，却知己难求；有的学生与他人出现冲突，却不知道如何化解；有的学生在与人交流时显得急促不安，面红耳赤……种种的不如意和烦心事，困扰着大学生们，一些学生甚至在人际交往上出现了心理障碍。

二、大学生人际交往问题

根据人际交往异常的程度不同来划分，人际交往障碍可分为交往羞怯、交往恐惧和交往冲突。

（一）交往羞怯

交往羞怯指的是个体在与他人进行交往中习惯性地出现紧张、不自然、严重害羞等反应的心理，具体会出现脸红、心跳加速、结巴、口干、盗汗等症状，特别是面对一些重要人物时，症状会更加严重。人际交往羞怯是大学生人际交往障碍中最轻微的一种，通常它会使大学生在某些人际交往中失去主动性，不愿意积极地与对方交往，也不能充分地在交往中展现自我、发展自我。交往羞怯的程度严重时，对人际交往会采取回避态度。

一个人有一定的羞怯心理是正常的，譬如一名年轻女子在异性面前会脸红、心跳，在众人面前说话会紧张、不安，只要这些情况不影响正常交往，那么羞怯就不能视为交往障碍。如果一个人在任何场合与他人交往都感到羞怯，甚至不敢或回避与人交往，就成了人际交往的障碍。交往羞怯对大学生的人际交往、心理的健康发展有着一定的危害。一方面，交往羞怯往往使大学生在交往过程中不能完全表达自己的心声或想法，以致交往双方造成误解或意见没办法统一，最后交往以失败告终；另一方面，交往的屡屡失败会给大学生造成一定的心理负担，产生沮丧、焦虑与孤独感，如果这些不良情绪一直没办法消除，会导致大学生的性格变得软弱、怕事，甚至对交往产生恐惧、退缩的心理。

（二）交往恐惧

交往恐惧是指交往个体对交往感到害怕、焦虑，担心自己在交往活动中出洋相，担心被别人注意，对自己以外的世界有着强烈的不安感和排斥感，经常会在交往中出现惊慌失措、局促不安、无所适从、自我迷失的现象。交往恐惧是一种比交往羞怯更加严重的交往障碍，交往个体对人际交往总是有着强烈的恐惧感，并企图逃离交往，交往个体几乎无法进行交往活动。交往恐惧是在没有构成危险或威胁的刺激存在的情况下发生的，只要与人接触就会感到苦恼、害怕，这是交往个体强迫自己形成的一种内心感受。

交往恐惧一直是困扰大学生的心理障碍之一。据调查，在美国，有交往恐惧的人在人群中占12% ~13%，即大约每8个人中就有一个人在他一生的某个时期或终生被这种恐惧带来的焦虑所困扰着，严重地影响了个人的生活、工作、人际交往及个人的发展。在我国，情况也不容乐观。特别是改革开放以后，人们承受来自各方面的压力，心理不适应现象加剧，许多人不懂得如何释放压力，不知道该向哪里寻求帮助，以致交往恐惧所带来的心理问题无法及时得到解决，造成许多心理负担。

交往恐惧是一种心理过程，首先是交往个体对陌生人甚至是熟悉的人感到害怕。其次是对所有人回避。在害怕中伴有明显的紧张、出汗、颤抖以及诸多自主性功能障碍。最后是在交往过程中常出现过度的自我防卫，明知道许多事情是不应该的，却无法控制自己的思想和行为。如在社交场合中，交往恐惧者觉察到有人注意自己，他会认为别人的一举一动都暗示着对自己的讨厌、排斥，别人不经意的一瞥也会使其产生很大的心理波动。交往恐惧的产生很大部分都来源于家族的遗传或经历过某种精神创伤和窘迫生活事件，如家庭的教养方式、个人性格、童年的创伤与经历等。

（三）交往冲突

交往冲突是指个体在人际交往中出现认识错误、情感不融、行为对抗等现象的交往障碍。冲突是一种对立的状态，表现为两个或两个以上相互关联的主体之间的紧张、不和谐、敌视甚至争斗的关系。大学生处于一个思维活跃、崇尚个性自由的时代，各人的思想、需求，对问题的认识、看法或是做事的风格、态度、价值观念等都不尽相同，他们在学校里一起生活，一起学习，一起工作，相互之间产生矛盾是在所难免的。当矛盾激化到某种程度，便有可能产生互不相容、互相排斥的冲突。

交往冲突有不同的冲突层次。有心理学家将其分为3个层次：第一，特定行为上的冲突，也就是说交往双方对某个特定问题存在不同的意见。譬如，两个同学约好准备一起去晚自习，一个希望在教室自习，而另一个则要求到图书馆看书，双方由于自习的地点不同选择而产生冲突。第二，角色认知上的冲突，即交往双方对于如何处理两个人的关系，在关系中两个人的权利、义务理解的不一致而产生冲突。譬如，一名要重修英语的同学由于不知道考试的时间而错过了重修，这名同学认为是班长没有把信息通知到他本人而导致的，而班长则认为自己已将名单公布，且这是个人的事情，不应该怪罪到别人头上。两人在权利、义务理解上出现了冲突。第三，个人性格、态度上的冲突，也就是说在交往中由于双方的人性特征或价值观的不同而引起的冲突。比如，住在同一个宿舍里，有些同学比较活跃，喜欢热闹，总是叽叽喳喳说个不停；有些同学则十分安静，总喜欢一个人待着，静静地想事情。如果相互忍受不了对方的生活习惯，这个同学觉得另一个同学太静，另一个同学又觉得对方太好动，处理不好双方之间的关系就会发生冲突。

对于人际关系而言，交往冲突有好的一面，也有不好的一面。好的一面是双方在冲突的过程中可以将隐藏的不满、个人的想法公开表达出来，以消除相关的误解，也可以通过相互争辩使事情的来龙去脉更加清晰，从而消除彼此之间的隔阂，增进彼此之间的关系。不好的一面则是在冲突、争论的过程中，相互诋毁、拆台或互不相让，恶意攻击，这样只会令彼此之间的关系蒙上阴影，甚至导致关系破裂。

三、人际交往异常的成因分析

大学生人际交往问题的发生是由多方面的原因引起的，除了社会与其他人和事的影响外，更主要的原因是个人的社会认知，情绪、情感、人格和交往能力等。

（一）社会认知因素

大学生在人际交往中，由于缺乏社会阅历，容易产生认知偏差，从而导致交往障碍的产生。大学生的社会认知偏差主要有：

1. 晕轮效应

晕轮效应，也称为光环效应，指人们从某一个人或事物已知的特征去推测其他特征的心理现象，也即当我们对某一个人的特征形成一定的印象后，无论是好的或是坏的，都被赋予一种光环笼罩着，容易以点带面、以偏概全。当我们对某个人印象不好时，就会觉得什么都不顺眼；反之，当认为某个人很好时，他就会被赋予其他好的品质。比如知道某个人是正直的，则容易将这人想象成刚直不阿、真诚可信、做事认真可靠等。这也是人们常说的“爱屋及乌”。

晕轮效应实际上是认知主体对他人形成的一种心理定式，表现一个人已有的态度会直接影响对他人的认识和评价，并按照这种定式去理解人的一切品质。这种由已知推未知、由片面看全面的认知现象，导致了对他人不正确的评价，从而影响人际交往的正常开展。

2. 首因效应

首因效应通常指的是第一印象或最初印象。在社会心理学中，第一印象的形成受最初获取的信息影响很大，即在一定的条件下，最先映入认知者视野中的信息在形成印象时占优势，这就是首因效应。

第一印象具有一定的表面性、片面性和先入为主的特征，容易形成一种心理定式，对交往产生负面效应。比如，两个互不相识的人初次接触，彼此会根据对方的外貌、表情、姿态、谈吐、衣着等做出一个初步的判断和评价，形成某种印象，这容易出现以貌取人的表面认知，影响以后的交往。再者，由于先入为主，第一印象鲜明而强烈，人们偏信这一印象，尽管都知道在短时间内根据有限的资料判断一个人往往不太可靠，但人们却总是愿意随着第一印象走，忽视以后的新信息，或总是按最初的印象来解释后来出现的信息，如果出现与第一印象不一致的信息，甚至会否认后来的信息。人们已习惯用先入为主的最初印象去解释许多问题。

3. 刻板效应

刻板效应是指人们对某一类人或事物形成的一种比较固定、概括的看法。人们习惯于机械地将交往对象归于某一类人，不管他是否表现出该类人的特征，都认为他是该类人的代表，而总是将该类人的评价强加于其身上，从而影响对交往对象的正确认知。如有的大学生认为北方人坦率，易冲动，南方人则比较细腻；认为家境好的学生傲气，不容易相处，而家境贫困的学生则比较腼腆，不造作等。这些认识并不是完全正确的。刻板印象有两方面作用，积极的一面是让交往者可以通过某类人的特征更快地认识了解一个陌生或不太熟悉的人的特征，将认识他人的过程简化。如通过某人的职业可以大概了解或推测出某人可能会有的典型特征，比如一个人的职业是大学教授，那么就可以推测他具有修养好、有知识、有文化、平易近人、诚实、肯钻研等特征。消极的一面是夸大了群体内部成员的相似性，或夸大了群体间的差异性，从而对个体的认知产生偏差或偏见。

苏联社会心理学家包达列夫（Paota ЛeB）曾做过一个实验，揭示出刻板印象在人际交往中的作用。他向两组大学生出示了同一个人的照片，在出示前，他向第一组的大学生说，照片上的人是一个十恶不赦的大坏蛋，而向另一组大学生说照片上的人是一位伟大的科学家，然后分别让两组学生对照片上的人做看图描述。结果第一组的学生说，深陷的双眼表明内心阴险仇恨，突出的下巴表明沿着罪恶的胡同走到底；第二组的学生说，深陷的双眼表明思想深邃，突出的下巴表明坚毅睿智。一张照片两种评述，可见刻板印象对人的认知有很大的影响。

4. 投射效应

投射效应是指在与人交往时以己度人，把自己的情感、意志、特征投射到他人的身上，强加于人，认为他人亦是如此的一种内在心理的外在化。投射的结果往往对他人的情感、意向做出错误的判断，从而造成人际交往的障碍。人们常说的“以小人之心，度君子之腹”就是说的这一道理。投射效应在大学生的人际交往中表现多种多样，比如，有的大学生对别人有看法，就认为别人也对自己有看法，觉得对方的一举一动都是在挑衅；有的大学生内心喜欢一个异性，希望对方可以注意到自己，看上自己，进而把对方的一个眼神、一个笑脸、一句问候都看成对自己示爱的表现等。

（二）情绪、情感因素

大学生的人际交往通常是由感情而萌发的情感，在其交往中占很大的比重。在人际关系中保持乐观的心态、快乐的情绪，还是心中充满悲伤、怒气冲天，给人的印象是不一样的，情绪的好坏会给人际交往带来长远的影响。由情绪、情感所引起的交往障碍是十分常见的，造成大学生人际交往障碍的情绪、情感因素主要有愤怒、自卑、自傲、嫉妒等。

1. 愤怒

愤怒是个人的愿望与意图不一致时，或某种要求不能得到满足时所产生的一种不满情绪。愤怒本是人的正常情绪，每个人都有愤怒、不满的时候，当自己的利益受到侵犯、面对敌人、面对伤害时，愤怒可以调动所有的能量储备确保自身不受伤害，有着积极的意义。但在平常的生活中，如果不善于控制自己的情绪，遇到不满时就怒气冲天，四处发泄，或对别人冷嘲热讽，或挖苦他人，这样的做法往往会伤害到彼此之间的情绪，破坏了融洽的人际关系。如果愤怒得不到控制，便会引发攻击性言行，做出一些追悔莫及的事情，使人际关系出现裂痕。容易冲动、容易愤怒的人，别人往往不敢接近，这样就会影响个人的人际交往。

2. 自卑

自卑是由过多的自我否定而产生的心理体验，主要是缺乏自信。有自卑感的人轻视自己，过分看重自身的短处，看不到自己的长处，对自己的能力、品质等评价偏低，总觉得自己不如人。在交往活动中表现为想象成功的体验少，想象失败的体验多，总认为自己什么都不行，所有人都比自己强得多。因而，在交往中常感到不安，自我保护地将交往的圈子限制在狭小的范围内。

3. 自傲

自傲是过分地估计自己的各方面能力，在人际交往中表现出盛气凌人、居高临下、自夸自大，过于相信自己而不相信他人，具有很强的优越感，处处表现自己，对自己的长处无限夸大，只关心个人的需要，强调自己的感受而忽视他人。与他人相处的过程中，高兴时把朋友当成宝贝，称赞有加；不高兴时把朋友当出气筒，乱发脾气，指责甚至攻击对方，很少考虑他人的反应。与相熟的人相处，常过高地估计彼此之间的亲密程度，讲一些不该讲的话，使对方出于心理防卫而疏远。自傲的人不屑于主动与他人交往，或在交往时态度傲慢，不能平等待人，这样既伤害了他人的自尊心，也破坏了自己与同学之间的关系。

4. 嫉妒

嫉妒是指当他人拥有比自己优越的地位，或者获得超过自己的成绩，自己的内心失去平衡而产生的一种不服、失落、仇视的情感。嫉妒使人看不到他人的长处，对他人的才华、名誉、造诣等总感觉不舒服，耿耿于怀，当对方面临或陷入灾难时，就隔岸观火、幸灾乐祸，甚至借助造谣、中伤等手段贬低他人、抬高自己。嫉妒通常伴有发泄行为，如言语上的冷嘲热讽，行为上的冷淡、疏远，还有攻击性行为。就如莎士比亚所说：“它就像一只绿眼怪兽，像苍蝇一样飞过人的身体，不在健康的部位停留，却偏向受伤而疼痛的地方碰撞。”嫉妒或许是人的一种普遍的情绪，但一旦处理不好使嫉妒长期占据自己的心灵，就容易使人变得痛苦、烦恼，甚至带有攻击性言论和行为，导致人际冲突和交往障碍。

（三）人格因素

人格是指人在各种心理过程中经常地、稳定地表现出来的心理特点。由于生理遗传、社会环境、教育程度等不同，人与人之间存在个性的差别，这些差别在一定程度上影响人际交往的正常进行。

1. 不同的气质类型对人际交往的影响

气质本身，从社会价值的角度来说并没有好坏之分，但由于不同的气质类型有不同的特点，该特点对心理活动的产生，对人际交往的开展有很大的影响。生活中，我们可以看到气质影响他人的外在表现：胆汁质的人情绪容易兴奋，对外界的事物反应强烈，他们会由于一点儿小事而突然怒不可遏，对人大发雷霆，使得抑郁质的人深感委屈和不满。前者很快就把不开心的事情抛之脑后，后者却一直耿耿于怀。多血质的人活泼好动，热情奔放，善于言辞，因而在人际交往上得心应手，到哪都可以很快交到朋友。黏液质或抑郁质的人内倾性强，情绪不易于表现出热情开朗，言辞不多，感受比较深刻，这两类人对陌生人比较拘束，不善于与人攀谈，故交往中缺乏主动。

2. 性格差异对人际交往的影响

性格是指一个人对现实较稳定的态度和与之相应的习惯化的行为方式，它表现了人们对现实和周围世界的态度，对自己、对他人、对其他事物的态度。性格决定了一个人对他人的态度、行为，性格影响着与他人的关系。当我们与性格相投的人相处时，会感到心情愉悦；与性格不合的人相处时，则感到情绪低落，很别扭，不舒服。

我们一般将性格分为外向型和内向型两种。外向型的人感情易于外露，活泼好动，处世不拘小节，善于交际，但缺乏细心，做事草率，性情比较急躁；内向型的人注重内心体验，感情含蓄，处事谨慎，不善于交际，交往的范围比较窄。无论是哪种性格类型，对他人来说都有具有吸引力的一面，也有令人反感的一面。某些性格相似的人，会因为共有的弱点而变得难以相处，也可能由于性格上的某些特点，使之不敢与之交往。

3. 人格缺陷对人际交往的影响

人格缺陷是指人格发展的内在不协调，人格缺陷者常自以为是，缺乏自知之明，不信任他人，自己内心常常充满矛盾，行为反复无常，别人对他难以理解，让人感觉难以捉摸和相处。例如：①偏执型人格，表现为感觉极度敏感，思想行为十分固执，对自己估计过高，对他人要求过多，不信任他人，习惯于将责任归咎于他人。由于固执思考问题的方式容易与现实脱节，不能被现实相容，直接影响人际交往。②自私型人格，表现为高度自我敏感，以自我为中心，对社会、他人极度依赖，缺少关心他人的体验。③自我封闭型人格，表现为不愿与人沟通，独来独往，将自己与外界隔绝开来，很少有社交活动甚至害怕社交活动。④自恋型人格，表现为过分关注自我，不接受他人的批评和建议，喜欢指使他人，喜欢自吹自擂，十分善变。⑤强迫型人格，表现为过分的自我约束和自制，对人对事死板，不灵活，谨小慎微，顾虑很多，常要求别人与自己一样做事。⑥冲动型人格，表现为对人对事都是爆发式的反应，易冲动、发怒，有不可预测和反复无常的心境等。

人格的缺陷使人际交往难以正常进行，必要时需通过心理咨询和治疗加以纠正。

（四）交往能力因素

交往能力主要是指社交能力和交往艺术。

1. 社交能力

社交能力是一种综合能力的体现。首先，它是以观察力、注意力、想象力、思维记忆力等智力因素为基础的，这些智力因素能使我们客观地观察认识各类事物。其次，它包含组织能力、定向能力、适应能力、实际操作能力和创造能力等综合能力。这些能力可以保证我们成功地进行各种实际活动。最后，不同的社交场合还需要各种特殊能力，如口头表达能力、书写能力、绘画能力等，这些能力有利于增强我们的社交魅力。

在现实生活中，许多大学生缺乏社交能力，使人际交往不能正常发展。如有些大学生想在众人面前表现自己，却不能很好地将自己的想法表达出来；想赞美某个人，可怎么也开不了口或词不达意；内心想表现很温柔，言语却硬邦邦的，让人难以接受。

2. 交往艺术

交往艺术是人际交往过程中的交往技巧。交往是通过口语、表情、神态、手势、体态等方式向对方传递一定的信息，我们可以灵活地运用这些手段来提高人际交往的成功概率。交往艺术的运用是一个人交往能力的体现，也是个人人际交往魅力的体现，交往中不懂得一定的技巧，肯定会吃亏的。很简单，就如交谈艺术，我们天天都在与别人交谈、对话，为什么有些人的话能令人印象深刻，并且只是一次交谈就让我们对他产生好感，而有些人也许与我们见了好几次面，谈了不少话却没让我们记住？这就是前者与我们的交谈方式、内容，使我们印象深刻。俗话说："一样话，十样说。"不同的交谈方式会产生不同的效果，可以说，善于交谈、恰当的交谈方式会给我们带来良好的人际关系，反之则不然。

模块训练

一、训练内容

人际交往行为的评估与交往方式分析。

二、训练要求与方法

1. 运用本书附录6《人际交往方式问卷》进行自评。然后将得分填入表6－1中。

表6－1　总体评价人际关系

Ⅰ	题目	1	5	9	13	17	21	25	小计：
Ⅱ	题目	2	6	10	14	18	22	26	小计：
Ⅲ	题目	3	7	11	15	19	23	27	小计：
Ⅳ	题目	4	8	12	16	20	24	28	小计：

2. 根据各栏上的得分，具体说明受测者与朋友相处的困扰行为及其纠正方法。

（1）记分表Ⅰ栏上的小计分数，显示出受测者在交谈方面的行为困扰程度。

得分在6分以上，说明受测者不善于交谈，只有在极需要的情况下才同别人交谈，总难以表达自己的感受，无论是愉快还是烦恼；受测者不是个很好的倾听者，往往无法专心听别人说话或只对单独的话题感兴趣。

得分为3～5分，说明受测者的交谈能力一般，能够诉说自己的感受，但不能讲得条理清晰。如果受测者与对方不太熟悉，开始时往往表现得比较拘谨与沉默，不太愿意与对方交谈。但这种状况一般不会持续太久，经过一段时间的接触，受测者可能会主动与人搭话，这方面的困扰也就会随之减轻或消除。

得分为0～2分，说明受测者有较高的交谈能力和技巧，善于利用恰当的说话方式来交流思想感情，因而在与别人建立友情方面，往往更容易获得成功。

（2）记分表Ⅱ栏上的小计分数，显示出受测者在交际与交友方面的行为困扰程度。

得分在6分以上，说明受测者在社交活动与交友方面存在严重的行为困扰。例如，在正常集体活动与社交场合，比大多数同伴更为拘谨；在有陌生人或老师在场时，往往感到更加紧张；往往过多考虑自己的形象而使自己处于越来越被动和孤立的境地。

得分为3～5分，说明受测者在社交与交友方面存在一定的困扰。受测者不喜欢一个人待着，需要和朋友在一起，但不善于创造条件并积极主动地寻找知心朋友。

得分为0～2分，说明受测者对人较为真诚和热情，不存在人际交往困扰。

（3）记分表Ⅲ栏上的小计分数，显示出受测者在待人接物方面的困扰程度。

得分在6分以上，说明受测者缺乏待人接物的机智与技巧。在实际的人际交往中，受测者也许有意无意地伤害别人，或者过分羡慕别人以致在内心嫉妒别人。因此，可能受到被人的冷漠、排斥，甚至愚弄。

得分为3～5分，说明受测者是个多侧面的人，也许是一个较圆滑的人。对待不同的人，受测者有不同的态度，而不同的人对受测者也有不同的评价。受测者讨厌某人或者被某人讨厌，但非常喜欢一个人或者被另一个人喜欢。受测者的朋友关系某些方面是和谐的、良好的，某些方面却是紧张的、恶劣的。因此，受测者的情绪很不稳定，内心极不平衡，常常处于矛盾状态中。

得分为0～2分，说明受测者较尊重别人，敢于承担责任，对环境的适应性强。受测者常常以自己的真诚、宽容、责任心强等个性特点，获得众人的好感与赞同。

（4）记分表Ⅳ栏上的小计分数，显示出受测者同异性朋友交往的困扰程度。

得分在5分以上，说明受测者在与异性交往的过程中存在较为严重的困扰。也许受测者对异性存有过分的思慕，或者对异性持有偏见。这两种态度都有片面之处。也许是不知如何把握好与异性同学交往的分寸而陷入困扰之中。

得分为3～4分，说明受测者与异性同学交往的行为困扰程度一般。有时受测者可能觉得与异性同学交往是一件愉快的事，有时又可能觉得这种交往似乎是一种负担，不知道如何与异性交往最适宜。

得分为0～2分，说明受测者知道如何正确处理与异性朋友之间的关系。受测者对异性同学持公正的态度，能大方自然地与他们交往，并且在与异性朋友交往中，得到了许多从同性朋友那里得不到的东西。受测者可能是一个比较受欢迎的人。无论是同性朋友还是异性朋友，多数人都比较喜欢和赞赏受测者。

MODULE 模块2

找好方法帮解除——人际交往原则与交往问题调适方法

知识储备

一、大学生人际交往的原则与技巧

（一）大学生人际交往的基本原则

1. 平等互爱原则

“平等”是指交往双方要平等待人，做到一视同仁，不能因为同学、朋友之间的家庭、经历、经济、能力等方面的差异而对人“另眼相看”，也不能因为自己的各方面条件比对方优越而傲视别人。“互爱”则是交往双方要互相友爱，互相爱护，共同的努力、共同的维护才会使友谊长存。

曾有研究表明，人都有友爱和受人尊重的需要，都希望别人能够承认自己的价值，希望别人能够接纳自己，喜欢自己。人际交往要以相互尊重、相互平等为基础，如果脱离了这个基础，人际交往只能是一厢情愿。因此，就大学生而言，无论交往对象的各方面条件如何，是好是坏，是优是劣，在交往过程中都要做到平等待人，自尊自爱，像尊重自己一样尊重他人。同时，人际交往中的厌恶与喜欢、疏远与亲密是相互的，对于真心喜欢我们的人，我们在心理上也会对对方产生好感和接纳的倾向，愿意相互交往并建立良好的人际关系。

2. 真诚互信原则

真诚是指在交往过程中，待人接物、与人相处、说话办事等都要有心诚意善的动机和态度。互信则是指交往过程中人与人之间要互相信赖、讲信用、说真话、遵守诺言、实现诺言，做到“言必信，行必果”。真诚互信原则通常被认为是人际交往中最有价值、最重要的原则，对人以诚相待，以信取人，不仅是做人的美德，还是人际交往得以延续和深化的保证。

在交往中，只有心怀真诚，才能感动别人，才会得到对方的真心、尊敬和信任。孟子曾说：“诚者，天之道也；思诚者，人之道也。”只有真诚待人，才能在交往中获得友情。在现实生活中，人们多数喜欢同诚实正派的人打交道，而普遍厌恶口是心非、阳奉阴违的伪君子。社会经验证明，真诚互信是为人、交友的根本，真诚才能使人放心，才能赢得他人的信赖。我们要在赢得他人信赖的同时，也要相信对方的人品和能力，相互遵守约定，勇于承担属于自己的责任。

3. 互助互利原则

互助互利原则是指双方在交往的过程中，互相帮助在满足对方需求的同时，又得到对方的回报，这是使交往双赢的原则。人的一切行为都是为了寻求某种需要而进行的，可能是物质上的需要也可能是精神上的需要，或是物质和精神结合的需要，无论哪一种，当各自的需要与对方所具备的条件刚好成互补时，就会产生强烈的吸引力。通过交往，建立和发展人际关系，既可以把自己的优势传递给别人，又可以从别人那里获得自身所缺少的东西。如果其中一方只索取不给予，交往就不会再继续。互利性越高，交往双方关系就越稳固；互利性越低，交往双方关系就越疏远。

互助互利在人际交往中起着重要作用。每个人都有帮助他人之心，帮助他人的人会从对方感激中获得很大的安慰与快乐。正因为如此，交往双方都不能只想着自己如何给予对方帮助，也要考虑一下如何给机会让对方为你服务，为你提供帮助。有意求助他人是一种主动与人交往的策略和技巧，求助他人本身表达了你对他的知识、能力、品性的肯定和承认。让对方在帮助你的同时，感受到那份助人的快乐，感受到他在你心中的位置和分量。只有在互助互利的情况下，双方的关系才会更加密切。

4. 理解宽容原则

人们常说“金玉易得，知己难求”，也就是说能理解和关心自己的人是很难找寻的，如果要找到自己的知己或成为他人的知己，关键是理解和宽容。理解不是简单地等同于知道和了解，而是在知道了解的基础上，细心感受他人的处境、心情、需求等，要根据彼此的情况，调整和约束自己的行为，尽量给他人关心、方便，多为对方着想。宽容，在交往过程中出现矛盾，遇到冲突要有耐心，心胸要宽广，对人宽容豁达，不计小隙，能容忍对方的个性和缺欠，这就是宽容。在交往中，由于每个人的个性、习惯、兴趣、爱好各不相同，因误会、不理解而产生矛盾是不可避免的，这就要求大学生在人际交往中要学会宽以待人，心胸一定要宽、姿态要高、气量要大，不可斤斤计较于细枝末节，要尽量团结与自己有歧见的人，营造宽松的交往环境。宽容是一个有信心、有坚定意志、有理想、开朗豁达的人对人的谦让，并非是怕人，不是没有力量反击人，而且为了团结、为了减少不必要的冲突和心理障碍，主动地容忍对方。

（二）大学生人际交往的技巧

人际交往是一门科学，需要掌握一定的规律和方法；人际交往也是一门艺术，若方法得当，就有助于改善人际关系，增加人际吸引力。交往的技巧多种多样，这里介绍主要的几种：

1. 要给对方留下良好的第一印象

第一印象的好坏直接决定着交往发展的方向，并对以后的交往造成一种心理定式。初次见面，有的人会给人一种相见恨晚的好感，有的人却使人感到不快，甚至厌恶、反感。虽然第一印象不一定完全正确，但良好的第一印象往往会使交往有一个良好的开端。怎样才能做到给别人的第一印象是良好的？首先要注意自己的外在形象，即仪表，包括人的外貌、穿着、体态、风度等因素。仪表美的人特别容易受欢迎，因而在交往中要注意衣着得体，干净利落，不可不修边幅，更不可蓬头垢面、邋遢污浊。其次要提高自身的修养，包括一个人的道德品格、学识教养、处世态度等。饱满的精神状态、诚恳的待人态度、洒脱的仪表礼节、适当的行为神态、高雅的言辞谈吐等都会留给对方良好的第一印象。

2. 要学会运用语言

正确使用语言，可以达到传情达意的目的；不正确地使用语言，则会导致“恶语伤人”的结果。巧用语言，往往可以产生化敌为友、化忧为喜的效果。语言包括口语和非口语，其中口语是指谈话时所使用的语言，非口语是指肢体语言、形体语言等。

（1）口语的使用。交往中正确地使用语言，主要是根据不同的场合、不同的交往对象，选取最恰当的交往用语。一般来说称呼语是人们交往时说出的第一个词，怎样称呼对方，是否称呼正确，往往会影响交往的开展。称呼一定要根据对方的身份、年龄、职业等具体情况而定。如对长辈应尊称“您”，以示尊敬；对同辈或下属可用“小张”“小李”称呼，以表亲切等。在交往中，语言要朴实，通俗易懂，不可文绉绉的，故弄玄虚，更不可对人满嘴污言秽语或漫无边际地高谈阔论，甚至对人冷嘲热讽，出口伤人。要注意避讳语的使用，对一些不应说的话，不要说出来伤害对方。如对方不愉快的事或生理缺陷等，在交谈中都应注意避讳。

（2）非口语的使用。口语是人际交往中进行沟通的主要形式，但并非唯一的形式，有时候，非口语比口语更能传情达意。

①表情。人际交往中，特别是情感交流时，表情的作用非常重要。人的五官都在表达着喜怒哀乐，如紧皱的眉头代表着不喜欢、不愿意，舒展的眉头代表着心情愉快等。在交往中最常用的面部表情是笑容，恰到好处的笑，是交往能力的重要指标。“你的笑容就是你好意的信差。”你的笑容能照亮所有看到它的人。对那些整天都皱着眉头、愁容满面的人来说，你的笑容就像穿过乌云的太阳。尤其对那些受到上司、客户、老师、父母或子女压力的人，一个笑容能帮助他们了解一切都是有希望的，也就是世界是有欢乐的。真诚的发自内心的微笑，会给对方留下美好而深刻的印象，给人以温暖的感觉。

②眼神。眼睛是人们“心灵的窗户”，通过人的眼睛可以读懂他的内心世界。眼神主要是用来表示对交往对象的友好、重视、关心和注意。我们在与他人进行交谈时，眼神应表现出专注、专心地听别人诉说，应注视对方，视线不能在对方身上不断移动或游离于交谈对象之外，这是一种很不礼貌的表现，别人会认为你不专心听他讲话，轻视他的存在。

③手势。手势往往是人们在交往中使用最多的一个动作。如不愿意、不喜欢时会摆手，夸奖他人时会竖起大拇指，生气时会紧握拳头等。手势在交往中如果运用得当，会强化信息

的清晰度和效果，也可表达自己内心的情感。比如，当看到远道而来的朋友时，远远就向他张开双臂，表示你欢迎他的到来。

④姿势。姿势在人际交往中反映着人的思维活动，良好的姿势是举止得体的表现。姿势分为站姿和坐姿，人们一般认为站姿和坐姿应该是“站如松、坐如钟”，站应该有站相，坐要有坐相。站着时要如松树一样挺拔，切不可左歪右倒，或一有物品就靠过去；坐着时不能歪歪扭扭坐在椅子上，或倒在沙发上，跷起二郎腿，这样会给人很懒散的印象，让别人反感或讨厌。良好的姿势，能帮助你获得交际的成功，并给人留下彬彬有礼的美好印象。

3. 要学会赞扬和批评

哲学家、心理学家威廉·詹姆斯（William James）说：“人类本质中最殷切的需求是渴望肯定”，适当的赞扬他人是人际关系的润滑油。赞扬能释放一个人身上的能量，调动人的积极性。“赞扬能使羸弱的身体变得强壮，能给恐怖的内心以平静与依赖，能让受伤的神经得到休息和力量，能给身处逆境的人以务求成功的决心”。对别人发自内心的真诚的称赞，可以让别人心情舒畅，调动交往的气氛。会赞扬别人是一种能力，并不是每个人天生就会赞扬别人的。比如，“你虽然没有她漂亮，但你的亲和力比她高。”这样一句“称赞”两人的话，实际上将两个人都得罪了。赞扬的关键在于真诚、准确和具体实在，要恰到好处，过度的赞扬会让人反感。

与赞扬相对的是批评。一般情况下，应多赞扬，少批评。批评是负性刺激，只有在用意善良、符合事实、方法得当时，才有可能产生积极的效果，才能促进对方的进步。批评时应注意场合，注意措辞和态度，应对事不对人，不能将一个人全盘否定，批评的最后应给对方提出中肯的意见，以便改正。

4. 要懂得把握交往的时间和空间

（1）要把握好交往的时间。时间，对于每个人来说都是十分宝贵的，因而在把握交往时间的第一要求就是守时。不管是你约对方，还是对方约你，一定要在约定的时间内到达，不能让对方在等待中浪费时间。姗姗来迟是很不礼貌的行为，也说明一个人缺乏严谨的作风。第二是尊重他人的私人时间。每个人在巨大的学习、工作压力下，都希望有自己私人的时间可以好好休息一下，放松放松。如果你在别人的私人时间里要打扰对方，必须先征得别人的同意或事先约定，不然贸然登门拜访会令人反感。第三是注意把握交往的间隔时间。要保持良好的人际关系，应长期保持来往，但频率不应过密或时刻都与对方在一起，这样会令人觉得很烦或有一种不堪承受的压力。

（2）把握好交往空间。每个人都希望为自己划出一个不受侵犯的私人空间，在这个私人空间内，人是最舒适的，也是最安心的。当私人的空间被人侵犯时，会本能地做出某种姿态予以防御。比如，在一个自习室里，有两个不相识的人在学习，当这两人相距有一定的距离时，两个人相安无事，如果其中有一个人坐到另一个人旁边，另一个人就会觉得不自在而离开，因为他认为自己的私人空间被侵犯了。

二、大学生人际交往问题的调适

1. 交往羞怯的调适

交往羞怯的产生，很大部分的原因是对自己缺乏正确的认识，自信心不足和胆怯，因而调适应从以下方面入手：

（1）全面、正确地认识自我。人无完人，人各有所长，也各有所短。在自我认知的过程中，不能只看到自己的缺点，忽视或掩饰自己的优点。要善于挖掘和发挥自己的优势，扬长避短。要正确运用比较，和别人比较是建立“自我观”的参照标准，但要选取适当的人选，既要与优秀的人比，也要与比自己差或相似的人比，比较时不能以偏概全。我们应该有勇气承认自己和其他同学的差异。

（2）进行积极的自我暗示。自我暗示是来自内心的一种自我刺激的过程。当自己处于不利的地位时，要积极地鼓励自己，增强自信，而不要先考虑失败了怎么办。当面临某种情况感到信心不足时，不妨给自己壮壮胆：“我一定会成功的！我一定行的！”或者不妨自问：“人人都能做到，我为什么不能做到?”如果怀着豁出去的心理去做，事先不过多地体验失败后的情绪，就会对自己产生信心。

（3）积极与他人交往。在交往中，每个人都不能将自己固定在某一个小圈子中，应不断地扩展自己的交际范围，去感受他人的喜怒哀乐。开始时可以先去一些自己比较熟悉的地方，让朋友陪着一起去，然后再试着去一些自己感兴趣的地方，逐步扩大交往的活动范围。和不同类型的人打交道，试着将自己介绍给一些新认识的人，为了避免自己在交往中与别人没有话题可谈的尴尬场面，自己可以在交往前先准备一些谈话的内容，如最近社会上比较流行的事物、大家关注的资讯、近期发生的大事、一些奇闻趣事等，事先有了准备，就会少些紧张。

（4）要懂得自我放松。当自己与别人在交往时感到紧张，出现脸红、心跳的现象时，要注意自我放松。首先告诉自己：“不要紧张，别人没有太在意自己，即使脸红了，也是属于正常反应。”接着做几下深呼吸，从头到脚，让意识掠过全身，放松每一个肌肉群，这样可以使紧张的情绪消失。

2. 交往恐惧的调适

交往恐惧心理的产生，有的属于气质性的，如抑郁质的人，生性孤僻、害怕与人交往；有的是属于挫折性的，如小时候受到某种伤害或在某项交往中受到严重刺激，产生恐惧心理。交往恐惧一般可通过以下方法进行调适：

（1）提高认识，增加交往的自觉性。要明确认识人际交往是不可或缺的生活技能，是增长才干、了解人生与社会的有效途径，因此要督促自己多参加交往活动，甚至强迫自己参加。

（2）将注意力集中在自己身上。交往恐惧感的产生是过多在意别人对自己的看法，总认为别人在注意自己，等着看自己出洋相。实际上，在社交场合，不必过度关注自己给别人留下的印象，要告诉自己，自己不过是一个小人物，不会引起别人的过分关注。要学会将注意力从别人身上放回到自己要做的事情上。

（3）改变个性中不利于交往的因素。比如，抑郁质的人一般在交往中异常紧张，容易口吃，口齿不伶俐或手足无措，这样的表现自然会令别人不愉快，并从别人的言谈中予以反馈，这些反馈信息会不断增加他的紧张度，以致交往失败。因而，交往中不要让这些不好的意识影响了自己的判断，也许别人并没有将对你评价不好的信息放在心上。凡事要往好处想，而不是总往坏处想，要多肯定自己，不要过多在意别人的感受。在开始交往时，不妨只考虑自己说怎么做或怎么说，而不去顾虑别人的反应，这样先从心理上占据主动，有利于在交往过程中心理上形成良性循环。

（4）系统脱敏法。让自己尝试对陌生人抬起头，然后注视对方，看看别人是不是真的在注视自己，觉得紧张时就做放松练习：深深吸一口气—屏气—慢慢呼出去—再深深吸一口气—屏气—慢慢呼出去，不断重复，直到紧张的心情放松下来，再抬头看别人，并慢慢观察自己周围的人群，在不断地练习中锻炼自己的胆量，要从一点点小事情做起。

系统脱敏还可以用循序渐进的方式，为自己设立一个“恐惧等级表”，逐级地克服不同刺激带来的恐惧。如：第一步，与自己最亲密的朋友畅谈；第二步，在朋友的陪同下与一个陌生人一起交谈；第三步，自己单独与一个陌生人交谈；第四步，主动地与陌生人打招呼；第五步，参加朋友聚会或到一些公众聚集的地方等。通过不断练习，不断放松，直到恐惧消除。

3. 交往冲突的调适

交往冲突的调适，一般可从以下几方面来考虑：

（1）通过行为训练，自我暗示，学会控制自己的情绪和行为，增强自控能力，从而减少暴力冲突。

（2）学会用移情的方式去体验别人为什么会像他所想的那样言行，可以有效地帮助我们正确理解别人，避免判断的错误，也可以防止发生不恰当的体验和行为。

（3）学会转移和释放愤怒。当自己要发脾气时，尽快离开这个环境或把自己关起来闭目养神，等自己冷静下来再来处理；或者将憋在心中的愤怒通过别的方式发泄出来，如打一场篮球，在操场上走上几个来回，到没人的地方大吼几声，等等。

（4）解决交往冲突的有效步骤是：相信一切冲突都可以理性而建设性地获得解决；客观地了解冲突的原则；具体描述冲突；向别人核对自己有关冲突的观念是否客观；提出可能的解决冲突的办法；对提出的办法逐一进行评价，筛选出最佳的解决途径，最佳的方法必须对双方都有益；尝试使用选择出的最佳方法；评估实现最佳方法的实际效应，并按照给双方带来最大利益和有利于良好人际关系维持的原则给予修正。

模块训练

一、训练内容

人际交往问题诊断与解决对策分析。

二、训练要求与方法

1. 根据案例描述，对当事人的人际交往方式进行分析，做出诊断。

2. 以小组为单位，针对诊断结果进行讨论，提出调适策略和方法。

【案例描述】

李文，女，20岁，大二学生。家庭比较富裕，是家中的独生女，从小到大所有的事情都是父母帮她决定，甚至代替她完成，很少有自己交朋友的机会。大学以前都是以学习为主，高中时也有几个谈得来的女同学。上大学以后，离开了父母，觉得朋友很重要，很希望能交到知心的朋友，但无论自己如何努力，却总是觉得自己无法与他人进行正常的沟通，觉得别人都不想理睬自己。她觉得自己不受欢迎的原因是学习成绩不是很好，也没有什么特长，说话还特别“笨”。她还发现同学们都拿她作为笑料，经常取笑她。慢慢地只要同学们在谈话，她都认为是针对她的，走到每一处地方都觉得别人在注视她，谈论着她。后来发展到她不敢在陌生人面前停留，不愿意参加任何的交往活动，也不会与其他不认识的人交谈，只要碰到有超过3个人在场的情况，她就会莫名其妙地害怕，脸红得发烫，不停地颤抖。

【分析参考】

综合李文的各方面表现，这是一个交往恐惧的案例。恐惧产生的原因有：

（1）缺乏人际交往的经验和技巧导致了人际交往的失败经历，使她对人际交往产生恐惧的心理。

（2）缺乏正确的自我认知，有自卑的心态，总认为自己处处不如人，忽略了自己的优势。

（3）错误地认为其他人在谈话就一定是谈论自己的不足，别人总是时时刻刻注视着她；她总是担心自己出洋相。

【调适方法参考】

（1）要正确认识自己，发掘自己的优点并制定一些现实的能反映这些优点的目标，开始时可以定得低一些，然后逐步提高，建立更高的、更重要的目标。在不断实现目标的同时培养自己的自信心。另外，停止对自己的消极评价，如“我比其他同学都笨”“我真没用”等，当这样的想法一出现时，马上对自己说“不要这样想”“这不是事实”，正确的自我认识是一步一步慢慢建立起来的。

（2）将注意力集中在自己身上，不要过于在乎别人对自己的看法，要学会轻松面对各种笑料，特别是涉及自己的，就当在听别人的事情，与自己无关。

（3）积极参加各种各样的交往活动，如同学聚会、学校的社团活动、兴趣小组等。

（4）当自己在交往的过程中紧张时，要懂得自己放松。

（5）学习为人处世的方法，学习人际交往的技巧和人际交往艺术，让自己在交往的过程中得心应手。

巩固与提高

单元知识小结

人际交往是人与人之间通过一定的方式进行接触，从而在心理上、情感上和行为上发生相互影响的过程。它有两个显著的特点：一是交往双方互为主体；二是交往双方行为互动。人际交往对大学生的心理健康具有十分重要的意义。和谐的人际交往有助于大学生完善自我和重塑个性、提高学习效果和智力开发，有助于大学生身心的健康发展。如果大学生在人际交往中出现交往羞怯、交往恐惧和交往冲突等障碍，就会影响身心健康发展。

要建立良好的人际关系，使人际交往正常地开展，必须要处理好影响人际交往的因素，如社会认知因素，情绪、情感因素，人格因素和交往能力因素等，要遵循平等互爱、真诚互信、互助互利和理解宽容的原则，学习交往的艺术和技巧以提高交往能力，进而提高交往的有效性和满意度。此外，本单元还介绍了当人际交往出现障碍时应如何进行自我调适。

思考与练习

1. 人际交往对个人而言具有什么意义？

2. 请你反省一下自己目前在人际交往上存在哪些不足，你打算如何进一步改善自己的人际关系？

3. 分组讨论，每个人讲出一段最愉快的、自己认为最成功的或最痛苦的、最失败的交往经历，并对其成功或失败的地方进行讨论。

单元 7 UNIT

职业先规划，事业易成功

学习目标

1. 了解和掌握职业生涯规划有关概念和理论知识，为以后的求职就业做好知识储备。

2. 做好充分的职业规划初期准备工作，以有助于职业目标的早期实现。

3. 学会坦然面对求职择业过程中出现的困惑或问题，合理调适、增强自信、敢于竞争，挑起生活赋予我们的责任。

导航故事

做自己的上帝

一日，一位年轻人与上帝同行。

路过一条小河时，年轻人指着在水中挣扎的溺水人，惊讶地问上帝："上帝，为什么你不去救那个人，难道他没有向你祈祷吗？"上帝回答："不是我不救他，他向我祈祷了两次，我也给了他两次求生的机会——第一次，我让一根圆木从他身边漂过，他没有去抓；第二次，我让人开着救生艇从他身边经过，他也不肯踏上救生艇。你说我怎样才能救他，难道要我亲自下水拉他上岸？"年轻人哑口无言。

两人继续前行，在一座城市中看到一个衣衫褴褛的乞丐。年轻人轻声问："上帝，这个人不是你的信徒吗？他为什么在乞讨？"上帝没有应答，只是指着一座豪宅里的主人说："那个人是他的弟弟，他们父亲去世的时候，按我的旨意将遗产平均分给两兄弟。但是老大好吃懒做、不肯上进，你让我怎么帮他？我对他不公平吗？"

年轻人猛然惊醒，生活对我们每个人的机会都是同等的，只是有些人没有好好地珍惜，只会一味地抱怨，错失了最好的机会。

所以说，我们才是自己的上帝，未来的我们会是什么样子，取决于自己是否做好充分准备，能否抓住瞬时即逝的机会，从而在社会上闯出属于自己的天地。

MODULE

模块 1

踏上职业生涯路
——职业生涯发展理论与运用

知识储备

一、职业生涯概述

（一）职业

职业是人们在社会中所从事的作为主要生活来源的工作。从不同的角度对职业有不同的理解，从社会角度来看，职业是劳动者获得的社会角色；从个人角度来看，职业则是劳动者的“社会角色”，他因此要承担一定的责任和义务，并获得相应的报酬；从心理学角度来看，职业是一个人经历其一生中所有职位的终身历程，是其所有生活事件的演进方向的历程，它包含了人一生中的各种工作和生活角色，由此表现出的独特的自我发展形态，也是个体自青春期到退休后一切有酬和无酬职位的综合。除我们所知的工作之外，还包括任何与工作有关的角色，如学生、退休者，甚至包括家庭和公民角色。

（二）生涯

生涯就是终其一生所扮演的不同角色的整个过程。生涯具有以下特征：一是终身性。生涯发展是一生中连续不断的过程，是需要终身学习、终身发展的。二是独特性。生涯是个人依据其人生规划与人生目标，为自我实现而开展的独特的生命历程，不同的个体具有不同的生涯历程。三是发展性。生涯是动态变化与发展着的。不同发展阶段有着不同的生涯规划与生涯发展任务。四是综合性。生涯以个体发展为中心，包含了各个层面的社会角色。

（三）职业生涯规划

职业生涯规划又称职业生涯设计，是指个人在生涯发展历程中，进行自我剖析，全面客观地认知探索自我、环境及社会资源，进行自我定位，设定自我职业发展目标；在面对职业生涯规划过程的各种资源或平台进行评估、做出选择；进而在朝向职业生涯目标的行进过程中，积极面对自己的选择，承担相应的角色和责任，达到自我实现的整个过程。简单地说，职业生涯规划就是指对一个人的事业究竟朝哪个方向发展、他在一生中可能会经历哪些职业类型、承担哪些职业角色、可能获得怎样的职业成就等各方面进行设想和规划的过程。

二、职业生涯的发展阶段

在一个人的一生发展中，职业生涯占据了非常大的比重。职业生涯伴随着个体的成长，伴随着个体心理的发展。美国职业指导专家舒伯（D·E·Super）把人的职业生涯发展分为 5 个阶段。

（一）成长阶段（从出生至 14 岁）

本阶段是儿童自我概念形成时期，开始探索认识他们周围的人、事物、环境，并逐渐认识到自己的兴趣所在，开始尝试学习与职业相关的最基本技能。在成长阶段发展的主要任务是，发展自我形象，认识工作意义，形成对工作的正确态度。

（二）探索阶段（15～24 岁）

在本阶段，青少年结合自我需要、兴趣、能力和机会，通过学校生活和社会实践等可利用平台，开始对自我能力及角色、职业进行不断尝试，反复调整和探索。该阶段开始表现出倾向于某些特定领域的职业。

（三）建立阶段（25～44 岁）

本阶段的任务，是个人根据自己的职业实践，选择适合自己的职业领域，追求职业的稳定性，并在基础上开始创造性发展，即通过调整、稳定并力求上进。

（四）维持阶段（45～65 岁）

在本阶段，个人通过不断努力和拼搏，以获得所在职业领域的发展及可能最高成就，更大可能接近职业金字塔的最高端。这一阶段的任务是帮助人们维持现有的成就和地位。

（五）衰退阶段（65 岁以上）

由于个人的心理与生理机能的日益衰退，个人逐渐脱离社会职业角色，开始发展新的生活角色和新的生活方式，以替代和满足个人发展的需求。

三、职业生涯发展的人—职匹配理论

职业生涯规划经过几十年的发展，相关理论不断得到完善，目前国际上比较成熟、应用比较广泛的职业生涯规划理论主要有 3 种：强调兴趣与职业匹配的霍兰德职业兴趣理论，强调职业与性格吻合的 MBTI 人格理论，强调价值观、能力及兴趣融合的职业锚理论。

（一）职业兴趣理论——强调兴趣与职业匹配

美国著名的职业指导专家约翰·霍兰德（John L. Holland）借助人格心理学的概念和大量职业咨询的实践与研究，从整个人格的角度来考察职业选择问题，提出和发展了著名的“职业兴趣理论”。霍兰德认为，在人的一生中会面临许多选择，职业方面的选择是关乎其一生幸福的重要内容之一，尤其是职业兴趣的影响更是重中之重。一个人的职业兴趣会极大地影响职业的适宜度，当他从事的职业与其兴趣相吻合时，就可能发挥最佳水平，易于做出成就；反之则可能感到极不适应或者毫无兴趣，即使取得一定成绩也难以获得成就感。

霍兰德的职业兴趣理论，其核心提出了 4 个假设：

（1）大多数人的人格可以分为现实型、研究型、艺术型、社会型、企业型和传统型 6 种类型（见表 7－1），这些是在个人与环境的相互作用中形成的。每一种特定人格类型的人会对相应的职业类型中的活动感兴趣。

（2）人们所生活的职业环境也同样可以划分为上述 6 种类型。各种职业环境大致由同一种人格类型的人占据。

（3）人们寻求的是能够充分施展自己的能力，充分表现、发展自己价值观的职业环境。

（4）个人的行为是由个人的人格和其所处的环境相互作用决定的。

在上述假设之下，霍兰德认为，人格类型模式和职业类型模式应互相配合，人格与职业环境的匹配是形成职业满意度、成就感的基础。

表7－1　人格类型与职业环境的匹配

类型	人格类型	职业环境
现实型（R）	①愿意从事具体、操作性工作；②动手能力强，手脚灵活，动作协调；③不善言辞，对于社会性活动不太感兴趣；④稳健、务实，喜欢从事规则明确的活动及技术性工作	适合于从事机械、工艺等现实的、目标明确的工作。 主要职业：工程师、技术员；司机；测绘员；描图员等
研究型（I）	①抽象思维能力强，求知欲强，倾向于通过思考、分析解决难题，不愿自己动手；②喜欢独立的、挑战性的和富有创造性的工作，不太喜欢固定程式的任务；③知识渊博，有学识才能，不善于领导他人和人际交往	适合于创造性、抽象思维性的工作。 主要职业：自然科学和社会科学方面的研究人员、专家；化学、冶金、电子、无线电、电视、飞机等方面的工程师、技术人员；计算机操作员等
艺术型（A）	①喜欢以各种艺术形式的创作来表现自己的才能；②具有特殊艺术才能和个性；③乐于创造新颖的、与众不同的艺术成果，渴望表现自己的个性，重视自己的感性，直觉力较好，情绪变化较大；比较喜欢独立行事，不太合群	适合于从事审美型、自我情感表达的艺术性工作。 主要职业：演员、教师；评论员；编辑；绘画、书法、摄影家；设计师等
社会型（S）	①善于言谈，乐于与人相处，给人提供帮助，具有人道主义倾向，责任心也较强，喜欢从事为他人服务和教育、指导他人的工作；②习惯于与人商讨或调整人际关系来解决面临的问题，喜欢参与解决人们共同关心的社会问题，渴望发挥自己的社会作用；③比较看重社会义务和社会道德	适合从事接触人、为人服务的工作。 主要职业：教师、保育员、行政人员；医护人员；衣食住行服务行业的经理、管理人员和服务人员；福利人员等
企业型（E）	①精力充沛、自信、善交际，具有领导才能；②支配欲、冒险性强，喜欢竞争；③喜欢制订新的工作计划、事业规划以及设立新的组织	适合从事决策性、现实管理性工作。 主要职业：经理企业家、政府官员、商人、行业部门和单位的领导者、管理者等
传统型（C）	①喜欢按计划办事，习惯接受他人指挥和领导；②不喜欢冒险和竞争；对社会地位、社会评价比较在意；③工作踏实、有毅力，忠诚可靠，遵守纪律，偏保守，与人工作中的交往会保持一定的距离	适合于从事规律性、重复性、常规性的系统工作。 主要职业：会计、出纳、统计人员；办公室人员；秘书和文书；人事职员等

（二）MBTI人格理论——强调职业与性格的吻合

MBTI人格理论是由美国伊莎贝尔·布里格斯·迈尔斯（Isabel Briggs Myers）与凯瑟琳·库克·布里格斯（Katharine Cook Briggs）在瑞士著名心理学家卡尔·荣格（Carl Gustav Jung）提出的心理类型理论基础上进一步研究和发展的，并将其命名为“迈尔斯－布里格斯个性分析指标”（MBTI）。MBTI是一种自我报告的调查量表，通过生活中的常见行为和态度的测试，分析出测试者的人格特质，从而确定了MBTI与职业发展之间的密切关系。目前几乎所有的职业咨询与服务机构都使用MBTI作为辅助工具，广泛地应用于职业发展、职业咨询、团队建议、婚姻教育等方面。

MBTI理论认为一个人的人格类型分为4个维度，每个维度有两个方向，共计8方面，即共有 8 种人格特点，具体如表 7－2 所示。

表 7－2　MBTI 理论的 8 种人格特点

维度划分	人格类型
我们与世界相互作用方式	（E）外向—内向（I）
我们获取信息的主要方式	（S）感觉—直觉（N）
我们的决策方式	（T）思考—情感（F）
我们的做事方式	（J）判断—知觉（P）

每个人的性格都在 4 种维度相应分界点的这边或那边，我们称为“偏好”。例如：如果你落在外向的那边，称为“你具有外向的偏好”；如果你落在内向的那边，称为“你具有内向的偏好”。在现实生活中，每个维度的两方面你都会用到，只是其中的一方面你用得更频繁、更舒适，就好像每个人都会用到左手和右手，习惯用左手的人是左撇子，习惯用右手的人是右撇子。同样，你的人格类型就是你用得最频繁、最熟练的那种。4 个维度各有两方面，一共组成 16 种人格类型。通过统筹，16 种类型又归于 4 个大类之中：

1. SJ 型——忠诚的监护人

具有 SJ 偏爱的人的共性是有很强的责任心与事业心，他们忠诚、按时完成任务，推崇安全、礼仪、规则和服从，他们被一种服务于社会需要的强烈动机所驱使。他们坚定，尊重权威、等级制度，持保守的价值观。他们充当着保护者、管理员、稳压器、监护人的角色。大约有 50% SJ 偏爱的人为政府部门及军事部门的职务所吸引，并且显现出卓越成就。其中在美国执政过的 41 位总统中有 20 位是 SJ 偏爱的人，如乔治·布什、乔治·华盛顿等。

2. SP 型——天才的艺术家

有 SP 偏好的人有冒险精神，反应灵敏，在要求技巧性强的领域中游刃有余，他们常常被认为是喜欢活在危险边缘寻找刺激的人。他们为行动、冲动和享受现在而活着；约有 60% SP 偏好的人喜欢艺术、娱乐、体育和文学，他们被称赞为天才的艺术家。我们熟悉的书法家米芾、艺术家黄永玉、歌手麦当娜、篮球魔术师约翰逊、音乐大师莫扎特等都是具有 SP 性格特点的例子。

3. NT 型——科学家、思想家的摇篮

具有 NT 偏爱的人有着天生的好奇心，喜欢梦想，有独创性、创造力、洞察力，有兴趣获得新知识，有极强的分析问题、解决问题的能力。他们是独立的、理性的、有能力的人。

人们称 NT 是思想家、科学家的摇篮，大多数 NT 类型的人喜欢物理、研究、管理、电脑、法律、金融、工程等理论性和技术性强的工作。例如，达尔文、牛顿、爱迪生、瓦特、比尔·盖茨、爱因斯坦等都属 NT 型的人。

4. NF 型——理想主义者

精神领袖 NF 偏爱的人在精神上有极强的哲理性，他们善于言辩、充满活力、有感染力，能影响他人的价值观并鼓舞其激情。他们帮助别人成长和进步，具有煽动性，被称为传播者和催化剂。约有一半的人在教育界、文学界、宗教界、咨询界以及心理学、文学、美术和音乐等行业显示着他们的非凡成就，如毛泽东、弗拉基米尔·列宁、奥普拉·温弗尼、莫汉迪斯·甘地等。

（三）职业锚理论——强调价值观、能力及兴趣融合

职业锚理论是由美国埃德加·施恩（Edgar. H. Schein）提出的。施恩教授经过长期的研究发现，随着人们对自身了解越来越深入，人们就会在职业的选择中越来越明显地形成一个占主要地位的职业锚。所谓职业锚是指当一个人面临职业选择的时候，他无论如何都不会放弃的职业中至关重要的东西或价值观。研究表明职业锚是内心深处对自己的看法，它是自己的才干、价值观、动机经过自省后形成的，职业锚可以指导、约束或稳定个人的职业生涯。施恩教授经过自己长期的研究指出，要想对一个人的职业锚提前进行预测是很困难的，这是由于每一个人的职业锚都是在不断发生着变化的，它实际上是一个不断探索过程所产生的动态结果。对于多数从业者来说也许他们从来都不会想到自己的职业锚究竟是什么，但是就是这样一个职业锚却指导他一生的从业生涯。当他们不得不面对职业发展过程中重大选择时，这时候潜藏于他内心深处的职业锚就会对其发生重大的作用。

施恩教授在经过自己多年调查研究后，总结出以下8种职业锚：

1. 技术/职能型

技术/职能型的人喜欢面对专业领域的挑战，他们对自己的认可来自他们的专业水平，因此倾向于追求在技术/职能领域的成长和技能的不断提高，以及应用这种技术/职能的机会。他们通常不喜欢从事一般的管理工作，因为这意味着他们不得不放弃在技术/职能领域的成就。

2. 管理型

管理型的人喜欢承担整体的责任，并将公司的成功与否与自己的工作成败联系起来。因此，他们倾向于追求并致力于工作晋升，倾心于全面管理，独立负责一个部分，可以跨部门整合其他人的努力成果。如果他们开始尝试具体的技术/职能工作，则常被认为是这是通向更高、更全面管理层的必经之路。

3. 自主/独立型

自主/独立型的人喜欢随心所欲安排自己的工作方式、工作习惯和生活方式，倾向于追求能施展个人能力的工作环境，最大限度地摆脱组织的限制和制约。通常情况下，为了自由与独立，他们宁愿放弃提升或工作发展机会。

4. 安全/稳定型

安全/稳定型的人喜欢工作中的安全与稳定感，他们诚实、忠诚，能够完成上级交代的工作，常常因能够预测的稳定的将来而感到放松，他们非常关心财务安全，如退休金和退休计划，而对于可能达到的某一更高的职位并不关心。

5. 创业型

创业型的人喜欢用自己的能力去创建属于自己的公司或创建完全属于自己的产品（或服务），而且愿意去冒风险，并克服面临的障碍。他们希望能向世界证明公司是他们靠自己的努力创建的。可能目前他们是在别人的公司工作，但这主要是为创立自己的事业而做资源储备。

6. 服务型

服务型的人一直追求他们认可的核心价值，如帮助他人、改善人们的安全、通过新的产品消除疾病等。他们一直追寻这种机会，这意味着如果不利于他们实现这种价值，他们就不会接受工作的变动或职位的提升。

7. 挑战型

挑战型的人喜欢解决看上去无法解决的问题，战胜强硬的对手，克服无法克服的困难。对他们而言，参加工作或职业的原因是工作允许他们去战胜各种不可能。他们需要新奇、变化和困难，如果事情非常容易，他马上会变得非常令人厌烦。

8. 生活型

生活型的人希望将生活的各个主要方面整合为一个整体，喜欢平衡个人的、家庭的和职业的需要，因此，生活型的人需要一个能够提供“足够弹性”的工作环境来实现这一目标。他们将成功定义得比职业成功更广泛。相对于具体的工作环境、工作内容，生活型的人更关注自己如何生活、在哪里居住、如何处理家庭事业等。

四、大学生职业生涯规划的主要步骤

职业生涯规划是一个有机的、动态的、逐步展开的过程，关键在于个人的职业目标与现实机会能否有机配合。它内含诸多问题，譬如如何在一个职业领域中得到发展，自己的成就高度在哪里等。一般来说，大学期间是个人职业生涯规划的逐步形成期。大学生职业生涯规划要充分考虑个人因素、环境因素与职业之间的关系，遵循以下步骤：

（一）确定志向

志向是事业成功的基本前提，没有志向，事业的成功也就无从谈起。俗话说：“志不立，天下无可成之事。”立志是人生的起跑点，反映着一个人的理想、胸怀、情趣和价值观，影响着一个人的奋斗目标及成就的大小。所以，在制定生涯规划时，首先要确立志向，这是制定职业生涯规划的关键，也是职业生涯中最重要的一点。

（二）自我评估

自我评估的目的，是认识自己、了解自己。因为只有认识了自己，才能对自己的职业做出正确的选择，才能选定适合自己发展的职业生涯路线，才能对自己的职业生涯目标做出最佳抉择。自我评估包括自己的兴趣、特长、性格、学识、技能、智商、情商、思维方式、思维方法、道德水准以及社会中的自我等。

（三）职业生涯机会的评估

职业生涯机会的评估，主要是评估各种环境因素对自己职业生涯发展的影响，每一个人都处在一定的环境之中，离开了这个环境，便无法生存与成长。所以，在制定个人的职业生涯规划时，要分析环境条件的特点、环境的发展变化情况、自己与环境的关系、自己在这个环境中的地位、环境对自己提出的要求以及环境对自己有利的条件与不利的条件等。只有对这些环境因素充分了解，才能做到在复杂的环境中避害趋利，使职业生涯规划具有实际意义。

环境因素评估主要包括组织环境、政治环境、社会环境、经济环境。

（四）职业的选择

职业选择正确与否，直接关系到人生事业的成功与失败。据统计，在选错职业的人当中，有 80% 的人在事业上是失败者。正如人们所说的“女怕嫁错郎，男怕选错行”。由此可见，职业选择对人生事业发展是何等重要。如何才能选择正确的职业呢？至少应考虑以下几点：性格与职业的匹配，兴趣与职业的匹配，特长与职业的匹配，内外环境与职业相适应。

（五）职业生涯路线的选择

在职业方向确定后，向哪一路线发展，此时要做出选择，具体是指：是向行政管理路线发展，还是向专业技术路线发展；或者是先走专业技术路线，再转向行政管理路线……由于发展路线不同，对职业发展的要求也不相同。因此，在职业生涯规划中，需做出抉择，以便使自己的学习、工作以及各种行动措施沿着职业生涯路线或预定的方向前进。通常，职业生涯路线的选择须考虑以下3个问题：①我想往哪一路线发展？②我能往哪一路线发展？③我可以往哪一路线发展？

对以上3个问题进行综合分析，以此确定自己的最佳职业生涯路线。

（六）设定职业生涯目标

职业生涯目标的设定，是职业生涯规划的核心。一个人事业的成败，很大程度上取决于有无正确适当的目标。没有目标如同驶入大海的孤舟，四野茫茫，没有方向，不知道自己走向何方。只有树立了目标，才能明确奋斗方向，犹如海洋中的灯塔，引导你避开险礁暗石，走向成功。

目标的设定，是在继职业选择、职业生涯路线选择后，对人生目标做出的抉择。其抉择是以自己的最佳才能、最优性格、最大兴趣、最有利的环境等信息为依据。通常，目标分短期目标、中期目标、长期目标和人生目标。短期目标一般为1～2年，短期目标又分日目标、周目标、月目标、年目标。中期目标一般为3～5年。长期目标一般为5～10年。

（七）制订行动计划与措施

在确定了职业生涯目标后，行动便成了关键的环节。没有达成目标的行动，目标就难以实现，也就谈不上事业的成功。这里所指的行动，是指落实目标的具体措施，主要包括工作、训练、教育、轮岗等方面的措施。例如，为达成目标，在工作方面，你计划采取什么措施，提高你的工作效率？在业务素质方面，你计划学习哪些知识，掌握哪些技能，提高你的业务能力？在潜能开发方面，采取什么措施开发你的潜能，等等，都要有具体的计划与明确的措施，并且这些计划要特别具体，以便于定时检查。

（八）评估与回馈

俗话说："计划赶不上变化。"影响职业生涯规划的因素很多，有的变化因素是可以预测的，而有的变化因素难以预测。在此状况下，要使职业生涯规划行之有效，就须不断地对职业生涯规划进行评估与修订。其修订的内容包括：职业的重新选择；职业生涯路线的选择；人生目标的修正；实施措施与计划的变更；等等。

知识链接

职业生涯规划设计范例——我的人生我做主

前言

职业生涯是一个人一生中所有与职业相联系的行为与活动，以及相关的态度、价值观、愿望等的连续性经历的过程，也是一个人一生中职业、职位的变迁及工作理想的实现过程。

我们要想在未来职业生涯中获得成功，首先应该确定一个切合实际的职业定位和职业目标，并且对目标进行分解，然后设计出合理的职业生涯规划图，然后付诸行动。经过不断努力和调整，直到最后实现我们的职业发展目标，获得人生的成功。

成功是要付出代价的。大学生首先要认识到生涯规划的重要意义，职业生涯活动将伴随我们的大半生，拥有成功的职业生涯才能实现完美人生。因此，职业生涯规划具有特别重要的意义。

一、自我分析

1. 我的性格

在家长眼里，我是一个乖乖女，不叛逆，从小就是特别听话的孩子。那么多年和同学相处下来，同学也评价我是个随和的人，虽然有时候性格比较内向。在老师眼里，我是个积极上进的好学生，做事比较稳重。我的性格总体来说还是活泼开朗的，有着积极向上的心态。在成长的那么多年里，我遇事冷静，能保持良好的心态。对于成败虽然在乎，但是自己认为努力的过程还是最重要的。在学校里，压力无处不在，如学习的压力、社会实践和就业的压力。但是我自己的抗压性还是比较好的。有时候，面对一些决策时，我还是会有犹豫，似乎每次的选择都会有后悔。我对于熟悉的人是能很放开地相处的，但是在不太熟悉的人面前就基本是闭口不言，很在意别人对我的看法。

2. 我的兴趣

在兴趣方面，因为自己是音乐生的关系，我特别喜欢听歌，什么类型的歌都听。喜欢看小说、散文之类的书来丰富自己的内涵。运动上喜欢游泳，也喜欢羽毛球、乒乓球等。我比较懒，一般不怎么锻炼。

3. 我的价值观

我是无神论者，没有特别的宗教信仰，所以总体上是持马克思主义哲学价值观的。

终究相信好心的人有好报，社会各阶层之间的差距尤其是经济上的不要太悬殊。但是现实的社会却不是这样的，这很大地影响了我的价值观。最最希望的是我的朋友尤其是父母能开心快乐、平安，那就是最大的价值所在。

4. 我的能力

从小是音乐生的原因，在艺校长大的我，所拥有的技能仅仅就是本专业的二胡表演。非常需要在大学充实自己，我最最需要拥有和提高的技能就是英语，因为对于民乐专业的我们，出国交流活动很多，所以提高我的外语成绩是当务之急。

5. 我的家庭情况

全家就3口人，父慈母爱，过得很开心。虽然只是工薪阶层的家庭，但是也不乏幸福。

6. 我的社会资源

自己的社会资源有局限，因为是在校生，接触的大多都是同学。父母都是行政单位的工作人员，并没有特别显赫的人脉。

7. 我的优势和劣势

优势：优势是我的性格比较随和，和同学能很好地相处，心态放得比较正，得失心不是很重，面对困难以及挫折能够很好地调节自己，不会急躁。

对于一些基本常识都熟知，能够很快让自己静心学习。自己的毅力不错，对于一些决定的事一般能坚持下去。

劣势：自己不会很积极去寻找机会，去追求成功。对于许多事情过于懒散，并没有很强的上进心，自己做的决定一般都是只会想不会做，永远到不了第二步。许多事情发生都是得过且过。自己的未来并没有特别精密的规划。

在学习方面，就是忘性很大，看过的不温习马上就能忘掉。

二、就业方向及前景分析

音乐专业的就业方向其实比较局限，目前就业形势十分严峻，如何求得自己的职位是每个音乐生都非常关心的问题。学校学习与社会工作有所区别，我们需要认清就业形势。在市场需求上，民办学校与民营企业由于自身发展的需要急需人才，在个人的发展上，也是不错的选择。我们必须摆正就业观念。要解放思想，转变就业观念。除了保持传统的就业渠道外，还要探索新的就业渠道。

凡是从事音乐表演、音乐制作、音乐创作、音乐经纪且无单位为依托的个体，都应是自由音乐人的范畴。层次可以高到大牌歌星、著名作曲家，低可低到娱乐场所的年轻歌手。著名音乐鬼才三宝就是自由音乐人的典型代表。他依靠自己的知识和专业技能创造财富，为中国的音乐发展作出贡献。这个空间对音乐专业人才的需求极大，只要有过硬的音乐素养、拿手的一技之长，定可在激烈竞争中立于不败之地。企业文化宣传每个大型的企业，其产品和服务都需要有自己的企业文化和人文精神，并可以用艺术形式表现出来，这就需要音乐人才的付出才能得到实现。中国名酒五粮液在这方面就有很卓越的表现，用企业歌曲的形式在中央电视台宣传他们的企业文化和人文精神，获得良好效果。越是效益优良的企业，越是重视企业文化，这就给我们提供了良好的就业空间。

企业文艺骨干是高等音乐人才，不只是光会吹拉弹唱的音乐职业人才，而是具有创新精神的实用型和复合型高等音乐职业人才。高等音乐职业人才应具备系统的理论知识、较高的综合素质和较强的实践能力、创新能力、创业能力、适应能力、交际能力，是可以从事任何职业且具备音乐才能的通用型人才，对企业的精神文明建设和群众文化娱乐活动起到重要作用。这个就业空间对我们是巨大的，也是很有前途的。

音乐专业毕业生就业难是随着高校的不断扩招而产生的一个社会热点问题，在社会、学校、家庭和学生个人的广泛关注下，近年来这个问题虽有所缓解，但尚未得到有效的解决。造成就业难在主观方面有下列因素：高校扩招与就业市场容量之间脱节、教学体制有待进一步完善、就业指导相对滞后。客观方面有下列因素：学生的学习目标和学习方向不明确、缺乏良好的就业目标和心态等。解决就业难的建议有：在学校方面，拓宽就业市场，进一步完善专业课教学，增加外出实习见习机会，加大就业指导力度；在学生个人方面，明确学习目标和方向，摆正就业目标和心态，寻找新的就业领域等。

三、就业选择分析

1. 个人的职业选择

选择职业要考虑内部环境因素（如表7－3所示）和外部环境因素（如表7－4所示）。

对于我而言，我比较倾向于音乐教师的工作，在以后的就业中，音乐教师将会是我的首选职业。因为教师行业有着较其他职业稳定的收入保障，出身工薪家庭的我们需要的就是一份安稳的工作和稳定的收入，而音乐教师这个职业刚好是我对口专业。这个职业在社会也具有一定的层次，孩子是祖国的花朵，教师行业是需要永葆新鲜的。所以说音乐教师将会是我的首选职业。

表 7－3　内部环境因素

优势因素（S）	弱势因素（W）
1. 目标明确	1. 过于懒散、只会想不会做
2. 思想积极	2. 组织协调能力不够扎实
3. 善于思辨	3. 英语沟通能力一般
4. 综合素质较强	4. 专业基本功不扎实

表 7－4　外部环境因素

机会因素（O）	威胁因素（T）
1. 所学专业对口	1. 同专业竞争激烈（各类音乐学院等）
2. 有丰富的就业机会	2. 全国音乐人才剧增
3. 在音乐教师职业里复合型人才较欠缺	3. 研究生扩招后以及研究生学年两年制改革后对本科生就业形成冲击

2. 与职业选择目标的差距

作为大一在校的音乐生，我与梦想的教师职业还有一定的差距，教师是为人师表的职业，需要很高的素质才能真正地教书育人。而目前的我还欠缺许多知识，我必须严格要求自己，在英语以及音乐专业方面完善自己，通过这几年的努力，量的累积会有质的飞跃，使自己成为一名优秀的人民音乐教师。

四、实际职业目标的具体行动计划

未来的职业目标是遥远而又临近的，在大学未来的 3 年学习时间里，我需要制订一个周密的计划来一步步实现我的目标。

大一已经过去，在即将到来的大二学年，我需要努力学习英语，在大二过英语四级水平测试，并且选修完毕考取教师资格证所需的教育学以及教育心理学等课程，为自己考证打下牢固的基础。专业方面必须严谨的按照老师要求，踏踏实实打好基本功。

在大三学年里，需要更加努力学习和巩固知识，所谓温故而知新。在各方面都要有一定的提高，需要着重加强个人的综合素质。在各方面都要进一步完善自己，达到真正为人师表的标准。

进入大四以后，就要开始努力寻找适合自己的岗位。希望自己能够找到适合自己的职业岗位，并努力在这个岗位上努力奉献出自己的所学，做到一名优秀的人民音乐教师。

五、结语

4 年的大学生活是自我成长、自我蜕变、自我学习的过程。不要指望别人给你什么，是你想要什么。每天，你都是一个崭新的自我，每天都让自己有一些变化，每天都让自己成长，发现自我并开发自我。在追求的过程中把握心态，保持一个积极的心态，不断在生活中奋进，在挫折磨难中寻找快乐并开心地做自己。在这 4 年里，我相信我会改变。我能向我理想的职业靠近，我会通过我自己的努力告诉全世界我可以做到，可以一步步向我的目标迈进！

心理训练

一、训练内容

练习与实践：为自己制定一份职业规划书。

二、训练要求与方法

1. 根据职业规划的 6 个步骤，为自己制定一份 5 年以内的职业规划书。
2. 在班级或宿舍中分享自己的职业规划书。
3. 在生活实践中不断去评估自己的规划并进行调整，以逐步实现阶段性目标。

MODULE 模块 2

职业路口困惑多
——职业心理异常与主要原因

知识储备

一、大学生常见的职业规划问题

大学生职业规划问题就是大学生在求职择业过程中表现出来的心理问题。针对这些心理问题，如果我们早采取预防措施，相当多的心理问题是可以被消灭在萌芽状态的，所以即便这些心理问题出现了，我们也不应惊慌，而应该马上向辅导员老师、心理咨询老师，甚至相关机构的专业人员求助，使其得到根本解决或一定程度解决，不至于严重危害我们的心理健康。

综合国内学者的研究成果，大学生职业规划问题一般表现为以下几方面：

（一）自我同一性混乱导致的“急躁盲动”与“主见缺乏”

自我同一性是由埃里克森（E. H. Erikson）所倡导的“人格发展渐成理论”中的一个术语。他认为，青年期的发展课题是自我同一性的确立及防止同一性扩散，青年期是发展自我同一性最重要的时期。

每个学生青年期开始后，由于身心两方面都产生了很大的变化，个人开始从自我现状、生理特征、社会期待、以往经验、现实环境、未来希望 6 方面去思考关于“自我”的问题，用以回答“我是谁?”与“我将来走向何方?”两大疑问。大学生由于其特有的学制带来的当前任务（学习）与未来目标（就业）之间的时滞，其自我同一性问题更为突出。

由于大学生大多尚未达成自我同一性的定向，还处在迷茫、彷徨或摸索之中，表现在就业问题上，常常在对自己的知识结构、能力素质、特长以及适合职业的判断上是紊乱不清的，面对选择茫然无序，犹豫不决，躁动不安，情绪时好时坏，独立性、自主性弱化，自我目标的追求受他人和同伴群体的制约。由于同一性的混乱，极易在就业问题上心理失衡，盲目从众和攀比。

1. 急躁盲动

常见表现：心境常被择业所左右，不能冷静、客观地对待择业问题，情绪处于一种难以自制的亢奋状态之中；对就业没有明确的目标，喜欢与人盲目攀比，心中常有不服气、不认输之感；学习心不在焉，生活无精打采；性格内向者，闷闷不乐、满腹心事、唉声叹气；性格外露者，也是唠唠叨叨、牢骚满腹、怪话连篇。相当一部分有“急躁盲动”表现的同学在对就业市场、就业政策缺乏基本了解的情况下，四面出击、东奔西跑，结果却处处碰壁，得不偿失。

成因分析：“急躁盲动”是毕业生择业中的常见表现，在许多毕业生身上均有不同程度的反映。究其原因，主要有两点：

成因之一，对就业市场、就业政策缺乏应有的了解。面对今天严峻的大学生就业现状，广大毕业生心急如焚，为前途担忧，为就业奔波，这是可以理解的。可是，在现实面前，不能冷静分析，不能适当自制，像“无头苍蝇”一样乱飞乱撞，这必然导致“急躁盲动”的产生。

成因之二，对自我缺乏正确的认识。有些毕业生，由于不能正确地认识自我，过高地估计自己，从而确定了不切实际的择业目标。而当理想与现实发生矛盾的时候，又不能及时地调整期望值，结果可能是自寻烦恼。

2. 主见缺乏

常见表现：瞻前顾后、优柔寡断、犹豫不决，前怕狼、后怕虎，该决策的不敢决策、该选择的不敢选择，自己不能左右自己的命运，即使做出一些决定也心有余悸、心绪不定。人家一说好，就沾沾自喜；别人一说不好，就后悔不已，大有反悔之意。人云亦云，七上八下。因为缺乏主见致使在择业这个人生重要的关口上，丧失了许多难得的机会。

成因分析：“主见缺乏”的主要成因表现在以下 3 方面。

成因之一，大学生在众多的矛盾面前，分不清矛盾的主次。世界处于矛盾之中，择业过程也处处、时时充满着矛盾。这里有个人志向与社会需要的矛盾、专业与事业的矛盾、家长期望与个人愿望的矛盾、择业区域与工作报酬的矛盾等。在这些众多矛盾面前，主要矛盾往往被次要矛盾所掩盖，本质往往被现象所遮蔽。如果不能透过现象看本质，抓不住主要矛盾和矛盾的主要方面，就难免为各种矛盾所困扰，在众多的矛盾面前束手无策、寝食难安。

成因之二，缺乏社会经验，独立生活能力不强。部分大学毕业生缺乏社会实践的锻炼，没有独立生活的实践。在毕业时，因为择业是一个重要的人生关口，关系重大，部分学生就会面临选择困难。

成因之三，自卑心理的束缚。一些性格比较内向或在大学期间受过挫折的同学，对自己的评价往往很低。自卑，对于人的思维活动、创造活动都有明显的抑制作用。无论是明显的，还是潜在的自卑，都会造成对自己能力的怀疑，而一个怀疑自己的人，一个总认为“我不行”的人，在事业上是很难有主见和成绩的，择业上也是如此。

（二）择业焦虑

常见表现：焦虑是一种情绪反应，是个体对当前的或预感到的挫折的一种十分复杂的消极情绪状态。毕业生对未来的工作、前途的担心和忧虑，容易造成焦虑。

轻度的焦虑在正常人的生活和学习中是普遍存在的，当人们遇到挫折时，出现一定强度焦虑的情绪反应，是很自然的、有益的。适度的焦虑对毕业生充实自己，弥补不足，主动而理智地面对择业、就业有积极的推动作用，但过度的或持久的焦虑使人长时间处于高度紧张状态，过于敏感、不安、疑虑，从而损害人的正常的心理活动，有碍于学生在择业、就业中的人际交往、自我推销、信息选择与应聘判断等，严重的还会导致心理疾病。

从心理上看，虽向往择业、就业，可是一谈到择业就惶惶然，“怕”字当头，有大难将至之感，焦虑不安，心情烦躁，忧心忡忡；从生理上看，轻者长吁短叹，重者神经紧张，血压升高，整天闷闷不乐，疲劳不堪；在行为上表现为择业时小心有余，果断不足，茶饭不思，无所适从，常被噩梦所扰。

成因分析：择业、就业与失业、待业并存。就业则意味着有了职业，有了工作，有了事业的开端；就业不成，就会导致失业、待业，失去了生活的基本保障。大学毕业后都希望获得一个能够施展才华、成就一番事业的理想职业。严峻的就业现实，使他们的理想变成了泡影，打破了心理平衡。恐惧、焦急、忧虑、烦躁之情，犹如迸发的火山，喷涌而出。面对残酷现状，心理适应力强的毕业生能够从惊愕中走出来，但一些心理承受力较差的同学，则难以挣脱现实的枷锁，越陷越深，导致择业焦虑的发生。

（三）严重择业偏执

常见表现：严重择业偏执常出现在人格障碍个体身上，又可称为“择业妄想”症。这种症状的主要特点是在择业问题上固执刻板、敏感多疑和自我评价过高。

他们在择业问题上固执己见，具有歪曲体验的倾向，常把别人本来中性的，甚至完全友好的表示看作敌意或者蔑视行为，认为自己能力非凡，应该获得巨大成就，一旦遭到挫折就会责备别人或者推诿；心胸狭窄，既担心他人胜过自己，更喜欢嫉妒他人所取得的成绩。如果他们在求职就业方面不顺利，往往将所有失败都怪罪于社会或他人，对母校、老师、同学都产生偏见。

成因分析：严重择业偏执实际上就是偏执型病态人格（妄想型病态人格）在择业问题上的人格具体表现。

近年来，对病态人格的病因进行了大量研究，但迄今为止尚无一个明确的答案。一般认为病态人格是在大脑先天性缺陷的基础上遭受环境有害因素的影响（如童年精神创伤、不和谐家庭关系、不合理的教养、恶劣的社会环境等）而形成的。

二、大学生职业生涯选择中的心理误区

心理误区是指人在心理上特别是认识和人格上陷入无出路而又不能自拔，且本人对此又缺乏意识的状态。青年大学生由于涉世不深、经验不足、自我调节能力较弱及自我期望值过高等特点，面对日益激烈的市场竞争与复杂的择业环境，不可避免地会产生因心理矛盾的扭曲和沉积而表现出困惑和不适应，从而导致心理误区，具体表现为：

（一）职业需求模糊

一个大学生，经过十余年的学校生活，从学校走向社会，一开始根本没有考虑到事业发展会怎么样，在找工作时一个是看哪个单位的牌子大，再有就是哪个单位的地方好，最后就是挑哪家单位待遇高，而并没有考虑到自身的发展问题。事实上，大学生很难一毕业就明确干什么，因为学生刚刚踏入社会，很多想法都与社会现实有相当距离。必须要经历现实生活

的磨炼，才能正确地看待自己、看待别人、看待社会，这时候定位才有意义和价值。

大学生首先要解决的是个人独立思考的问题，即我要不要为自己负责。我们从小到大在父母、老师的搀扶下走过来，很多人生的重要决定是父母、老师代做的。重要的是你要跟着你的心走，只有你想做的事情你才能做得最好。

你自己到底需要什么？这需要每一个走向社会的学生都要冷静地思考，而且是个性化的，适合于别人的未必一定适合于你。

有的学生问：我学这个专业有什么用？专业定向与职业定向相关但并非一定要匹配；人才市场瞬息万变，今年的热门专业明年也许并不热门，对这一点一定要有清醒的认识。人生就是一个不断选择不断前进的过程。

（二）职业期望过高

只是潜人才，是毛坯，要培养成适销对路的产品还需要时间的磨炼，我们的学生普遍存在这样的误区：对自己的估计过高而对用人单位估计过低，习惯性地将用人单位的门槛放得很低，将自己看得较高，比如，大学生经常会问用人单位："你们提供什么样的待遇给我？""你们单位是否有利于我的发展？""能为我提供什么样的发展平台？""收入如何？"很少有学生会讲我能为你们做些什么，事实上一个单位选择大学生主要是考虑你能为单位创造什么样的效益。

如果你职业期望太高，不仅对择业不利，就是你将来工作了，也会有很强的失落感，职业满意度会下降。我想每个学生拥有的家庭资源、个人资源、个人潜能、职业理想等不尽相同，这就要求个性化地考虑自己的职业期望。

（三）职业准备不足

进行正确的职业选择，是大学生迈向人生的第一步。尽管大学生会面临各种各样的选择，但与以往的选择相比，这次选择的意义重大。尽管目前职业流动速度加快，但首次的职业选择尤为重要。对大学生而言，职业生活的第一次体验将影响我们日后的事业走向与人生发展。然而，世界上的职业千千万万，而社会环境却又相当复杂多变，要做出正确的职业选择会非常不易。雄心万丈步入人才市场的大学生们在择业时遇到的并非都是鲜花与笑脸，更有可能遭遇到的是冷落甚至拒绝，这可能就是真实的社会。每当此时，部分大学生就会产生困惑、忧虑，甚至是逃避、失落等心理。大学生内心承受不了是因为自己的心理准备不足。大学生应当有这样的勇气：当你一百次被拒绝，你要有第一百零一次站起来的勇气！其次，积累你的优势，别人长一寸，你长一尺！职业生涯的成功永远属于那些不畏困难向前走的人们！

也有的学生看到人才市场的需求过旺，开始提价待沽，沾沾自喜，感觉颇好，感觉自己是皇帝的女儿不愁嫁，开始漫天要价，甚至今天签约明天就毁约，在用人单位中缺乏良好信誉；有的学生手中握着数个单位，比较着、衡量着却迟迟不决策，等到自己想决策的时候机遇已经不再。

模块训练

一、训练内容

体验与分享：探索自我，明确兴趣所在，了解自己的职业价值观，为职业规划指明方向。

二、训练要求与方法

1. 在10分钟时间内完成以下填空：

在幼儿园时希望自己未来的工作是：____________________

在小学时希望自己未来的工作是：____________________

在中学时希望自己未来的工作是：____________________

在大学时希望自己未来的工作是：____________________

在5年之后自己的理想工作是：____________________

在10年之后自己的理想工作是：____________________

分享：你想要做的工作有变化吗？为什么？

2. 先静心想一想，再回答下面几个问题：

你的爱好和兴趣是什么？

如果有一个“万事通”的人在和你交流，你更愿意和他探讨什么领域的话题？

你喜欢阅读什么类型的杂志？

在新闻媒介中，你更关注哪些内容？什么样的主题让你最感兴趣？

你有时专注于工作而忘了休息，想一想是什么工作经常让你这么专注？

3. 写下自己在一份工作中，希望能从中获得哪些满足（至少7条）；如果这些需要不能同时满足，你最先放弃的是哪一条？其次是哪一条？依次进行，剩下的最后一条是哪一条？

这就是你在职业选择中最看重的东西。

在班级中分享上述过程中的体会。

MODULE 模块3

职业心迷魂，方法显神明——职业心理发展问题与调适

知识储备

一、职业规划的初期心理准备

（一）确立正确的自我概念

舒伯（D. E. Super）在其生涯发展理论中提出了自我概念理论。他认为：“职业指导即协助个人发展并接受统合的自我概念，同时，发展适切的职业角色形象，使个人在现实世界中经受考验，并整合为实际的职业，以满足个人需要，同时造福社会。”他还认为，职业自我概念包含两个部分：一是个人或心理上的，专注于个人如何选择及如何调适其选择；二是社会的，重点是个人对其社会经济情况及工作生活情况的个人性评价。职业自我概念是整体自我概念的一部分，也是生涯发展的驱动力，通过在生涯上实践自我概念，以完成自我实

现。良好的职业自我概念，是健康择业心理的核心，指一个人能够全面恰当地认识自己，即了解自己的思想、价值观，了解自身的气质、性格、兴趣、能力倾向等个性心理特征，对自己有一个实事求是、恰如其分的评价。选择与自己的个性气质、性格、能力相适应的工作，才能有效地发挥自己的潜能，实现自我价值，提升自我形象。经由成熟自我选择的职业，是个体自我发展与职业发展的完美统一。也就是明确自己想干什么，能干什么及社会需要你干什么。

（二）培养生涯决策能力

生涯决策是个体在生涯发展中抉择的活动。大学生处于职业生涯的起始端，生涯决策能力非常重要。

人生的路有很长，但关键时候只有几步。生涯决策理论认为，人生包含 7 次重要选择：一是选择何种行业；二是选择行业中的哪个工种；三是选择所使用的策略，以获得自己想要的工作；四是从多个工作机会中选择自己的唯一；五是选择工作地点；六是选择工作取向，即个人的工作风格；七是选择生涯目标或系列升迁目标。对大学生而言，首先要做出生涯决策，你是否准备从事与你所学专业相关的工作。在此基础上，进行目标设置与调整。大学生涯决策中遇到的问题主要有：一是不喜欢自己的专业，专业方向不适合自己的能力倾向与兴趣；二是只知不喜欢现有专业，但说不清楚自己到底喜欢什么，缺乏明确的生涯定位；三是个人有多方面的潜能，在诸多方向的选择中不知如何做出决策；四是职业期望过高，与市场需求错位。

生涯决策能力需要积累，不断分析自己的优势，积累自己的专业优势与素质，以在人才市场立于不败之地。

（三）明确自己的性格特点

性格是个人对现实的稳定态度和与之相适应的习惯化的行为方式中表现出来的个性心理特征。从广义上讲，性格是人的自然追求和精神欲求的综合体，是行为方式、心理方式、情感方式的总和，集中反映了一个人的心理面貌。在求职中，性格是构成相识和吸引的重要因素，与职业选择的关系极为密切，既彼此制约，又相互促进。

性格中的意志特征与职业的选择有密切的关系，缺乏坚强意志的人常常不能顺利地选择职业，今后也难以胜任工作，往往一事无成或成就平平。由于意志薄弱，一遇挫折、困难就产生被动、退缩，因而失去许多成功的机会。缺乏坚韧性的人无法从事要求耐力很强的工作，如科研人员、外科医生等，而缺乏自制、任性、怯懦的人也不适宜去做管理和社会工作。

一般来说，开朗、活泼、热情、温和的性格，比较适合从事外贸、涉外、文体、教育、服务等方面的工作以及其他同人交往的职业；多疑、好问、倔强的性格，比较适合从事科研、治学方面的工作；深沉、严谨、认真的性格，比较适合做人事、行政、党务工作；勇敢、沉着、果断与坚定是新型企业家和管理者不可缺少的性格。

性格就类型而言，可以分为外向型和内向型。就求职而言，在面对面的交谈中，一般是外向性格为好。一项调查显示，在求职面试时，性格外向的人其求职成功率高于性格内向的人。在求职过程中，有时其他条件皆占优势的个性内向者，却竞争不过其他条件不如他的性格外向者。这是因为性格外向的人更善于把自己展示给对方，特别是把自己的长处展示出来。性格内向的人即使有真才实学，但由于不善于展示自己，别人也就无法通过感性印象认识他。求职面试中的感性印象，对于用人单位的招聘者来说有着不可忽视的作用。所以说，求职者的性格是影响其求职成败的重要因素。

（四）探索及培养真正的兴趣

兴趣是个体积极探究事物的认识倾向，这种倾向带有稳定、主动、持久等特征。人的兴趣可以是多方面的，可以是精神的、物质的、社会的兴趣，等等。如果一个人对某种工作产生兴趣，在工作中就会具有高度的自觉性和积极性，在工作中出成就。反之，则会影响积极性的发展，有可能一事无成。爱因斯坦曾经说过："兴趣是最好的老师。"兴趣是努力的原动力，是成功之母。走自己的路，做自己喜欢的事情，选择自己感兴趣的职业，是当今社会最具有典型性的择业观念。

一般来说，兴趣是在后天生活实践中形成，但兴趣有相对的稳定性，它与一个人的个性有内在的联系。因此，大学生在择业过程中应适当考虑自己的兴趣和爱好，不能为了暂时的眼前利益而选择不适合自己兴趣的职业，这样不仅不能充分施展自己的才能，而且会贻误终生。但兴趣爱好在职业选择中，也并不总是起着正向的驱动作用，有时它也是一种耗散力，给大学生带来职业选择的困惑。例如：有的同学对什么都感兴趣，但没有形成自我特色，在择业时就没有竞争优势；有的同学兴趣面太窄，以至于不能满足社会需要；还有的同学因种种客观因素，个人兴趣与所学专业不一致，也不可避免地造成职业选择的困难。所以，即将毕业的大学生，要对自己的兴趣有一个客观的分析，同时还要树立正确的人生志向，调整自己的兴趣爱好，适应社会的需要，争取找到适合自己兴趣的职业，使自己的才智得到最大程度的发挥。

（五）提升自身潜在的能力素质

能力是指才干、技能或能胜任某项工作的主观条件。一个人的能力高低会影响他掌握各种活动的成绩，影响一个人的活动效果。

能力是在先天素质的基础上，在生活条件和教育的影响、熏陶下，在个体的生活实践中形成和发展起来的，对从事任何职业都是十分必要的。能力包括一般能力和特殊能力，不同的职业要求人有不同的能力。人的职业能力通常可分为一般言语能力、数理能力、空间判断能力、察觉细节能力、书写能力、运动协调能力、动手能力、社会交往能力、组织管理能力 9 方面。例如：教师、播音员、记者等职业要求有较强的言语能力；统计、测量、会计等职业要求有较强的数理能力；画家、建筑师、医生等职业对形态知觉能力要求颇高；手指灵活度较强的人则适于从事外科医生、乐师、雕刻家等职业。

能力还存在着性别差异，女性在哲学界、经济学界、自然科学界所占比例较小，而在文学、新闻、医学、教育、艺术等领域所占比例较大，也就是说，需要形象思维和细致情感的工作更适合女性。

能力与择业的关系十分重要，是择业的重要依据，是求职者开启职业大门的钥匙。我国近代职业教育的倡导者黄炎培先生说："一个人职业和才能相不相当，相差很大，用经济眼光看起来，要是相当，不晓得增加多少效能，要是不相当，不晓得埋没了多少人才；就个人论起来，相当，不晓得有多少快乐，不相当，不晓得有多少怨苦。"因此，大学生对自己的能力要有一个自我评价，在择业时，大学生应根据自己的能力扬长避短，选准与自己职业能力倾向相同的职业，在强手如林的竞争中立于不败之地。

正确认识自我是大学生直面人生，战胜困难的第一步。客观分析自我，对自己的气质、性格、兴趣、能力等个性心理特征有一个比较正确的认识，不仅对职业选择十分必要，而且与心理健康有重要联系。所谓客观分析自我，就是能清醒地发现自己的长处和短处，不因优点而自喜，亦不因缺点而自卑。对自我的评价不客观，就会出现评价过高或过低的现象，这可能导致择业失败或失误，可能产生心理困扰。

二、大学生心理自我调适

大学生择业问题的自我心理调适方法，主要有以下几方面。

（一）认识自我，完善个性，适应职业需要

自我由“生物我”“心理我”和“社会我”所构成。从“心理我”而言，包括心理过程与个性两部分。心理过程包括认识过程（感觉、知觉、记忆、想象、思维等）、情感过程和意志过程；个性包括个性倾向性（需要、动机、兴趣、理想、信念、世界观等）和个性心理特征（能力、气质、性格）。

一般来说，具有某种个性特征的人与他所从事的职业要求不符，就容易使工作质量受到影响。因此，准备就业的大学生应该认识到认识自我、完善个性以适应职业需要的重要性。

现阶段，大学生择业、就业还不可能完全做到爱一行、干一行，而且一个人对某一特定的职业感兴趣，并不意味着他一定能成功或顺利地干好这一工作。大学生为了适应职业岗位的要求，必须自觉调适自己的个性，尤其是职业兴趣。一个人的职业兴趣只有与社会需要相符合，才会获得现实基础，也才会有实现的可能性。一个人的个性也只有在工作与社会环境中得到陶冶，才能日趋完善。

大学生择业、就业不应单纯囿于自己原有的个性去选择职业，而应结合社会实际、工作实际，扬长避短、发展个性。

大学生完全可以通过工作，进一步锻炼自己的能力；通过与人交往，改善自己的性格；通过社会实践，培养自己的爱好兴趣；做到“干一行，爱一行”。

能根据自己的爱好兴趣和能力特长确定职业固然最好，但不看客观条件地将其绝对化，奉为择业信条，那就往往会不由自主地陷入择业的误区。因此，大学生应该朝着适应社会职业岗位需要的方向努力，完善自己的个性，实现人生价值。

（二）审时度势，调整择业目标

每个人都希望获得一份能更多更好地满足自己物质生活需求和精神生活需要的工作。但在现实生活中，择业意愿同实际情况常常会出现矛盾。遇到这种情况，有的人过分执拗于原有的择业目标，不肯在一时无法实现原来目标的情况下改变初衷，要么毫无希望地等待，要么怨天尤人，不愿谋求他职。

其实，对于个人来说，职业的选择并非是一劳永逸的事情。一个人的早期选择不能决定终身的职业生涯，职业的形成是一个复杂的贯穿整个求职初期，甚至更长时期的社会追求过程。大多数人在 17 ~ 29 岁做出选择只能是第一次选择，这只是对自己的兴趣和价值观的一种初步确定，以后还需要一定的时间，重新加以选择，找到符合社会需要或者个人兴趣特长的职业。例如，鲁迅早年赴日本仙台学医，后来弃医从文，成为当代文豪。

大学生在遇到择业目标难以实现的情况下，不妨先改变一下择业目标，争取及时就业。然后，或者在新的职业领域里培养兴趣，或者积极创造条件，积蓄力量，在可能的条件下继续向原有的职业方向努力。

（三）提高耐挫能力，保持良好择业心境

择业的竞争是平等的竞争、公开的竞争、合法的竞争、自由的竞争，更是心理素质的竞争。

人们在求职择业中遇到挫折是正常的，切不可因此而手足无措、丧失自信。一个心理健康的人对人生总是保持着自信心，如丧失了自信心，就失去了开拓新生活的勇气。自信心，如果只是在工作、生活的顺境中才有，那么就很难说这种自信心是坚定的。

生活中的挫折是造就强者的必经之路，挫折是一种鞭策，挫折是锻炼意志、增强能力的好机会。遇到挫折后应放下心理包袱，认真寻找失败的原因，调整好目标，脚踏实地地去争取新的机会。每个求职的大学生都应该学会坚强，勇敢面对工作、学习、生活中的失落、痛苦、眼泪，培养自己乐观积极的人生态度，勇敢地承担生活赋予我们的责任。

无数择业实践表明，良好的择业心境可以理智看待择业问题、可以冷静分析择业形势、可以坦然面对择业竞争、可以乐观摆脱职业挫折。所以，大学生在平时就要有意识地培养自己良好的择业心境，注重健康心理素质的养成，消除可能出现的易引起不良心态的消极因素，在择业的关键时刻乐观冷静、从容应对。

我们做任何事情，虽然都希望事事成功、时时成功，但现实就是现实，既有成功的可能，也有遭遇到失败的可能。大学生只有保持良好的择业心境，才有可能一方面为争取成功尽自己最大的努力，另一方面做失败的最坏打算。也只有这样，在择业过程中才可能放下包袱、轻装上阵，以平常心态对待择业的成败得失。

人才招聘市场上，有的用人单位不招聘专科毕业生，可一些专科毕业生凭自己良好的心理素质和聪明睿智，不畏强手，大胆争取机会，勇敢地为自己争取就业机会的事例极好地说明了培养良好择业心境的重要作用。

（四）学会与人合作，迈向职业成功

国际 21 世纪教育委员会在向联合国教科文组织提交的《教育——财富蕴藏其中》这份富有前瞻性意义的报告中指出，面对未来社会的发展，教育的四大支柱是：

- 学会认知：掌握认识世界的工具。
- 学会做事：学会在一定的环境中工作。
- 学会共同生活：培养在人类活动中的参与和合作精神。
- 学会生存：适应和改造自己的环境。

这是现代教育对人的全面和谐发展的要求，这 4 方面的每一方面都没有离开“学会与人合作”。

美国哈佛大学心理学教授乔治·赫华斯根据多年的研究认为，一个人的事业成败在于人品的优劣，他把“与同事真正合作”列为成功的九大要素之一，而把“言行孤僻，不善与人合作”列为失败的九大要素之首。

走向职业生活的大学生，迈向职业的成功就必须以所在单位的价值观为自己新的价值观，学会与人合作，在就业过程中有意识地展示和增强自己善于团结、善于合作的素养。要达到这样的一种境界，应该做到以下几点：

第一，欣赏、悦纳别人。只有会欣赏别人，才会发现他人的长处，找到合作的伙伴；只有互相悦纳，才会取长补短，展开真诚有效合作。

第二，理解和谅解别人。合作过程中难免发生分歧和误会，只有学会理解和谅解，才会彼此尊重与信任，才能包容对方，缩小分歧，消除误会，在求同存异中继续密切共事。

第三，与人分享。不仅分享工作的愉快，而且也分享劳动的成果。工作目标一致，往往会齐心协力，一旦事业成功，利益分配时，就会各想各的利益，出现利益分歧。所以，学会与人分享成功是非常重要的。

重视与他人合作，增加的是就业成功，是愉快、信任，消减的是事业的失败，是烦恼、冲突。

模块训练

一、训练内容

心理健康自测。

二、训练要求与方法

用本书附录7《气质类型测试量表》进行自测。

巩固与提高

单元知识小结

职业生涯规划，是每位大学生都面临着的一个重要人生课题。

大学生职业生涯规划主要有8个步骤，具体是指：确定志向、自我评估、职业生涯机会的评估、职业的选择、职业生涯路线的选择、设定职业生涯目标、制订行动计划与措施、评估与回馈。遵循这8个步骤可以帮助大学生清晰规划职业之路的前进方向。

在职业生涯规划中，可能会出现几大误区，如职业需求模糊、职业期望过高、职业准备不足，也可能伴随几种心理问题，如自我同一性混乱导致的“急躁盲动”与“主见缺乏”、择业焦虑、严重择业偏执等心理问题。

因此，大学生需要做好职业生涯规划的初期准备，确立正确的自我概念，培养生涯决策能力，明确自己的性格特点，探索及培养真正的兴趣，提升自身潜在的能力素质。同时，学会自我心理调适方法主要包括：认识自我，完善个性，适应职业需要；审时度势，调整择业目标；提高耐挫能力，保持良好择业心境；学会与人合作，迈向职业成功等。

思考与练习

1. 大学生进行职业生涯规划有哪些步骤？
2. 设想一下自己5年后的职业目标是什么，你现在开始从何做起？
3. 邀请几位成功人士谈谈自己的职业生涯和体会。

单元 8 UNIT

学保健，强身体

学习目标

1. 认识大学生生理正常与异常发育的特点。
2. 了解用脑、用眼和起居卫生等行为习惯与健康的关系。
3. 掌握体育锻炼的方法和技巧，养成体育锻炼的习惯。
4. 了解营养、饮食习惯与健康的关系。
5. 了解酗酒、药物滥用与健康的关系，并掌握远离吸毒的策略与技巧。

导航故事

刘琳是一所高职院校的毕业班学生，为了能顺利通过“专升本”考试，在学校附近租了一套房子，准备背水一战。她每天都拼命地学习，经常熬到深夜1点甚至2点才睡觉，早上5点就起床，一起床就看书。每逢星期五到星期天学校没课的时候，她更是足不出户，连三餐也是叫送外卖上门解决，把生活中所有的闲散时间都用来学习。几个月过去后，她渐渐觉得自己身体不舒服，晚上睡不着，白天脑袋昏沉沉的，注意力很难集中起来，成绩下滑得厉害。

这个例子反映了一些大学生不遵守用脑卫生、不注意劳逸结合、不注重锻炼身体的现象。由于心怀背水一战的想法，每天都超负荷学习，睡眠严重不足，结果身体机能和脑力受损，得不偿失。

MODULE 模块 1

生理常识勿忽视——大学生生理发育与健康

知识储备

大学生年龄大部分介于17~22岁，正处于青年初期向青年中期的过渡阶段，也是个体生理发育成熟的时期。在生理发展上有着与其他年龄阶段不同的特点。认识自己的生理发展情况，有利于更好地把握自己、理解自我，为创造健康幸福的人生奠定基础。那么，如何认识自己的生理发展情况呢？一般而言，我们可以从同龄人的平均体形、体内器官机能、神经系统机能三方面来进行。

一、大学生体形发展特点与健康

（一）发育正常的特点

大学生在经历中学时期人生最后一个生长发育的高峰期后，身高、体重、胸围、肩宽、头围、骨盆等外部形体将逐渐转入稳定阶段，骨骼已基本骨化并坚固。到了22岁左右，其形体生长发育就完全成熟了。青春发育期的第二性征，男女均在19～20岁发育完成。此时身高、坐高均达最大值。在此年龄阶段，由于性激素的作用，肌纤维变粗，向横径发展。肌肉中的水分逐渐减少，蛋白质、脂肪、糖和无机物含量逐渐增多。肌肉的横断面，肌肉重量和肌肉力量都明显增加，接近成人水平。男女学生在外部形态上出现了明显的差异，男生变得喉结突出，声带加宽，发音低沉，肩部增宽，胸部呈现前后扁平，须毛丛生，显得壮实。女生乳房突出，声带变长，嗓音尖细，臀部增大，肢体柔而丰满。这些第二性征的出现，表明生理发育已逐渐成熟，能承受较大的负荷，为担负繁重的脑力和体力劳动，适应各种困难的环境变化、心理素质的健康发展，奠定了物质基础。

（二）体形发育异常及原因

体形发育异常包括身高、体重和躯体的生长发育严重偏离正常范围（统计学上要求偏离平均值达一个标准差以上）的现象。其病因分为三类：第一类，外因性体形发育异常。这可能与特定器官系统的疾病有关，如过敏性鼻炎、哮喘、脑炎、先天性心脏病、肾炎、肝炎、感染寄生虫、良性或恶性肿瘤等，也可能与内分泌异常疾病相关联。第二类，内因性体形发育异常。这通常与染色体异常突变有关，少数目前已经找到产生变异的基因，其他大多数仍未找到特定基因突变的综合征，仍旧以发现者的姓氏命名。第三类，无特定病因性体形发育异常。这与家族性遗传、体质性发育迟滞、不良家庭环境的精神社会因素等有关。

二、体内器官机能发展特点

（一）体内器官机能正常发育的特点

大学生的心脏，在形态结构和功能作用上均已达到成人水平。心脏重量为300～400克，心脏容积达到240～250毫升，心跳频率为每分钟65～75次，血液量占体重的7%～8%，每搏输出血液量约为60毫升。脉搏频率随年龄的增长而逐渐减慢，18～19岁时趋于稳定。18～22岁的安静脉搏频率：男性平均为78.1次/分钟，女性平均为79.6次/分钟。对绝大多数男女生来说，心脏系统是可以承受各项激烈的体育锻炼活动的。血压方面，收缩压和舒张压均随年龄的增长而增加。收缩压：男女大学生18～19岁起趋于稳定，其中男生平均为115.7毫米汞柱，女生为105.9毫米汞柱。舒张压：变化较小，女生早在15岁时、男生18～19岁时趋于稳定。男生舒张压平均为72.4毫米汞柱，女生为68.1毫米汞柱。

在这一阶段，有个别人出现高血压现象。那是由于青年早期心脏发育速度加快，血管发育处于相对落后的状态，加之内分泌的影响，有的收缩压接近20毫米汞柱，而且有起伏变化，舒张压则保持在正常范围，这种现象称为青春期高血压。出现青春期高血压的人，如果过去一向有体育锻炼的习惯，且运动后无不良反应，可以依然正常从事体育锻炼和体力劳动。只要适当注意运动量和医学监督即可。随着年龄的增长和身体内环境的协调平衡，这种现象会自然消失。

大学生的呼吸系统已接近和达到成人水平。呼吸频率逐渐减慢，呼吸深度相应增加。肺活量随年龄增长而增大，男性19～20岁趋于稳定，女性趋于稳定年龄稍早，且肺活量小很多。有资料表明，青年中期呼吸频率每分钟为16次左右，男女大学生平均肺活量分别是3 924.6毫升和2 574.0毫升。心脏和肺是人体血液循环和气体交换的动力器官。从生理学角度看，大学生这些器官达到健全程度，可以进行旺盛的新陈代谢，以保证繁重的脑力劳动和剧烈的体育运动所需能量的消耗与补充。

（二）体内器官机能发展异常及原因

体内器官机能异常通常表现为机体疾病，如高血压、贫血、心绞痛、哮喘、肌萎缩等。这些疾病会引起异常生命活动过程、机能代谢的病理变化、机体各器官之间以及机体与外界环境之间的协调发生障碍，出现各种临床表现：机体对环境和社会适应能力降低、劳动力减弱甚至丧失等。

机体疾病的病因大体可概括为两方面，即环境因素（外因）和机体因素（内因）。

外因指外界环境中的各种致病因子，包括：①机械性致病因子，如外来锐器损伤、爆炸，内在肿瘤、寄生虫、结石等造成的压迫、堵塞等。②物理性致病因子，如电流和雷击伤、电离辐射、紫外线等。③化学性致病因子，如各种化学毒物污染等。④生物性致病因子，如病原微生物、寄生虫及其产生的毒物。⑤其他因素，如营养过多、过少。

内因一般表现为防御机能降低，如皮肤、黏膜、骨骼肌肉、结缔组织、网状内皮系统、血脑等的屏障机能遭到破坏，以及内分泌、神经状态、器官储备力、反应性和遗传因素改变等。

三、神经系统发育的特点

（一）神经系统发育正常的特点

神经系统是人体发育最早、最快，成熟最早的系统。进入青春期后，脑的发展不论在形态上还是功能上都已成熟。大学生正处在脑细胞建立联系的上升期，经过教学训练，特别是专业学习，皮层细胞活动量迅速增加，神经元联系扩大，脑回深化，第二信号系统最高调节能力大大增强，第一和第二信号系统的联系完善起来，为思维发展创造了良好的物质条件。所以大学时期是智力水平增高、记忆功能增强、抽象思维获得重大发展、分析综合能力明显提高的时期。

由于神经系统功能尤其是内抑制功能的发达，以及动机的深刻性和目的水平的提高，大学生在面对困难时表现出的坚持性很强，表现出勇于求成、凡事不肯轻易服输、即便受挫亦不灰心的精神状态。

（二）神经系统发育异常及原因

神经系统是人体最为复杂且最为重要的系统，庞大而复杂的神经网络控制着机体器官和系统的正常功能，神经系统发育异常会导致多种难治疾病。神经系统发育异常出现得比较多的有脊柱弯曲异常、神经变性、脑神经发育不全等。它们不但与许多脑疾病，如唐氏综合征和脆性X染色体综合征等的发生密切相关，同时还与认知功能障碍，如焦虑、注意力缺陷多动障碍、智力障碍、自闭症、人格障碍、双向障碍及精神分裂症等有密切关系。

导致神经系统发育异常的原因非常复杂，遗传、先天性颅脑畸形、围产因素、肌营养不良和缺氧、先天性脊柱畸形和后天的脊柱结核以及脑外伤等都可造成神经系统发育异常。

模块训练

一、训练内容

健康检查与生理知识的了解。

二、训练要求与方法

1. 养成体检习惯，将自己所接受的常规体检结果备份存档，对照各次体检结果的变化。

2. 用体检常规项目名称作关键词，到图书馆或网络搜索相关资料，留意各项检查指标的正常范围值；弄清各项指标与身心健康的关系。

3. 有疑惑时，及时咨询相关医护人士。

MODULE 模块 2

好习惯，棒身体
——行为习惯与健康

知识储备

许多现代文明病都是源于我们自己平时养成的不良行为习惯。不少所谓时尚的习惯实际上是对健康非常有害的，是健康的杀手。改变不健康、不科学的生活习惯，是保障身心健康的根本保证。

一、用脑卫生与健康

学习活动的器官主要是脑。在学习生活中，要想顺利完成学习任务，也离不开大脑的功能。我们只有按照那些已经了解的用脑规律来进行学习，才能提高学习效率、保证大脑的健康发展。相反，不按照用脑的规律学习，或者说不讲究用脑卫生，轻则使学习效率下降，重则导致很多身心疾病的发生，如各种神经官能症，从而严重影响学习的正常进行。

（一）保证脑细胞的“物质供应”

大脑的神经细胞在进行正常活动时，要消耗大量的能量，新陈代谢十分旺盛，全身1/5的血液流向脑。大脑的重量只占体重的2%，而耗氧量却占了全身的20%，当大脑积极活动时，耗氧量将达到全身耗氧量的33%。大脑神经细胞除了需要得到大量的氧气外，还需要从血液中源源不断地得到葡萄糖的供应。在正常情况下，脑神经细胞1.5分钟得不到氧气，人就会知去知觉，5~6分钟得不到氧气，神经细胞就会死亡。因此，在脑力劳动活动中应当注意以下几个问题：

1. 不要在饥饿状态下学习

一个上午有4节课，负担很重。可是不吃早饭，空腹上学者大有人在。由于处在饥饿状态中，脑细胞所需葡萄糖就只能来自肝脏中储存的肝糖，这样就很难保证脑细胞的需求，大脑的神经细胞就逐渐走向抑制，或者说休息状态，因而上课时就无精打采，注意力无法集中，从而造成学习效率大幅度下降的状况。

2. 在饭后应休息片刻再学习

人体内血液的分配和器官系统的活动状态极一致。饭后，消化系统负担加重，流经消化系统的血液量增加，这样脑的血流量就相对下降一些，脑神经细胞的功能状态也自然要差一些，饭后立即学习爱发困，就是这个缘故。这表明，饭后立即学习，不仅降低学习效率，还会影响消化系统的正常功能，时间长了还会引起消化不良等胃肠疾病。

3. 要在空气好的场所中学习

不开窗、不通风透气，室内含氧量降低，使得脑细胞氧气供应不足，学习效率必然下降，因此在学习时要注意休息，到室外散散步，吸点新鲜空气，经常开窗通风等。

（二）保证大脑的休息

保证大脑休息，是使大脑神经细胞发挥正常功能的必要条件，休息的方式主要有以下几种：

1. 睡眠休息法

良好的睡眠能使疲劳的大脑重新恢复机能。一方面，因为大脑处于休息状态时，对氧气和营养的消耗减少，废物和二氧化碳的生成自然也减少了，通过血液循环，源源不断地供应物质和氧气，又不断地把废物和二氧化碳运走，恢复正常的功能。另一方面，只有睡眠到一定深度和持续一定时间，才能有效促进物质代谢。每天的睡眠，以保持 7 ~ 8 小时为好。

2. 交替活动休息法

人的大脑由两个大脑半球组成。一部分神经中枢处于兴奋状态时，另一部分处于休息状态。要使大脑皮层的各神经中枢功能区经常交替着工作，有效的办法是变换活动内容和学习内容，不要单调且长时间从事一项学习活动，这样就可保证大脑皮层的细胞轮流休息和工作。

（三）学习生活要有规律

学习与生活的安排要以科学用脑为基础。长期有规律地生活，让各种活动的交替达到自觉的地步，就可减轻大脑的负担，保证大脑健康，大大提高学习效率。不少人学习生活毫无规律，该起床时不起床，晚上躺下后又不能很快入睡，学习时久久不能安下心来。符合用脑规律的有节奏的生活，将给学习生活带来充沛的精力。

用脑的卫生还涉及很多问题，如选择安静的学习环境，避免噪声的危害，灯光不要太强也不要太暗等。人的大脑经常科学地使用，会逐渐地发达起来，越用越灵。研究表明，工作紧张，用脑多的人，其智力比懒惰者高 50% 。经常不学习、不思考，整日无所事事的人，智力的衰退就比较快，到了老年就容易反应迟钝，甚至导致阿尔茨海默病（老年性痴呆）。

二、用眼卫生与健康

眼睛是视觉器官，它接受光的刺激，使机体能够感知到客观物体的形象、颜色和运动。眼睛的主要部分是眼球，眼之所以能看见物体是由于眼球的角膜、房水、晶状体和玻璃体四部分的透明间质把外来光线曲折成像在视网膜上。视网膜能感受光线的刺激，是因为其含有两种感光细胞，即视锥细胞和视杆细胞。在光的作用下，感光细胞内部发生一系列的化学变化，通过这些化学变化能将光能转变为电能，引起神经冲动，传导到视觉中枢而产生视觉。

医学上将眼对物体形态的精细辨别的能力，即分辨两点之间最小距离的能力称为视力。造成视力减退的原因有多种，它们是：①各种类型的屈光不正，包括远视、近视、散光；②晶状体混浊，即白内障；③角膜混浊；④玻璃体混浊及出血；⑤视神经疾患，如视神经萎缩、视神经炎、球后神经炎、慢性青光眼及中毒性弱视；⑥循环性盲，偶见于重症尿毒症、视网膜动脉硬化，多为暂时性；⑦脉络或视网膜的肿瘤及视网膜脱离；⑧急性青光眼；⑨急性虹膜炎；⑩眼球内出血等。

在上述造成视力减退的原因中，近视是最常见的原因。引起近视的原因是多方面的，学习环境不好、读写姿势不正确、阅读时间过长以及身体虚弱、贫血、内分泌障碍、过度疲劳等。为预防近视、保护眼睛，我们在日常生活中应采取以下措施：

（1）近距离用眼的时间不宜过长，每隔 45 ~ 60 分钟要休息 10 ~ 15 分钟。休息时应隔窗远眺或进行户外活动，使眼球调节肌得以充分放松。

（2）近距离用眼时的光线要适中。近距离用眼时光线过强或太弱均是造成近视眼的重要因素。因此，在夜晚或光线暗的环境下，照明最好采用 40 ~ 60 瓦的白炽灯，放在书桌的左上角。这是因为白炽灯的光线比较柔和，显色性能良好，眼球容易适应，防止了光线过强或过暗所带来的用眼疲劳。

（3）近距离的用眼姿势要正确。近距离用眼姿势是影响近视眼发生率的另一个因素。近距离用眼时，桌椅高低比例要合适，端坐，书本放在距眼 30 厘米的地方。坐车阅读、躺在床上阅读或伏案歪头阅读等不良的用眼习惯都将增加眼的调节负担和辐辏频率，增加眼外肌对眼球的压力，导致近视眼的形成。

（4）积极参加体育锻炼，增强体质。机体素质的好坏与青少年近视眼的发生也有密切关联。比如说，营养不良、患急慢性传染病、体质虚弱、偏食或贪吃甜食的人常见有近视眼。

三、起居卫生与健康

我们日常生活起居习惯与健康的关系密切，良好的起居习惯有益于人们的健康，而不良的生活方式往往会对健康有危害作用。因此，我们要养成良好的起居习惯，做到以下几点：

（1）讲究个人卫生。做到勤洗澡勤理发，勤剪指甲，勤换衣服，勤晒被褥；早晚刷牙，饭后漱口；每人有专用的毛巾和脚布，脸盆和脚盆分开使用。

（2）温水刷牙。医学专家对牙齿生态的调查显示，人的牙齿在 35℃ ~ 36. 5℃ 的口腔温度下能进行正常的新陈代谢。若经常给牙齿以骤冷骤热的刺激，长久会引起牙髓出血和痉挛，甚至导致牙周炎、牙龈炎等病症。因此用 35℃ 左右的温水含漱，有利于牙齿健康，还利于清除齿缝内的食物残渣和细菌，达到护牙洁齿、减少口腔疾病的目的。

（3）冷水洗脸。冬天，面部皮肤由于气温低的刺激，毛细血管呈收缩状态。用热水洗脸，当时会感觉温暖，一旦热量散失，毛细血管又恢复原状，这样一涨一缩，易使面部皮肤产生皱纹。而晨起用冷水洗脸，顿时就有头清眼明的感觉。冷水的刺激既能改善面部血液循环，又可增强皮肤弹性。其冬令保健作用还在于：增强机体御寒能力，预防感冒、鼻炎，对神经衰弱的神经性头痛者亦有益。当然，冷水温度不能太低，以略高于 10℃ 为宜。

（4）起居要有规律，按时睡觉或起床。

（5）定期参加体检，有病及早就医，尊重科学不迷信。

模块训练

一、训练内容

卫生行为习惯的培养。

二、训练要求与方法

1. 结合学习和工作作息制度，拟定用脑、用眼行为规范和实施办法。
2. 主动邀请舍友、同学或同事结盟，建立互相监督小组。
3. 坚守科学合理的起居作息时间表，做到起居有规律。

MODULE

模块3

勤锻炼，药靠边
——体育锻炼与健康

知识储备

一、体育运动对人体健康的作用

法国著名的思想家伏尔泰有句名言："生命在于运动。"体育作为一种科学的生命运动方式，它能根据人体适应与变化的自然规律，有意识地用人体自身的运动或锻炼来增强体质、促进人们的身心健康。因此，我们要从认识体育运动的意义着手，掌握其方法，培养体育锻炼的习惯。

体育运动对于人体的不同方面都会产生很大的影响，包括神经系统、运动系统、心血管系统、呼吸系统等。这些影响大都是良好的，只要适当，都能促进人的身心健康。

（一）体育运动对神经系统的作用

我们在进行身体训练和掌握运动技能的过程中，大脑对动作的控制能力也会增强。首先，脑的活动的一切外部表现几乎都能归结为肌肉运动，体育运动在帮助我们形成正确的动作动力定型的同时，还能分化多余的动作，使之逐渐消失，因而神经系统对动作的控制能力也就随之提高。其次，在进行体育运动，特别是竞赛时，我们的神经系统及其相关器官都会紧张起来，可以调动成功的积极情绪，经过长期的训练就能培养良好的意志品质。同时，由于肌肉与全身各脏器都充分动员起来，这可强化神经系统的调节功能。最后，经常参加体育运动，人体各器官系统的机能能够更好地投入学习、工作与生活，也就是能提高人的体力。我们良好的体力又能提高认知外界并且运用所学的知识解决实际问题的能力，因而能提高智力水平。

（二）体育运动对运动系统的作用

人体的运动系统是由骨骼、肌肉和关节组成的，它是我们工作、劳动和运动的器官。体育运动能促进骨的生长发育，使骨增粗，提高骨的机械性能。体育运动可以使骨关节面的密度增加，骨密质增厚，从而能承受更大的负荷；同时还可使关节周围的肌肉力量增大，从而使关节的稳定性增强。骨骼肌是实现人体运动的动力器官。经常参加体育运动者，肌肉体积增大、重量增加。肌肉中毛细血管数量增多，使肌肉血液供给得到改善。适度的体育锻炼可使骨骼肌的结构发生适应性的变化，从而使骨骼肌的最大收缩力增加。体育运动对运动系统中的肌肉、骨骼和关节都有积极意义。

体育运动对人体的正常发育有促进作用，有助于保持人体良好的肌肉力量和健美的体型。体育运动能使管状骨（如大腿部位的股骨）变粗，骨质增厚，骨内结构改善，使骨骼更加结实，抗压性增强。体育运动时，肌肉工作增多，肌肉内的血液供应增加，蛋白质等营养物质的吸收、储存增多，使肌纤维增粗，肌肉逐渐变得粗壮、结实、有力。

（三）体育运动对心血管系统的作用

人体的心血管系统是由心脏、血管、血液共同组成的，它负责人体新陈代谢中各种物质的运输过程。其中最重要的是心脏，如果心脏停止跳动，血液就停止流动，生命也就随之停止了。

体育锻炼需要人体供应大量的能量，心脏必须加快、加强跳动才能供应所需的能量。如果经常参加体育锻炼，为了给人体提供更多的能量，心脏的重量、容量以及心脏的直径都会增大。一般正常人的心脏直径为 11 ~ 12 厘米，而经常参加体育锻炼的人心脏直径为 13 ~ 15 厘米。一般正常人的心脏重量只有 300 克，而经常参加体育锻炼的人心脏重量可达 400 ~ 450 克。正常人心脏容量只有 765 ~ 785 毫升，而经常参加体育锻炼的人心脏容量可达 1 015 ~ 1 027 毫升。

长期的体育锻炼，心脏不仅会发生以上这些形态方面的改变，其功能也会随之增强。心脏心肌会增加，收缩力增强，在平常的工作学习中更不易疲劳。每搏输出量是评判心脏功能的重要指标，它是指心脏在每一次跳动中能泵出多少血液量。一般人在安静时心脏的每搏输出量只有 60 ~ 70 毫升，而经常参加体育锻炼的人每搏输出量可达 80 ~ 100 毫升。一般人的心率为每分钟 70 ~ 80 次，而经常参加体育锻炼的人心率每分钟只有 50 ~ 60 次，一些优秀运动员甚至每分钟只有 40 次。心率降低，心脏便有更多的休息时间，可以承受更加长时间更高强度的工作。

经常参加体育锻炼，不仅使心脏发生改变，还可以加快人体的血液循环，即血液在人体血管中的流速加快，血液循环人体一周的时间大大缩短。经常参加体育锻炼还可以增强血管的收缩性与舒张性，即增强血管的弹性，这可以防止血管硬化。

（四）体育运动对呼吸系统的作用

经常参加体育锻炼对呼吸系统各方面的机能都是非常有益的。总体来说，主要表现在肺活量增大，呼吸肌力量和耐力增强、呼吸深度加深两方面。

1. 体育运动使肺活量增大

人体的呼吸系统是由呼吸道和肺两部分组成的，呼吸道包括有鼻、喉、气管、支气管等。呼吸道是呼吸运动的通道，也有净化吸入气体的功能。肺则是进行气体交换的部位。人的一切生命活动都需要氧气的供应。一个人体能消耗越多，氧气的需要量也越大。经常参加体育锻炼可增大肺活量，每次呼吸都能吸进更多的氧气，排出更多的二氧化碳。

2. 体育运动使呼吸肌力量和耐力增强、呼吸深度加深

呼吸肌主要有膈肌、肋间肌和腹壁肌肉，此外肩部、背部和胸部的肌肉也可起到辅助作

用，称为辅助呼吸肌。经常进行体育锻炼可使上述肌肉发达，使胸廓扩大，呼吸动作的幅度加大，呼吸差明显增加。呼吸肌耐力增强，表现在对长时间的工作耐受能力增强，并且呼吸肌不易疲劳。

（五）体育运动对心理健康的作用

体育锻炼为心理健康提供保证。生理上的健康与心理上的健康相互影响、相互作用。生理健康是心理健康的基础，体育锻炼通过塑造强健的体魄从而为人们保持良好的心理健康提供了保证。体育锻炼可以陶冶情操，培养生活情趣，放松紧张情绪，提高生活质量。

另外，体育锻炼还能提升人的精神健康和改善人际关系。集体项目比如篮球、足球等，可以培养人们之间团结协作的精神；长跑、冬泳、自行车等则可以磨炼人的意志，增加人克服困难的勇气；还有一些运动比如体育舞蹈、高尔夫、保龄球等，已经不仅仅是单纯的运动，更升华为人们社交的方式之一。

二、体育锻炼的原则与方式

体育锻炼对一个人的健康是有着极大益处的。但体育锻炼必须讲究科学，不能违背科学的原则，那样反而有损健康。

（一）坚持科学的体育锻炼原则

首先，参加体育锻炼要注意安全性，不做危险动作。其次，体育锻炼的内容要循序渐进，由简单到复杂，由易到难，运动负荷安排由小到大逐渐增加。再次，运动量要适宜，一定要根据自己当时的身体情况掌握运动量，生病期间不能勉强，做好运动前的准备活动和运动后的整理活动。最后，锻炼要持之以恒，最好与生活方式相结合，选择自己所喜爱的运动项目，最好结伴锻炼。

（二）制订切合实际的锻炼计划

在准备锻炼之前，要有一个大致的规划和设想，明确锻炼的目标和基本要求，主要包括身体健康状况、身体素质水平、体型类别、身高和骨骼的粗细、体重与瘦胖、个性特点与毅力、工作性质与空余时间、生活水平等。全面分析自己参加锻炼的可行性，使制订的计划更符合个人的实际情况。制订锻炼计划时，必须考虑锻炼的场地和器械条件，是在宿舍自备器械锻炼，还是到体育馆锻炼，要做到心中有数。这样，根据条件才能制订出切实可行的锻炼计划。同时，还要有切合实际的时间安排；每次锻炼的身体部位及采用的方法、器械及动作；每个部位锻炼的时间分配和运动量安排。

（三）选择合适的体育锻炼方式

体育锻炼中广泛采用的方式有重复锻炼、间歇锻炼、变换锻炼和循环锻炼等。

1. 重复锻炼

重复锻炼就是按一定运动负荷的标准，重复进行某项体育运动。重复的次数和时间，是决定锻炼效果的关键。这需要考虑到不同项目的不同特点，有针对性地确定和调节重复的次数和时间。但须注意，在重复进行某一个单调的运动动作时，一定要克服厌倦等不良情绪，还要防止机械呆板地重复。

2. 间歇锻炼

在重复锻炼之间，要安排合理的休息，只有这样才能提高锻炼效果。间歇时间的长短，主要以运动负荷价值阈为准。一般来说，如果负荷超过上限，间歇时间应该长些，以防止体力消耗过大。如果运动负荷在下限，间歇时间应短一些，运动的密度应该大一些。后一次的锻炼应该在前一次锻炼的健身效果没有减退时进行，如果两次运动之间的间隔时间过长，间歇就毫无意义了，锻炼效果也大打折扣。

3. 变换锻炼

在体育锻炼的过程中，要不断变换环境、条件与运动要求等，只有这样才能提高锻炼的效果。采用变换锻炼方式可以有效地调节生理负荷，提高锻炼情绪，强化锻炼意向，克服疲劳和厌倦情绪。例如，你在体育运动的过程中可以采用各种辅助性、诱导性和转移性练习，可以配合乐曲、利用日光、空气和水等外界环境与因素等。

4. 循环锻炼

体育运动的各种不同的动作具有不同的练习效果，如果把这些各种各样的运动按一定的顺序循环往复地进行，则可以达到综合锻炼的效果。在进行这样的循环锻炼中，每个不同的练习点要选用已经掌握的且简单易行的动作，同时应规定好练习的次数、规格和要求。由于各练习点的动作、器械与环境等不同，交替进行可以激发你的兴趣，减轻疲劳，提高锻炼密度，有着更显著的健身价值。

在实际的体育运动中，以上这些锻炼方式可以交叉进行，互相补充。特别要注意与自己的实际相结合。如果你经常对某一运动感到厌倦，就可以多采用变换锻炼与循环锻炼的方式。如果你经常感到疲劳，则要注意间歇锻炼。对青年大学生来说，可以多采用重复锻炼的方式。

三、因地制宜，养成体育锻炼的习惯

体育锻炼的目的在于增强身心健康，因而可以采取很多种不同的体育锻炼交叉进行。每种体育锻炼都有各自的优点与缺陷，下面，简要介绍一些常见的体育锻炼项目。

1. 散步

散步是日常生活中最简单易行的健身运动，不受年龄、体质、性别、场地等条件的限制。散步可以使全身肌肉、关节、筋骨都得到适度的运动，饭后散步，还有利于食物的消化和吸收。人在散步时，通过肌肉的反复收缩促使血管收缩与扩张，促进血液循环，从而降低血压。散步要达到健身功效，必须比平常步伐大、速度快并且持续时间较长。要达到步行健身的目的，需要每分钟步行 90 ~ 120 米，一天步行 40 ~ 50 分钟，一周 3 ~ 4 天，手臂尽量摆大。速度则要依年龄和自身健康状况选择，慢速为每分钟 60 ~ 70 步，中速为每分钟 80 ~ 90 步，快速为每分钟 110 ~ 120 步。一般情况下，以每天走 1 小时为宜；心率增加平静时的 40% ~ 85% 为宜。

2. 跑步

跑步是所有运动项目的基础，是人人都能参与的一项运动。简便易行，强度可以随自己的能力去调节，是锻炼心肺功能、下肢力量的很好手段。跑步时，要掌握好步频和步幅，这不仅能够有效控制跑步的速度，而且能够降低运动损伤的概率。保持比较快的步频和比较小的步幅，先脚心着地，然后迅速过渡到脚后跟，最后到脚趾，这样可以起到缓冲的作用，尽可能缓解疲劳和减少运动伤害。

3. 骑自行车

自行车运动能提高心脏、呼吸等各种器官系统的功能，还可以锻炼肌肉力量，特别是能增强腿部肌肉的力量。经常参加自行车锻炼，能增强力量、速度和耐力，提高身体素质。正因为自行车对人体的健康有着非常大的促进作用，而且不会受器械及运动场地的限制，所以在国内外都非常普及。有些健身场所亦配备有与自行车类似的健身器材，可供人们在室内锻炼。

4. 体操

体操的种类多，较为常见的是广播操、生产操、竞技体操等。经常做体操对身体有很大的好处，能增强人体的灵活性及柔韧性，有助于人体的全面发展。

5. 球类运动

球类运动有乒乓球、篮球、足球、排球、羽毛球、网球等。它们都要求运动员掌握多种多样的基本动作与技术，并且有全面且熟练的运动技能，有临场的随机应变能力。在足球、篮球与排球的比赛中，要求我们动作快、反应迅速，能根据形势变化迅速改变动作，对身体灵活性及柔韧性的要求较高。长期参加球类比赛，人体的神经系统经过长期锻炼，机能得到提高，动作变得灵敏，反应更为迅速。在足球、篮球与排球的比赛中，人必须经常进行奔跑、跳跃等激烈的肌肉活动，久而久之，肌肉会变得更加结实有力，并且能提高内脏器官的功能，与其他的体育运动项目有着相同之处。乒乓球、羽毛球和网球还能提高人的反应能力，使人更为灵活敏捷。

6. 武术

武术是一项能增强人们体质的良好运动项目，它不受场地与气候、年龄与性别等因素的限制。武术的内容非常丰富，拳术中就有长拳、太极拳等数百个种类，器械中又有刀、枪、剑、棍等许多种。不同的武术种类对人体的作用也各不相同，这要根据自己的实际情况来选择适合的武术种类。身体状况较好的大学生，可以多参加少林拳等运动量大的武术项目。

7. 游泳

游泳的运动强度一般都比较大，而且水温较低，因而在游泳时，人体的新陈代谢很旺盛，使神经系统、血液循环、呼吸、消化和排泄等身体机能都得到改善和提高。但游泳一定要选择好游泳场所，最好是在游泳池中较为安全。

四、运动损伤和意外的应对措施

由运动导致的身体损害即是运动损伤。造成运动损伤或出现意外，我们该怎样应对呢？

（一）开放性损伤的应对措施

在运动中，经常会因摔倒、碰撞和被锐器所伤而发生擦伤、刺伤和撕裂伤等，这些伤口与外界相通并且有出血和渗出液等，故又称为开放性损伤。而未与外界相通，无渗出液的伤口即为闭合性损伤。发生开放性损伤时，最重要的是防止感染和止血。

一些小而浅、污染轻、出血量少的伤口，通常可以自己处理。擦伤、裂伤、刺伤、切伤等小的开放性损伤，最重要的是止血，保护伤口，抗感染。一般的出血可自行停止，如果出血略多，可以用干净的纱布、棉花、手帕等用力压迫几分钟。此时应该注意不要用纸巾等不干净的纸擦拭伤口。止血后可在伤口处涂抹红药水或紫药水。如果伤口有轻微的污染，可以在伤口周围涂抹碘酒或酒精，然后外贴创可贴。在涂抹药水的时候，红药水不能与碘酒混用，红药水也不能涂于口腔内的伤口。而紫药水因为收敛作用强，尽量不要涂在活动较多的关节上，脸部也尽量不要涂紫药水。碘酒与酒精刺激性强，不能涂在伤口上，只能涂在伤口周围。医用的酒精与工业酒精不同，医用酒精浓度为70%～75%，低于或高于此浓度，都起不到杀灭细菌的作用。对于小的裂伤和切伤，在贴创可贴时，先贴牢伤口一侧皮肤，然后稍用力向另一侧牵拉，尽量使伤口密合，便于愈合。

如果伤口面积大，出血量大，或者污染重，一定要去医院处理，并且及时注射破伤风抗毒血清。一定不能自行处理，否则容易感染或者愈合不良，留下的疤痕也会比较大。

人体出血过多，会危及生命。如果损伤出血较大，应先止血，然后处理伤口。如果是小动脉或者小静脉出血，抬高伤肢有助于止血，但这种方法只适用于四肢出血。动脉出血量较大，且暂时没有止血设施时，也可以采用指压止血法，压迫出血部位直至止血。

如果想固定敷料，压迫止血，保护伤口或者支持固定伤肢，可以用绷带等敷料对损伤处进行包扎。如果没有专业的绷带或者三角巾，也可以用日常的毛巾、手帕、布条、围巾等代替。如果是手腕、小腿下部的外伤，可以采用环形包扎法。如果是上臂、大腿下端、手指等粗细均匀的部位，可以采用螺旋形包扎法。如果是前臂、大腿、小腿等粗细不均匀的部位，可以采用反折式包扎法，但要注意反折线不要压在伤口上。

（二）闭合性损伤的应对措施

在体育运动中，肌肉、韧带、关节等软组织经常会发生损伤，表面多无伤口。例如，相互碰撞、拳打、器械碰击等外界的钝力直接作用于身体某一部位会引起挫伤。挫伤后，会感觉疼痛，受伤部位肿胀、皮肤变青紫。如果是胸部或腹部受挫伤，一定要注意是否有内脏的损伤。在内脏损伤或者睾丸损伤时，经常会出现休克的症状，即头晕眼花、心慌气喘、出冷汗、面色苍白、四肢发凉，严重时甚至神志不清。

在发生闭合性软组织损伤时，首先要做的是止血、止痛、防肿。先冷敷或者冰敷，然后加压包扎，一般在损伤的当时将受伤的肢体浸泡在冷水中20分钟，或者用毛巾浸泡冷水或冰水中稍拧干后敷在患处，每隔2分钟一次。这样能促使血管收缩，有止血、止痛、防肿的作用。也可以用毛巾包裹冰块直接冰敷，每次约15分钟，每1～2小时一次。使用冰敷时要注意防止冻伤。另外，在睡眠或者卧床休息时，可以将受伤的肢体垫高，也可以起到减少充血和消肿的作用。

在处理扭伤等闭合性损伤时，存在着一个误区，那就是一出现损伤即开始进行局部按摩，或者使用活血化瘀外用药甚至热水等外敷，误认为这样可以促进患处痊愈。其实，在受伤的24～48小时内，受伤部位的出血还未完全凝固，此时按摩或热敷会引起再次出血，导致患处肿胀疼痛加剧。正确的做法是在24～48小时后，等待出血停止再拆去加压包扎，辅以理疗、热敷、按摩或药物治疗，以促使血管扩张，促进瘀血和渗出液的吸收，减轻疼痛，消除肿胀。理疗、热敷、按摩可每天1～2次，每次25～30分钟。药物治疗主要有口服跌打丸、外用活络油、云南白药等，均有止血化瘀、舒筋止痛、消除肿胀的作用。

（三）游泳抽筋的应对措施

游泳时经常发生肌肉挛缩，特别是在小腿和大腿，甚至手指、脚趾、胃部也可能会发生抽筋。抽筋是非常危险的，很容易引起溺水。因此，在入水前要做好准备活动，做做操、跑跑步，然后用冷水淋身体，让身体适应冷刺激，可以有效地减少抽筋的发生。

一旦发生抽筋，一定要保持镇静，呼救或者自己调整自救。发生抽筋后，不能再勉强继续游泳，要立即上岸，按摩抽筋部位肌肉，并且注意保暖。

若手指抽筋，要将手握成拳，然后用力张开，迅速交替做几次，直到解脱时为止。一个手掌抽筋时，另一手掌猛力压抽筋的手掌，并做震颤动作。上臂抽筋时，握成拳，并尽量屈肘，然后用力伸直，反复几次。

若小腿或脚趾抽筋，先吸一口气，仰卧水上，用抽筋下肢对侧的手握住抽筋的脚趾，并用力向身体方向拉，另一只手压在抽筋肢体的膝盖上，帮助膝关节伸直，动作反复几次，抽筋一般可以得到缓解。

若大腿抽筋，吸一口气，仰卧水上，弯曲抽筋的大腿和膝关节，然后用双手抱着小腿用力使它贴在大腿上，并加震颤动作，最后用力向前伸直。

若胃部抽筋，先吸一口气，仰卧水上，迅速弯曲两大腿靠近腹部，用手稍抱膝，随即向前伸直。动作不要太用力，要自然。

（四）遇到溺水者的应对措施

游泳时可能会遇上溺水者。发现有人溺水时，如果附近有救生圈、竹竿、木板或绳子等，应赶快抛给溺水者或携带入水，以便营救。如果溺水者距岸边较近，而且在水中挣扎，就要看准目标，两腿前后分开，两手平伸地跳入水中。如果溺水者距岸边较远，就应采用自己最熟悉的入水动作迅速游向目标进行救护。在救护溺水者时，如果没有经验，一定要防止自己被溺水者抓住。最好从溺水者的身后接近，然后一手迅速托他腋下，使溺水者头部露出水面。如果溺水者仍在继续挣扎，可以用臂压住溺水者的一臂，而手则抓住他的另一臂，使溺水者不能抓住自己，然后将头部露出水面，用侧泳或反蛙泳姿势托带上岸。

模块训练

一、训练内容

体育锻炼习惯的培养。

二、训练要求与方法

1. 结合自身兴趣爱好及学习或工作作息制度，因地制宜选择体育锻炼项目，拟订体育锻炼计划和实施办法。

2. 主动邀请有相同爱好的舍友、同学结盟，建立体育活动小组，定期锻炼。

MODULE 模块4

科学饮食
——营养、酗酒、滥用药物与健康

知识储备

营养是健康的原动力。人们为了维持生命与健康，保证正常的生活与劳动，每日必须摄取一定数量的食物，以获取各种营养素。营养素的功能在于构成躯体、修补组织、供给热量、补充消耗、调节生理功能。不同的食物所含营养素各不相同，任何一种食物都不能在质和量上满足人类营养的全部需要，必须通过各种食物相互搭配方能达到合理营养的要求。

一、大学生应摄取补充的营养素

大学生应摄取补充的营养素，如表 8－1 所示。

表 8－1　推荐的每日膳食中营养素供给量

类别		热能/千卡或兆焦	蛋白质/克	钙/毫克	铁/毫克	锌/毫克	硒/微克	碘/微克
成年男子（18～40 岁）	轻度劳动	2 400（10.0）	70	800	12	15	50	150
	轻	2 600（10.9）	80	800	12	15	50	150
	中	3 000（12.6）	90	800	12	15	50	150
	重	3 400（14.2）	100	800	12	15	50	150
	极重	4 000（16.7）	110	800	12	15	50	150
成年女子（18～40 岁）	极轻劳动	2 100（8.8）	65	800	18	15	50	150
	轻	2 300（9.6）	70	800	18	15	50	150
	中	2 700（11.3）	80	800	18	15	50	150
	重	3 000（12.6）	90	800	18	15	50	150
	孕妇	+200（+0.8）+15	+15	1 000	28	20	50	175
	4～6 个月孕妇	+200（+0.8）+25	+25	1 500	28	20	50	175
	7～9 个月乳母	+800（+3.3）+25	+25	1 500	28	20	50	200

类别		维生素当量/微克	维生素 D/微克	维生素 E/毫克	硫胺素/毫克	核黄素/毫克	烟酸/毫克	维生素 C/毫克
成年男子（18～40 岁）	轻度劳动	800	5	10	1.2	1.2	12	60
	轻	800	5	10	1.3	1.3	13	60
	中	800	5	10	1.5	1.5	15	60
	重	800	5	10	1.7	1.7	17	60
	极重	800	5	10	2.0	2.0	20	60
成年女子（18～40 岁）	极轻劳动	800	5	10	1.1	1.1	11	60
	轻	800	5	10	1.2	1.2	12	60
	中	800	5	10	1.4	1.4	14	60
	重	800	5	10	1.6	1.6	16	60
	孕妇	1 000	10	12	1.8	1.8	18	80
	4～6 个月孕妇	1 000	10	12	1.8	1.8	18	80
	7～9 个月乳母	1 200	10	12	2.1	2.1	21	100

（1）碳水化合物（糖类）。青年大学生所需要的热量较壮年人多 25%～50%。这是因为青年人活动量大，基本需要量多。热量主要来自碳水化合物，亦即谷类食物，所以青年大学生必须保证足够的饭量。

（2）蛋白质。蛋白质是生长发育的基础，身体细胞大量增殖，其构成均以蛋白质为原料。青年大学生对蛋白质的需要量是每日每千克体重 2～4 克。人体的蛋白质主要由食物供给，蛋类、牛奶、瘦肉、大豆、玉米等食物均含有丰富的蛋白质，混合食用，可以使各类食物蛋白质互相补充，营养得到合理利用。

（3）维生素。维生素不仅可以预防某些疾病，还可以提高机体免疫力。人体所需要的维生素大部分来自蔬菜和水果。芹菜、豆类等蔬菜含有大量 B 族维生素；山楂、鲜枣、西红柿含有大量维生素 C。

（4）矿物质。矿物质是人体生理活动必不可少的，尤其是青年人，对矿物质的需要量极大。钙、磷参与骨骼和神经细胞的形成，如钙摄入不足或钙磷比例不适当，必然会导致骨骼发育不全。奶类、豆制品含有丰富的钙。铁是组成血红蛋白的必要成分，如果膳食中缺铁，就会造成缺铁性贫血。特别是女性，每次月经要损失 50～100 毫升血，至少要补充 15～30 毫克铁。油菜、韭菜中含有丰富的铁。

（5）微量元素。微量元素虽然在体内含量极少，但在人的生长发育中起着极为重要的作用。特别是锌，我国规定每日膳食锌的摄入量为 15 毫克。含锌丰富的食物有动物肝脏、海产品。

（6）水。青年大学生活泼好动，需水量高，每日摄入 2 500 毫升水，才能满足人体代谢的需要。水的摄入量不足，会影响机体代谢及体内有害物质和废物的排出。如果运动量大，出汗过多，还要增加饮水量。这里讲的水的摄入量不是指喝进去的水量，而是指喝入的水量加上吃进的食物中含水量的总和。

二、合理的膳食和膳食结构

（一）合理的膳食

合理的膳食应达到下列基本要求：

（1）能保证供给用膳者必需的热能和各种营养素，且各种营养素间的比例平衡。

（2）通过合理加工烹调、尽可能减少食物中各种营养素的损失，并提高其消化吸收率。

（3）改善食物的感官性状，使其多样化，促进食欲，满足饱腹感。

（4）食物本身清洁无毒害，不受污染，不含对机体有害物质，食之无害。

（5）有合理的膳食制度，三餐定时定量，比例合适。

（二）合理的膳食结构

每种不同的食物所含的营养成分都不相同；不同的人因为风俗习惯、食品加工及工作与劳动不同，对营养素的需要也不同。但一般来说，人的日常食物的种类及数量必须与其生理需要相符合，才能达到营养均衡。这些不同的食物构成，我们把它称为食物结构，也称为膳食结构。

每个地区都有不同的膳食结构，在西方是高蛋白、高脂肪、高能量的饮食习惯，这容易导致冠心病、糖尿病等发病增加。而在东南亚等地区，以植物性食品为主，蛋白质及脂肪含量较少，容易导致营养缺乏病。日本不仅保留了东方膳食中的植物性食品为主的特征，还吸收了西方膳食的一些长处，植物性和动物性食品比较均衡，并且又有丰富的蔬菜、水果等，食物结构比较合理，基本符合营养要求。

中国的膳食结构与东南亚等地区比较接近。2016 年，中国营养学会修订了《中国居民膳食指南》，指出：食物多样、谷类为主；每天吃奶类、豆类或其制品；多吃蔬菜、水果和薯类；吃清淡少盐的膳食；限量饮酒；常吃适量鱼、禽、蛋、瘦肉，少吃肥肉和荤油；食量与体力活动要平衡，保持适宜体重。建议每人每日摄入谷类食物 300～500 克、豆类及豆制品 50 克、蔬菜 400～500 克、水果 100～200 克、畜禽肉 50～100 克、鱼虾 50 克、蛋类 25～

50 克、奶及奶制品 100 克、油 25 克。我们在学校的日常饮食中，要尽量平衡膳食。

三、营养与健康

（一）合理营养与健康

合理营养的基础是合理膳食，这不但能提供足够数量的热能和各种营养素，以满足人体的正常需要，而且还能保持各种营养素之间的数量平衡，以利于它们的吸收和利用，以期达到合理营养的目的。

当人们的膳食结构合理、营养平衡时，必能满足机体对热能和各种营养素的需要，促进机体的抗病能力，提高工作与劳动效率，而且还能预防和治疗某些疾病；当膳食结构不合理、摄入的热能营养素不平衡，即营养失调时，因某种或某些营养素摄入不足，不能满足机体的需要，久而久之，体内的营养储备严重消耗，则出现相应的病理性改变，继而发生临床上可见的营养缺乏病。反之，过量摄入热能和某些营养素，则可导致肥胖、心血管疾病、肿瘤等，或因某些营养素过量而发生中毒，有碍于健康。因此，平衡膳食、合理营养，是维持人体健康与生存的重要条件。

（二）营养水平的评估

我们的营养水平怎么样？是否平衡合理？这需要评估。营养水平评估的最主要方式就是体格检查，如身体测量、临床体检、营养缺乏病体征检查等。通过测量各种指标，了解生长发育水平，判断是否有营养缺乏病。在这 3 种检查方法中，身体测量是我们日常能自己做的，以下简单介绍一下。

身体测量主要测量身长、体重、皮褶厚度。测量身长可以用墙壁和尺的简便方法，在清晨时，赤脚直立于地面上，两脚跟部靠紧，脚尖呈 40°～60°角，膝伸直，两上肢自然下垂，肩自然放松，头正，眼耳在同一水平面上。测量者立于你的右侧，则可以读出身长数。你可以在清晨、空腹、排空大小便、着短裤时，用弹簧式体重计或杠杆式体重计测量体重。记录体重时要求精确至 100 克。测皮褶厚度可以评价一个人的营养水平。可以用皮脂计测量头肌部、肩胛下部、腹部、上臂围、上臂肌围等部分。在这些不同的测量部位用左手拇指和食指将皮肤连同皮下脂肪轻轻捏起，然后用皮脂计测拇指下方约 1 厘米的皮脂厚度，读数精确到 0. 5 毫米。测量时要注意皮脂计与被测部位保持垂直，且不要用力加压，一般要求在一个部位测 3 次取平均值。在三头肌部时，应该测左上臂背侧中点上约 2 厘米。在肩胛下部时，应该测左肩胛下角下方约 2 厘米处。测腹部时，在距离脐左方 1 厘米处，将皮肤连同皮下组织与正中线平行捏起进行测量。测上臂围时，应测上臂中点周长，用卷尺测量。

上臂肌围（厘米）＝上臂围（厘米）－3. 14 × 三头肌部皮褶厚度（厘米）

对于以上这些数据，我们怎么评判呢？最简易的是标准体重指标，它又称理想体重。下面是计算标准体重的公式。

身长 165 厘米以上者：

标准体重（千克）＝身长（厘米）－100

身长 165 厘米以下者：

标准体重（千克）＝身长（厘米）－105（男）

标准体重（千克）＝身长（厘米）－100（女）

按上面公式计算，标准体重 ±10% 为正常体重；超过 10% ~20% 为超重；超过 20% 为肥胖。低于 10% ~20% 为瘦弱；低于 20% 以上为严重瘦弱。

评价营养状况最普遍最重要的方法是计算体重指数。公式如下：

$$体重指数 = \frac{体重（千克）}{身高^2（平方米）}$$

东方成年人的标准：18.5 ~ 22.99 为正常，17 ~ 18.4 为轻度消瘦，16 ~ 16.9 为中度消瘦，小于 16 为重度消瘦，23 ~ 24.99 为超重，大于 25 为肥胖。

测量上臂肌围，成年人正常标准：男 25.3 厘米，女 23.2 厘米。

如果达不到要求，你也许就要加强营养了。

四、常见营养失调类疾病

如果由于各种原因导致营养素摄入不足、消化吸收不良或者营养素的消耗增加，就会引起营养缺乏。如果过量摄入营养素，或者营养代谢不正常，就会引起营养过剩甚至营养中毒。还有一些疾病与营养饮食密切相关，如现在较多见的冠心病、糖尿病等。下面，我们将主要介绍常见的相关疾病，如营养缺乏病、肥胖、心血管疾病等。

（一）蛋白质—能量营养不良

在营养缺乏病中，最常见的就是蛋白质—能量营养不良。它是因为食物供应不足或因某些疾病等因素引起的。严重的蛋白质—能量营养不良可直接造成死亡，轻型慢性蛋白质—能量营养不良常被人所忽视，但对人的生长发育和患者的康复都很有影响。

蛋白质—能量营养不良一般可分为消瘦型、浮肿型和混合型 3 型；根据缺乏程度分为轻、中、重 3 度；根据发病过程又分为急性、亚急性和慢性 3 种。

（1）消瘦型。由能量严重不足所致，最主要的特征是消瘦。儿童明显矮小、消瘦，严重者为“皮包骨”；皮肤干燥松弛，多皱纹，失去弹性和光泽；头发纤细稀松，干燥易脱落，失去固有光泽；双颊凹陷呈猴腮状，体弱无力，萎靡不振，血压和体温低，对冷气候敏感，易哭闹，内脏器官萎缩。成人突出表现为消瘦无力，常并发干眼症、腹泻、厌食、呕吐、脱水等。脱水、酸中毒及电解质紊乱常为死亡原因。

（2）浮肿型。由急性严重蛋白质缺乏所致，周身水肿为其特征。儿童身高可正常，但肌肉松弛，眼睑肿胀；身体低垂部水肿，皮肤明亮。例如：在小腿部位水肿，其他部位皮肤干燥萎缩，角化脱屑或有不对称性大片融合色素沉着；头发脆弱易断和脱落，常有圆秃；指甲脆弱有横沟，周身软弱无力，表情淡漠，严重病例呆板无表情，无食欲，常有腹泻，常伴有维生素 A 和维生素 B 的缺乏症状；支气管炎合并肺水肿、败血症、胃肠炎及电解质紊乱等常为死因。成人严重蛋白质缺乏时，亦表现出明显的水肿症状。

（3）混合型。单纯性蛋白质或能量营养不良的极少见，多数病例为蛋白质和能量同时缺乏，表现为混合型的蛋白质—能量营养不良。

（二）肥胖

肥胖不是一种状态，而是一种疾病，主要不是由于营养缺乏，而是由营养过剩造成。肥胖者机体脂肪和脂肪组织过多，超过了正常生理需要，并有害于身体健康。肥胖的判定非常简单，你可以使用标准体重、体重指数、皮褶厚度等指标自行判断。

肥胖者经常会感觉全身无力、体力差、耐久力差、动作迟缓，特别缺少活力，一些甚至发生精神和心理状态异常。肥胖患者易发生高血压，可能损害心脏；还易发生糖尿病、冠心病、高脂血症等疾病。

肥胖治疗十分困难，除了持之以恒地切实减少能量的摄入和增加能量的消耗之外，尚无别的最终有效的减肥良法。平常人的减肥都是采取低热量饮食，但这会引起维生素等的缺乏，必须注意补充适量的鱼、肉、奶、谷类及蔬菜水果等。根据肥胖的程度分别采用低热能饮食疗法、减食疗法、饥饿疗法。在食物选择上，要高蛋白、低脂肪、低碳水化合物，三者的比例可以按 20：20：60 计算，每日三餐的分配应该均匀。

运动可以增加能量消耗，减少体内脂肪。以减肥为目的的运动一般是大肌肉群的肌肉训练和耐力运动，运动量的强度要由小到大，循序渐进，并且要持之以恒，而且一定要同时配合饮食治疗。

（三）心血管疾病

心血管疾病是危害人类健康的严重疾病，其中的动脉粥样硬化和冠心病、高血压病和心力衰竭等与营养因素关系密切，合理的膳食已成为防治这些疾病的重要措施之一。

怎样从日常膳食中预防心血管疾病呢？最主要的是平衡膳食、合理营养，要给自己的身体提供种类齐全、数量充足、比例适当的各种营养素。脂肪的摄入量占总热能的 20% ~ 25%，并且增加不饱和脂肪酸的摄入量；要控制胆固醇的摄入量，每天在 300 毫克以下；增加优质蛋白质供给，尤其多吃豆类蛋白。要防止营养过剩，控制体重。当体重超出标准体重的 10%，血压将会升高 0.88 千帕（6.6 毫米汞柱）。

在饮食中还要限制食盐的摄入量，容易发生心血管疾病的人每天的食盐量控制在正常人的一半左右，即 6 克以下比较适宜。但要注意补充其他的无机盐如钾、镁、钙等，可以多食用一些牛奶、虾、鱼、蛋、菠菜、豆制品、桂圆等。高血压的人限制食盐的同时还要限制糖、酒精的摄入。每天都应合理增加蔬菜、水果的摄入，保证维生素的供应，还要保证足够的膳食纤维。最后是要养成良好的饮食习惯，定时定量就餐，少量多餐。

五、食物中毒

（一）食物中毒的含义与分类

凡健康人经口摄入正常数量、可食状态的“有毒食物”（指被致病菌及其毒素、化学毒物污染或含有毒素的动植物食物）后所引起的以急性感染或中毒为主要临床特征的疾病，统称为食物中毒。凡食入非可食状态（未成熟水果等）食物、暴饮暴食所引起的急性胃肠炎；因摄入食物而感染的传染病、寄生虫病、人畜共患传染病等食源性疾病，或摄食者本身有胃肠道疾病、过敏体质者食入某食物后发生的疾病，均不属于此范畴。

虽然食物中毒的原因不同，症状各异，但一般都具有一些共同的特征。例如，一般食入“有毒食物”后几分钟到几小时内几乎同时发病，所有人的症状都相似，如恶心呕吐、腹痛腹泻等，而没有食用过同一种“有毒食物”的人不发病。食物中毒不传染，与传染性疾病不相同。

引起食物中毒的原因很多，通常按病原学将食物中毒分为 4 大类。

一是最常见的细菌性食物中毒。其中感染型食物中毒包括沙门菌属、变形杆菌属、副溶血性弧菌、致病性大肠菌属、韦氏梭状芽孢杆菌等引起的食物中毒。毒素型食物中毒包括肉毒梭菌毒素、葡萄球菌肠毒素等引起的食物中毒。

二是有毒动植物食物中毒。有毒动物中毒，如河豚、有毒贝类、鱼类组胺、动物内脏（过冬的狼和狗肝脏）、腺体（甲状腺等）所引起的食物中毒。有毒植物中毒，如毒蕈、木薯、四季豆、发芽马铃薯、新鲜黄花菜、生豆浆等引起的食物中毒。

三是化学性食物中毒。食物被某些金属、类金属及其化合物、亚硝酸盐、农药等污染，或因误食引起食物中毒。

四是真菌毒素食物中毒。如食入含有被大量真菌毒素污染的食物引起的食物中毒，如赤霉病麦、霉变甘蔗等。

食物中毒发生的原因主要有：①原料选择不严格，可能食品本身有毒，或受到大量活菌及其毒素污染，或食品已经腐败变质；②食品在生产、加工、运输、储存、销售等过程中不注意卫生、生熟不分造成食品污染，食用前又未充分加热处理；③食品保藏不当，致使马铃薯发芽、食品中亚硝酸盐含量增高、粮食霉变等都可造成食物中毒；④加工烹调不当，如肉块太大，内部温度不够，细菌未被杀死；⑤食品从业人员本身带菌，个人卫生不好，造成对食品的污染；⑥有毒化学物质混入食品中并达到中毒剂量。

（二）食物中毒的应对措施

一旦发生食物中毒，千万不能惊慌失措，应冷静地分析发病的原因，针对引起中毒的食物以及服用的时间长短，及时采取如下应急措施：

（1）催吐。如果服用时间在1～2小时内，可使用催吐的方法。立即取食盐20克加开水200毫升溶化，冷却后一次喝下，如果不吐，可多喝几次，迅速促进呕吐。亦可用鲜生姜100克捣碎取汁用200毫升温水冲服。如果吃下去的是变质的荤食品，可用筷子、手指或鹅毛等刺激咽喉，引发呕吐。

（2）导泻。如果病人服用食物时间较长，一般已超过2～3小时，而且精神较好，则可服用些泻药，促使中毒食物尽快排出体外。一般用大黄30克一次煎服，老年患者可选用元明粉20克，用开水冲服，即可缓泻。对老年体质较好者，也可采用番泻叶15克一次煎服，或用开水冲服，也能达到导泻的目的。

（3）解毒。如果是吃了变质的鱼、虾、蟹等引起的食物中毒，可取食醋100毫升加水200毫升，稀释后一次服下。此外，还可采用紫苏30克、生甘草10克一次煎服。若是误食了变质的饮料或防腐剂，最好的急救方法是用鲜牛奶或其他含蛋白的饮料灌服。

如果经上述急救，症状未见好转，或中毒较重者，应尽快送医院治疗。在治疗过程中，要给病人以良好的护理，尽量使其安静，避免精神紧张，注意休息，防止受凉，同时补充足量的淡盐开水。控制食物中毒关键在预防，注意饮食卫生，严把“病从口入”关。

六、酗酒的危害与防治

（一）酗酒的危害

酗酒涵盖了“酒精滥用”及“酒精依赖”。医学界将酗酒定义为：一次喝5瓶或5瓶以上啤酒，或者，血液中的酒精含量达到或高于0.08。一般而言，如果一个人过度食用酒精而无法自我节制，导致认知、行为、身体、社会功能或人际关系上的障碍或损伤，且明知故犯，无法克制，就达到“酒精滥用”的程度。若进一步恶化，把饮酒看成比任何其他事都重要，必须花许多时间或精力去喝酒或戒酒，或必须喝酒才感到舒服（心理依赖），或必须增加酒精摄取才能达到预期效果（耐受性），或产生酒精戒断综合征，就达到“酒精依赖”的程度。

大量的临床试验证实酗酒对身心健康有很大危害，具体表现在以下几方面：

1. 酒精中毒

据测定，饮下白酒约5分钟后，酒精就会进入血液，随血液在全身流动，人的组织器官和各个系统都要受到酒精的毒害。短时间大量饮酒，可导致酒精中毒，中毒后首先影响大脑皮质，使神经有一个短暂的兴奋期，胡言乱语；继之大脑皮质处于麻醉状态，言行失常，昏昏沉沉不省人事。若进一步发展，神经中枢麻痹，则心跳呼吸停止以致死亡。

2. 损害食管和胃黏膜

酒精对食管和胃的黏膜损害很大，会引起黏膜充血、肿胀和糜烂，导致食管炎、胃炎、溃疡病。酒精主要在肝内代谢，对肝脏的损害特别大，肝癌的发病与长期酗酒有直接关系。研究表明，平均每天饮白酒160克，有75%的人在15年内会出现严重的肝脏损害，还会诱发急性胆囊炎和急性胰腺炎。

3. 诱发脑卒中和酒精中毒性精神病

脑卒中是脑中风的学名，是一种突然起病的脑血液循环障碍性疾病。临床表现以猝然昏倒、不省人事或突然发生口眼歪斜、半身不遂、舌强言蹇、智力障碍为主要特征。酒精影响脂肪代谢，升高血胆固醇和甘油三酯。大量饮酒会使心率增快，血压急剧上升，极易诱发脑卒中。同时，当血液中的酒精浓度达到0.1%时，会使人感情冲动；达到0.2%～0.3%时，会使人行为失常；长期酗酒，会导致酒精中毒性精神病。

4. 营养失调

长期酗酒还会造成营养失调和引起多种维生素缺乏症。因为酒精中不含营养素，经常饮酒者会食欲下降，进食减少，势必造成多种营养素的缺乏，特别是维生素 B_1、维生素 B_2、维生素 B_{12}的缺乏，还影响叶酸的吸收。

5. 危害社会

酗酒对社会也具有极大危害，因为酗酒是一种病态或异常行为，可构成严重的社会问题。酗酒者通常把酗酒行为作为一种因内心冲突、心理矛盾造成的强烈心理势能发泄出来的重要方式和途径。酗酒者常通过酗酒以期来消除烦恼，减轻空虚、胆怯、内疚、失败等心理感受。

（二）酗酒的防治

酒精在人体内的分解代谢主要靠两种酶：一种是乙醇脱氢酶；另一种是乙醛脱氢酶。乙醇脱氢酶能把酒精分子中的两个氢原子脱掉，使乙醇分解变成乙醛。而乙醛脱氢酶则能把乙醛中的两个氢原子脱掉，使乙醛被分解为二氧化碳和水。人体内若是具备这两种酶，就能较快地分解酒精，中枢神经就较少受到酒精的作用，因而即使喝了一定量的酒后，也行若无事。但缺少乙醛脱氢酶的人比较多。这种乙醛脱氢酶的缺少，使酒精不能被完全分解为水和二氧化碳，而是以乙醛继续留在体内，使人喝酒后产生恶心欲吐、昏迷不适等醉酒症状。因此，我们要对酗酒行为进行防治。

1. 限量饮酒

如果对酒精尚未达到依赖的程度，应立即定下每天最多喝一瓶啤酒的规定。随着酒精摄入量的减少，肝脏极可能自然恢复到正常状态。同时，尽管我们无法让死去的脑神经细胞复活，只要没有大量酒精的刺激，大脑的记忆功能就会渐渐恢复。

2. 心理方法戒酒

（1）认识疗法结合厌恶疗法。先在思想深处认识到过量饮酒的危害，并在纸上一一列出，最好再用漫画的形式直观生动地表现出来。当饮酒成瘾者饮酒意念十分强烈时，就把这些画取出来看看，逐渐建立起对酒的厌恶情绪。

（2）系统脱敏法结合奖励强化法。它不要求当事人一下子就改掉不良习惯，而是每天逐渐地减少饮酒量。因此它的痛苦性低、成功率高。戒酒者在这一过程中，若完成了当天应减少的“指标”，自己或亲人应给予一些小奖励，以巩固和强化所取得的成果。为避免心理上若有所失的难熬感觉，戒酒者应积极从事其他一些感兴趣的事情，用新的满足感的获得来抵消旧的满足感的失去。

（3）厌恶疗法。这是一种行为矫正方法。其目的是让酗酒者在饮酒时得不到欣快感觉，相反是令其产生痛苦的体验，形成负性条件反射。这种方法常用一些引起呕吐的药物配合，并要求由专业人士来实施。

3. 借助药物戒酒

这种方法要由专业人士来负责实施，治疗多选择与酒有交叉耐受特性的药物，如地西泮（安定）。治疗开始时给予充分治疗剂量（40～60 毫克/天），在随后的 5～7 天，安定剂量逐渐减少直至停药。不过，药物的作用也是有限的，要真正戒掉酒瘾还需要当事人主观心理上的意志努力。

4. 戒酒饮食建议

想要彻底戒酒，最好多吃富含 B 族维生素的食物，如燕麦、全麦面包、动物内脏、瘦肉、花生、大多数种类的蔬菜、麦麸、牛奶等。如果习惯，不妨在早上喝点燕麦粥，因为人体肝脏中乙醇脱氢酶的活性中午很低，喝酒很容易醉酒，早晨喝点燕麦粥，能够帮助降低中午喝酒的欲望，同时，粥类还能够保护胃黏膜。需要注意的是，B 族维生素不会储藏于体内，多余的会完全排出体外，因此，戒酒的人必须每天补充 B 族维生素。

七、药物滥用

（一）药物滥用的含义

药物滥用（Drug Abuse）一般是指违背了公认的医疗用途和社会规范而使用任何一种药物。这种使用往往是自行给药，因而对用药者的健康和社会都会造成一定损害。

药物滥用一词是 20 世纪 60 年代中期国际上开始采用的专用词汇，它与我们平时所说的“滥用抗生素”“滥用激素”等滥用药物中的“滥用”概念截然不同。药物滥用的概念是指长期地使用过量具有依赖性潜力的药物，这种用药与公认医疗实践的需要无关，导致了成瘾性以及出现精神错乱和其他异常行为。

1. 药物滥用的具体解释

根据美国大麻与药物滥用委员会的定义，药物滥用的具体解释为：

（1）不论是药品类型，还是用药方式和地点都是不合理的。

（2）没有医生指导而自我用药，这种自我用药超出了医疗范围和剂量标准。

（3）使用者对该药不能自拔并有强迫性用药行为。

（4）由于使用药物，而往往导致精神和身体危害、社会危害。

2. 药物滥用的范围

药物滥用的范围包括：

（1）麻醉药品，如阿片类、可卡因类、大麻类等。

（2）精神药品，包括中枢抑制剂，如镇静催眠药；还有中枢兴奋剂，如咖啡因；此外还有致幻剂，如麦司卡林、LSD（麦角酸二乙基酰胺）等。

（3）挥发性有机溶剂，如汽油、打火机燃料和涂料溶剂等，有抑制和致幻作用，具有耐受性甚至精神依赖性。

（4）烟草。其主要成分尼古丁长期使用也可致瘾。

（5）酒精。长期酗酒也会产生生理依赖和心理依赖性。

（二）药物滥用的危害

药物滥用可导致很大的危害，具体表现在以下几方面：

1. 渴求与强迫性觅药行为

渴求是形成精神依赖性（包括吸毒）后的一种精神体验，表现出不择手段地寻求和使用依赖性药物（包括毒品）。例如，冰毒（甲基苯丙胺）吸食后会产生强烈的生理兴奋，能大量消耗人的体力，降低免疫功能，严重损害心脏、大脑组织甚至导致死亡，吸毒者的预期寿命明显缩减。吸食成瘾者还会造成精神障碍，表现出妄想、好斗等，屡屡肇事，引发社会治安事件。为了追求药物舒适的精神效应和避免戒断症状的痛苦，滥用者常不顾法律和道德去获取药物，是造成制毒贩毒、家庭毁灭、暴力犯罪等社会问题的根源。

2. 戒断反应

戒断反应是指长期滥用药物后对药物形成适应性，一旦中断用药就会引起生理功能的紊乱，程度有轻有重，通常在突然中止用药或减少用药剂量后发生。严重的戒断反应有极大的身心损害，甚至有致命危险。戒断反应在阿片类停药后较为明显，乙醇和镇静催眠药次之，其他药物较轻。

3. 精神障碍

吸毒所致的精神障碍可表现为幻觉、思维障碍、人格低落，还会出现伤人或自杀等危险行为。可卡因及苯丙胺有精神兴奋作用，表现出进行性的欣快、心情不佳、幻觉和精神病这4期效应。大麻类可引起幻觉与妄想、思维混乱、焦虑与惊慌、淡漠、呆滞、判断力与记忆力损害、精神不集中等精神症状。致幻剂可产生欣快感、幻觉、反常感觉（如“听见”颜色或“看见”声音）、知觉上出现异常变化（视物显小或显大）、心境易变（忧郁变快乐，安全感变恐惧感）等。

4. 神经系统损害

阿片类、巴比妥类和乙醇等过量使用可引起急性中毒，导致呼吸中枢抑制，严重者可引起死亡。长期滥用药物对脑和外周神经系统的直接毒性作用，会导致神经细胞或组织的病理性改变，还因毒品中混杂的其他有害物质而损害神经系统。例如，在静脉注射粗制海洛因后会发生弱视、横断性脊髓病变、突发性下肢截瘫，躯体感觉异常及末梢神经炎。病理检查可见侵犯灰质及白质的急性坏死病灶，其范围可纵深到胸椎、颈椎区。

5. 耐受性

反复应用依赖性药物后，常引起获得性耐受性，即需要逐渐增加用药剂量才能保持精神效应。阿片类的耐受性最明显，镇静催眠药、乙醇、致幻剂、大麻的耐受性中等，可卡因和苯丙胺类药物耐受性不明显。

6. 其他继发变化

使用毒品可削弱机体免疫机能，加上使用不洁注射器的因素，会使长期滥用毒品者极易被各种病菌感染，极易并发病毒性肝炎、肺炎、注射部位脓肿、破伤风、血栓性静脉炎、肺结核等感染。此外，值得高度重视的是，吸毒人群中性病和艾滋病的发病率正在增高。吸毒还容易并发其他各种疾病而缩短寿命，还会影响下一代的健康。

八、青少年药物滥用者的人格与行为特征

（一）人格特征

研究表明，冲动性高、自制力弱、追求刺激、自尊心低，这些性格都易导致药物滥用的行为。有学者将容易发生药物滥用行为青少年的特质归纳为如下几方面：

（1）焦虑与沮丧。这类青少年在紧密的人际关系中常觉得不自在、紧张、无法放松，而沮丧的感觉常伴随疲倦、无精打采、生活在过去、为自己难过。

（2）愤怒。借用药物表达对自己的愤怒，想要惩罚自己，亦是企图毁灭他人的一种方式。

（3）低挫折容忍度。无法控制自己的情绪、冲动的本质，以蛮力而非沟通协调解决问题，容易导致滥用药物的行为。

（4）自卑与夸大。这类青少年常觉得自己在许多生活层面上表现不佳，无价值或自卑的感受，需要借助药物来帮助他们护卫自己，甚至增进自己的能力，以求得优越感。

（5）逃避与控制。借着沉溺于药物中可以逃避自己的感觉和对现实环境的不满时，可以诱使他人去做他想要他们去做的事。

（二）行为特征

青少年药物滥用（吸毒）者初期服用毒品都是隐瞒家长、老师的，但可以通过其行为表现来识别。他们的眼睛充满红丝、多话、躁动不安、沮丧、好辩。在身体方面，出现嗜睡、食欲缺乏、目光呆滞、结膜红肿、步履不稳、静脉炎。在感官表达方面，出现视觉、听幻、无方向感。在社会适应方面，出现多疑、夸大、好斗、无理性行为、缺乏动机。还可能存在如下表现：

（1）眼光呆滞，瞳孔放大，老爱戴太阳眼镜，说话言语不清。

（2）不断向朋友或同学借钱，经济出现困难。

（3）手臂上有针口，天气热还穿长袖衣服，衣服上有血迹。

（4）房间有怪味道出现，还可能有吸食毒品的工具等不明物。

九、药物滥用的预防

（一）组织预防措施

预防药物滥用要有家庭、学校和社会的协同努力，构建三级预防网。

（1）药物滥用的一级预防，是对有药物滥用潜在危险的社区与人群，特别是青少年和其他易感人群，进行禁毒预防的普及宣传教育。目的是让人们不要去错用、误用和试用毒品。

（2）药物滥用的二级预防，是对处于药物滥用高度影响下的社区和存在的药物滥用人群，进行禁毒预防的集中宣传教育。目的是对这部分人早期发现、早期干预和早期控制。

（3）药物滥用三级预防，是积极防止和消除由于药物滥用所带来的对身体和社会的危害。

（二）自我预防药物滥用的策略与技巧

为避免误入药物滥用的歧途，我们第一要通过书籍、报刊等，认识和了解有关药物滥用的知识。第二要学会解决面临压力事件或困扰的非药物解决办法，避免对使用药物产生直觉冲动，杜绝动辄靠药物来消除一切心理压力或心里烦闷的观念。第三要学会拒绝毒品引诱的技巧，具体技巧如下：

（1）坚定拒绝，勇敢说“不”。如“我不喜欢这味道”“我不吸毒”。

（2）反激将法。“你们说我没种，我就吸，我才真的没种”“你们若真有种就不要吸”。

（3）告知理由。“吸毒是犯法的，我不想惹麻烦”“我不想做毒虫，因为我是龙的传人”。

（4）点出后果。“吸毒如同自杀，贩毒如同杀人”。

（5）建议转向。“不要吸毒，去看电影、去打球”。

（6）借故离开。“不好意思，家里有事，我必须赶回去”“我尿急要去上厕所”。

（7）借口搪塞。“医生说我身体有问题，如果吸了，就没命了”。

（8）自我解嘲法。若因拒绝“毒品”而招来嘲笑，则顺着友伴的嘲笑，也拿自己开玩笑，以幽默的语气来缓和不悦的气氛。

（9）投桃报李法。当身边恰巧有食物时，以之取代“毒品”回请对方。

（10）虚与委蛇法。一时找不到推拒的理由，可采用拖延战术，先躲过几次，以后再想较好的办法。

模块训练

一、训练内容

远离毒品意识的培养。

二、训练要求与方法

以小组为单位，结合以下案例讨论毒品的危害。

【案例描述】

王军就读于南方某大学。一天碰到了昔日的几位同学，聊起最近的情况。这位同学对他说：“你现在不是闷吗，不如来吸两口，解解闷，这东西非常灵。”他当时又好奇，又害怕，但禁不住再三劝说，忍不住上前吸了几口，之后精神果然亢奋，浑身有劲。过了两天，几位同学又喊他去尝试。本来不想去的，但最后还是去了。大家凑到一起，情境和上次差不多，没吹一会儿就开始吸粉。吸完之后，大家都坐在那儿不动，一心一意想“飘”。他没瘾，吸得少；其他人瘾大，吸得多。就这样，他和这帮人成了“粉友”，前后吸过有七八次，渐渐地有了瘾，有事没事都在想那东西。5月中旬的一天，一位粉友叫他陪他去买货，在拿货时被公安人员抓住，接着派出所把他送到戒毒所。此时，他非常后悔犯了这样一个错误。父母知道这事后，非常难过，背地里哭了好多次，担心他就此毁了前程。进了戒毒所，通过管教干部的教育，他才知道毒品危害极大。他现在唯一的希望就是顺利毕业，远离毒品，珍爱生命。

【分析参考】

案例中的王军，如果事前通过书籍、报刊等认识、了解有关药物滥用的知识，掌握一些解决面临压力事件或困扰的非药物解决办法，并学会拒绝毒品引诱的技巧，他就能避免尝试吸毒的直觉冲动。

巩固与提高

单元知识小结

青年大学生是个体生理发育走向成熟的时期，神经系统已经发育成熟，外部形态逐渐转入稳定阶段，其异常包括外因性、内因性和无特定病因性体形发育异常，这与家族性遗传、体质性发育迟滞、不良家庭环境的精神社会因素等有关；神经系统发育异常出现得比较多的有脊柱弯曲异常、神经变性、脑神经发育不全等，它们不但与脑疾病有关，还与认知功能障碍等有密切关系；行为习惯与健康关系密切，改变不健康、不科学的生活习惯，是保障身心健康的根本保证。体育作为一种科学的生命运动方式，能促进人的身心健康，但要坚持科学的体育锻炼原则，制订切合实际的锻炼计划，选择合适的体育锻炼方式，掌握处理运动损伤的常识。合理营养的基础是合理膳食，这不但能提供足够数量的热能和各种营养素，以满足人体的正常需要，而且还能保持各种营养素之间的数量平衡，达到合理营养的目的。酗酒、药物滥用和吸毒都是典型的成瘾行为，会造成戒断反应、精神障碍、神经系统损害等身心危害，并难以逆转，因此应掌握预防成瘾行为的基本知识和自我预防药物滥用的策略与技巧。

思考与练习

1. 通过本单元的学习，日常体育锻炼中你会更加注意哪些事项?
2. 列举出自己日常生活中的不良习惯，并提出解决办法。
3. 你准备改变哪些饮食习惯以预防贫血和高血压?

参考文献

[1] 马建青．心理卫生学．杭州：浙江大学出版社，1990.

[2] 林崇德．发展心理学．北京：人民教育出版社，1995.

[3] 莫雷，颜农秋．大学生心理教育．广州：暨南大学出版社，2001.

[4] 周家华，王金凤．大学生心理健康教育．北京：清华大学出版社，2004.

[5] 张伯源．变态心理学．北京：北京大学出版社，2005.

[6] 格里格，津巴多．心理学与生活．王垒，王甦，等译．北京：人民邮电出版社，2003.

[7] 宋专茂．现代催眠术原理与应用．广州：暨南大学出版社，2006.

[8] 陈国梁，唐慧敏．大学生心理健康教育．广州：华南理工大学出版社，2003.

[9] 黄希庭，郑涌．大学生心理健康与咨询．北京：高等教育出版社，2000.

[10] 陈国海，许国彬，肖沛雄．大学生心理与训练．2 版．广州：中山大学出版社，2005.

[11] 宋专茂，丁霞．大学生心理健康测量与导向．广州：暨南大学出版社，2005.

[12] 凌文辁，滨治世．心理测验法．北京：科学出版社，1988.

[13] 刘津．超越自我．北京：海潮出版社，2002.

[14] 詹启生．审视自我：新世纪大学生心理扫描．保定：河北大学出版社，2003.

[15] 张宏如，曹雨平．当代大学生心理学．北京：首都经济贸易大学出版社，2004.

[16] 高希庚，孙颖．大学生心理健康的理论与实践．天津：天津大学出版社，1999.

[17] 刘俊庭，吴纪饶．大学生健康教育．北京：高等教育出版社，1999.

[18] 崔文凤，石竹．心理与人生调节心理　强身治病．北京：中国物资出版社，2001.

[19] 伍新春．高等教育心理学．2 版．北京：高等教育出版社，1999.

[20] 梁执群．社交心理学．北京：中国城市出版社，2000.

[21] 郝媛媛．大学生心理危机分析与心理健康教育．社会心理科学，2005（3）.

[22] 贾晓明．关于青少年过激行为的心理分析．心理与健康，2004（2）.

[23] 龙迪．心理危机的概念、类别、演变和结局．青年研究，1998（12）.

[24] 胡德辉，唐淑云，胡卫民．大学生心理与辅导．广州：中山大学出版社，2000.

[25] 王希永，金庆昕．大学生心理保健．广州：中山大学出版社，2001.

[26] 董广杰．大学生心理健康教育与应用．北京：中国纺织出版社，2004.

[27] 邱鸿钟．大学生心理健康教育．广州：广东高等教育出版社，2004.

[28] 汪海燕．走进阳光地带：大学生心理健康导航．武汉：华中师范大学出版社，2004.

[29] 毛灿月，栾永斌，龚声武．心理健康教育．长沙：中南大学出版社，2005.

［30］王登峰．大学生心理卫生与咨询．北京：北京大学出版社，1992.

［31］张厚粲．大学心理学．北京：北京师范大学出版社，2001.

［32］游永恒．大学生心理咨询案例集．成都：四川大学出版社，2005.

［33］韩翼祥，常雪梅．大学生心理辅导：适应·发展·超越．杭州：浙江大学出版社，2003.

［34］郑日昌，蒋平．大学生心理诊断．济南：山东教育出版社，1996.

［35］“两课”教学研究协会．大学生就业心理辅导．广州：暨南大学出版社，2004.

［36］郑维康．青少年心理咨询手册．上海：上海人民出版社，1997.

［37］陈社育，邓旭阳，林伟，等．大学生职业心理辅导．北京：北京出版社，2003.

［38］田景海，谢圣明，龚贻洲，等．大学生择业心理学．北京：光明日报出版社，1990.

［39］王崇彩，冉斌．疯狂劲草：素质拓展训练．深圳：海天出版社，2006.

［40］杜立辉，冉斌．团队圆舞曲：魔鬼训练营．深圳：海天出版社，2006.

［41］杨晓华，曹炳志．择业与创业指导教程．北京：化学工业出版社，2004.

［42］车文博．心理咨询大百科全书．杭州：浙江科学技术出版社，2001.

［43］陈仲庚．变态心理学．北京：人民卫生出版社，1985.

［44］帕里 G. 战胜危机．梁庆峰，孙红，译．北京：生活·读书·新知三联书店，1996.

［45］傅平原．心理学分．南昌：江西科学技术出版社，2003.

［46］胡珍．中国当代大学生性现状与性教育研究．成都：四川科学技术出版社，2003.

［47］赖斯．压力与健康．石林，等译．北京：中国轻工业出版社，2000.

［48］吉利兰，詹姆斯．危机干预策略. 肖水源，等译．北京：中国轻工业出版社，2000.

［49］易法建，冯正直，倪泰一，等．心理医生．重庆：重庆出版社，1998.

［50］张小乔．心理咨询的理论与方法．北京：中国人民大学出版社，1998.

［51］翟书涛．危机干预与自杀预防．北京：人民卫生出版社，1997.

［52］郑雪．人格心理学．广州：暨南大学出版社，2001.

［53］谭正萍，黄丽珊．大学生心理危机及其干预策略．西南民族大学学报，2005（5）.

［54］徐慧兰，肖水源，冯珊珊，等．中南大学大学生自杀意念及其危险因素研究．中华流行病学杂志，2004（4）.

［55］宋专茂．有自杀倾向大学生的人格特征研究．健康心理学杂志，2002（6）.

［56］王金道，刘勇，郭念锋．临床疾病心理学．北京：北京师范大学出版社，1994.

［57］佟月华．美国学校心理辅导模式的新发展．济南大学学报，2004（6）.

［58］樊富珉．我国青少年自杀研究及预防对策．临床精神医学杂志，2005（4）.

［59］范韶维．大学生心理危机干预网络体系构建研究．煤炭高等教育，2005（23）.

［60］傅小玲，王择青，杨君．自杀危险性评估研究进展．临床精神医学杂志，2005（1）.

［61］黄建榕，陈建新．论我国大学生的心理危机及其干预系统的建构．华南理工大学学报：社会科学版，2004（5）.

［62］黄伟伟．青少年自杀行为的心理原因探析．株洲师范高等专科学校学报，2005（4）.

［63］刘凤林．大学生心理危机干预的策问研究．佳木斯大学社会科学学报，2005（6）.

[64] 李美华. 大学生心理危机与防控. 青海师专学报（教育科学），2004（4）.
[65] 孟庆恩. 大学生自杀问题与危机干预的研究. 健康心理学杂志，2001（6）.
[66] 钱长锋. 大学生自杀行为及预防与干预对策. 黑龙江高教研究，2006（3）.
[67] 宋专茂. 有自杀倾向大学生的人格特征研究. 健康心理学杂志，2002（6）.
[68] 谭正萍，黄丽珊. 大学生心理危机及其干预策略. 西南民族大学学报，2005（5）.
[69] 徐慧兰，肖水源，冯珊珊，等. 中南大学大学生自杀意念及其危险因素研究. 中华流行病学杂志，2004（4）.
[70] 肖水源. 自杀危险性的临床评估. 中国医师杂志，2001（2）.
[71] 谢艳玲. 自杀评估与危机干预策略. 临床精神医学杂志，2005（4）.
[72] 徐泽虹. 青少年学生自杀的社会心理干预. 四川教育学院学报，2003（1）.
[73] 叶俊杰. 大学生的自杀心理及其干预和预防. 上饶师范学院学报，2002（4）.
[74] 郑爱明. 大学生自杀现象的心理分析和干预. 医学与哲学，2005（11）.
[75] 张道祥. 自杀倾向大学生的心理因素分析. 中国学校卫生，2002（6）.
[76] 朱光骊. 自杀的心理机制及防治. 交通高教研究，2003（6）.
[77] 张宏军. 大学生自杀行为影响因素分析. 承德民族职业技术学院学报，2005（2）.
[78] 张健东. 大学生自杀心理机制的形成. 山东省青年管理干部学院学报，2005（3）.
[79] 张敏生. 大学生过激行为心理机制分析. 黑龙江高教研究，2006（3）.
[80] 郑日昌. 心理辅导的新进展. 心理科学，2000（5）.
[81] 张绍波，傅文第. 关于大学生心理危机干预机制的研究. 教育探索，2006（3）.
[82] 张生阳，宋之霞. 论大学生心理健康教育. 嘉兴学院学报，2006（3）.
[83] 翟书涛. 自杀原因的研究现状. 中华精神科杂志，2002（2）.
[84] 翟书涛. 自杀的发生机制. 临床精神医学杂志，2002（2）.
[85] 张雪萍. 大学生自杀的原因及对策分析. 克山师专学报，2004（4）.
[86] KANEL K. A Guide to Crisis Intervention. California: Marcus Boggs, 2003.
[87] ESKIN M. Reliability of the Turkish version of the perceived social support from friends and family scales, scale for interpersonal behavior, and suicide probability scale. Journal of Clinical Psychology, 1993, 7（4）.

附　　录

附录1　SCL－90 症状自评量表

【指导语】以下列出了有些人可能会有的问题，请仔细阅读每一条，然后根据最近一星期来自己的实际感觉，选择最符合的一种情况，并在每个项目后面所附的备选答案的相应编号上画“○”。其中选“没有”时在A上画“○”，选“较轻”时在B上画“○”，选“中等”时在C上画“○”，选“较重”时在D上画“○”，选“严重”时在E上画“○”。

【询问项目】

	没有	较轻	中等	较重	严重
1. 头痛	A	B	C	D	E
2. 神经过敏，心中不踏实	A	B	C	D	E
3. 头脑中有不必要的想法或字句盘旋	A	B	C	D	E
4. 头昏或昏倒	A	B	C	D	E
5. 对异性的兴趣减退	A	B	C	D	E
6. 对旁人求全责备	A	B	C	D	E
7. 感到别人能控制你的思想	A	B	C	D	E
8. 责怪别人制造麻烦	A	B	C	D	E
9. 忘记性大	A	B	C	D	E
10. 担心自己的衣饰整齐及仪态的端正	A	B	C	D	E
11. 容易烦恼和激动	A	B	C	D	E
12. 胸痛	A	B	C	D	E
13. 害怕空旷的场所或街道	A	B	C	D	E
14. 感到自己的精力下降，活动减慢	A	B	C	D	E
15. 想结束自己的生命	A	B	C	D	E
16. 听到旁人听不到的声音	A	B	C	D	E
17. 发抖	A	B	C	D	E
18. 感到大多数人都不可信任	A	B	C	D	E
19. 胃口不好	A	B	C	D	E
20. 容易哭泣	A	B	C	D	E
21. 同异性相处时感到害羞不自在	A	B	C	D	E

	没有	较轻	中等	较重	严重
22. 感到受骗、中了圈套或有人想抓住您	A	B	C	D	E
23. 无缘无故地突然感到害怕	A	B	C	D	E
24. 自己不能控制地大发脾气	A	B	C	D	E
25. 怕单独出门	A	B	C	D	E
26. 经常责怪自己	A	B	C	D	E
27. 腰痛	A	B	C	D	E
28. 感到难以完成任务	A	B	C	D	E
29. 感到孤独	A	B	C	D	E
30. 感到苦闷	A	B	C	D	E
31. 过分担忧	A	B	C	D	E
32. 对事物不感兴趣	A	B	C	D	E
33. 感到害怕	A	B	C	D	E
34. 您的感情容易受到伤害	A	B	C	D	E
35. 旁人能知道您的私下想法	A	B	C	D	E
36. 感到别人不理解您、不同情您	A	B	C	D	E
37. 感到人们对您不友好、不喜欢您	A	B	C	D	E
38. 做事必须做得很慢以保证做得正确	A	B	C	D	E
39. 心跳得很厉害	A	B	C	D	E
40. 恶心或胃部不舒服	A	B	C	D	E
41. 感到比不上他人	A	B	C	D	E
42. 肌肉酸痛	A	B	C	D	E
43. 感到有人在监视您、谈论您	A	B	C	D	E
44. 难以入睡	A	B	C	D	E
45. 做事必须反复检查	A	B	C	D	E
46. 难以做出决定	A	B	C	D	E
47. 怕乘电车、公共汽车、地铁或火车	A	B	C	D	E
48. 呼吸有困难	A	B	C	D	E
49. 一阵阵发冷或发热	A	B	C	D	E
50. 因为感到害怕而避开某些东西、场合或活动	A	B	C	D	E
51. 脑子变空了	A	B	C	D	E
52. 身体发麻或刺痛	A	B	C	D	E
53. 喉咙有梗塞感	A	B	C	D	E
54. 感到没有前途没有希望	A	B	C	D	E
55. 不能集中注意力	A	B	C	D	E
56. 感到身体的某一部分软弱无力	A	B	C	D	E
57. 感到紧张或容易紧张	A	B	C	D	E
58. 感到手或脚发重	A	B	C	D	E

	没有	较轻	中等	较重	严重
59. 想到死亡的事	A	B	C	D	E
60. 吃得太多	A	B	C	D	E
61. 当别人看着您或谈论您时感到不自在	A	B	C	D	E
62. 有一些不属于您自己的想法	A	B	C	D	E
63. 有想打人或伤害他人的冲动	A	B	C	D	E
64. 醒得太早	A	B	C	D	E
65. 必须反复洗手、点数目或触摸某些东西	A	B	C	D	E
66. 睡得不稳不深	A	B	C	D	E
67. 有想摔坏或破坏东西的冲动	A	B	C	D	E
68. 有一些别人没有的想法或念头	A	B	C	D	E
69. 感到对别人神经过敏	A	B	C	D	E
70. 在商店或电影院等人多的地方感到不自在	A	B	C	D	E
71. 感到任何事情都很困难	A	B	C	D	E
72. 一阵阵恐惧或惊恐	A	B	C	D	E
73. 感到在公共场合吃东西很不舒服	A	B	C	D	E
74. 经常与人争论	A	B	C	D	E
75. 单独一人时神经很紧张	A	B	C	D	E
76. 别人对您的成绩没有做出恰当的评价	A	B	C	D	E
77. 即使和别人在一起也感到孤单	A	B	C	D	E
78. 感到坐立不安、心神不定	A	B	C	D	E
79. 感到自己没有什么价值	A	B	C	D	E
80. 感到熟悉的东西变成陌生或不像是真的	A	B	C	D	E
81. 大叫或摔东西	A	B	C	D	E
82. 害怕会在公共场合昏倒	A	B	C	D	E
83. 感到别人想占您的便宜	A	B	C	D	E
84. 为一些有关“性”的想法而苦恼	A	B	C	D	E
85. 您认为应该因为自己的过错而受到惩罚	A	B	C	D	E
86. 赶快把事情做完	A	B	C	D	E
87. 感到自己的身体有严重问题	A	B	C	D	E
88. 从未感到和其他人很亲近	A	B	C	D	E
89. 感到自己有罪	A	B	C	D	E
90. 感到自己的脑子有毛病	A	B	C	D	E

附录2　环境适应能力自测

环境适应能力，指的是一个人在心理上适应生活和环境的能力。适应能力的高低，从某种意义上说，表明一个人的成熟度。

1. 我最怕转学、转班级、换单位，因为每到一个新环境，我总要经过很长一段时间才能适应。（　）
2. 每到一个新的地方，我很容易同别人接近。（　）
3. 在陌生人面前，我总是无话可说，以致感到尴尬。（　）
4. 我最喜欢学习新知识、新技术，它给我一种新鲜感，能调动我的积极性。（　）
5. 每到一个新地方，我第一天总是睡不好，就是在家里，只要换一张床，有时也会失眠。（　）
6. 不管生活条件有多大变化，我也能很习惯。（　）
7. 越是人多的地方，我越感到紧张。（　）
8. 在正式比赛或考试时，我的成绩多半会比平时差。（　）
9. 我最怕在会上讲话，大家都看着我，心都快跳出来了。（　）
10. 即使同学、同事对我有看法，我仍能正常同他（她）交往。（　）
11. 老师、领导在场的时候，我做事情总有些不自在。（　）
12. 和同学、同事、家人相处，我很少固执己见，乐于采纳别人的意见。（　）
13. 同别人争论时，我常常感到语塞，事后才想起该怎样反驳对方，可惜已经太迟了。（　）
14. 我对生活条件要求不高，即使生活条件很艰苦，我也能过得很愉快。（　）
15. 有时自己明明把考试内容背得滚瓜烂熟，可在考场上还是会出差错。（　）
16. 在决定胜负成败的关键时刻，我虽然很紧张，但总能很快地使自己镇定下来。（　）
17. 我不喜欢的东西，不管怎么学也学不会。（　）
18. 在嘈杂混乱的环境里，我仍能集中精力学习或工作，并且效率不减。（　）
19. 我不喜欢陌生人来家里做客，每逢这种情况，我就有意回避。（　）
20. 我很喜欢参加社交活动，我感到这是交朋友的好机会。（　）

附录3　心理应对能力测验

美国著名心理学家艾利斯设计的心理应对能力问卷，以生活中的突发事件、重大生活变故、特殊的压力情境等为背景，评定人们面对心理压力时的能力。

本问卷有30题，请根据自己的实际情况，选择合适的答案。由于本问卷是以西方生活为背景，故有些内容可能不一定符合我国的实际，请你回答时酌情考虑，设想如果你处在这样的情况下，你会如何？

1. 本来是一个平安无事的周末，你正在家里休息，突然接到消息说你有一位亲人被紧急送往医院，你必须去医院照顾该病人，这时你会（　）。

A. 觉得完全无法应付　　B. 尽力而为，但是期望每件事早日恢复正常

C. 有充沛的精力去应付

2. 如果你突然之间无事一身轻，你会（　）。

A. 去喝酒，喝得一醉方休　　B. 觉得有了自己的空余时间，高兴极了

C. 立刻开始计划另外一项工作

3. 如果你有完全属于自己的一个夜晚，没有任何事情要做，你会（　　）。

A. 轻松地享受独处的滋味　　B. 打一些电话给朋友聊天

C. 为自己找一些事情来做

4. 有个比你小的朋友请你去参加他们的假日野营，你可能会（　　）。

A. 去参加，假如你没有更好的事情可做的话

B. 很喜欢去，因而把其他的约会取消

C. 加以拒绝，因为你比较喜欢过一种让自己满意的假日

5. 假设有医生对你说，你只有 6 个月的时间生存，你会（　　）。

A. 尽量去做很多你经常想做的事情

B. 花时间把你的事情安排就绪，并且让你的家人和朋友有个心理准备

C. 尽量寻访各地名医，力图挽回你的健康和生命

6. 当你有轻微的头疼时，你会（　　）。

A. 上床睡觉，或者至少不和别人在一起　　B. 不去管它，行为和平常一样

C. 吃一粒止痛药

7. 你已经躺在床上，准备要早点睡觉，忽然有位朋友打来电话，邀请你参加一个宴会，这时你会（　　）。

A. 告诉他你想睡觉　　B. 起床，和他一道去

C. 委婉地辞谢

8. 你的牙齿有时出现疼痛，你会（　　）。

A. 约定时间去看牙科医生

B. 认为应该去看牙医，但却一直等到恶化了才会去

C. 设法假定像没事一样

9. 当你遇到麻烦时，你（　　）用自杀来解决你的问题。

A. 从来没想过　　B. 偶尔想过

C. 经常会想

10. 你已经存够了买一套住房的钱，忽然听说有房子优惠出售，但是你还没有足够的钱来买家具，这时你会（　　）。

A. 先把房买了搬进去，住空房子，等到有钱再买家具

B. 想其他办法添置或者翻新一些必要的家具

C. 暂时不买房子，直到有了足够的钱买家具时再买

11. 如果你是世界末日后的幸存者，你认为你会（　　）。

A. 宁愿去死　　B. 充分利用新的机会

C. 你不知道

12. 下列话中哪一句对你更适用？（　　）

A. 在我的生命中，最重要的是我的工作

B. 家庭是我一生中最重要的

C. 每一分钟都过得充实，是我一生中最重要的事

13. 你感到焦虑的时候，是（　　）。

A. 只有在真正麻烦的事情发生时才会有

B. 在没有明显的理由之下，经常出现
C. 当情况确实难以避免时，偶尔出现
14. 如果你在街上看到有人受到攻击，你会（　　）。
A. 设法帮助他　　B. 立刻躲避
C. 报警求援
15. 下列哪一种情况对你最合适？（　　）
A. 我有点像“梦想家”，而且在需要采取行动时总是瞻前顾后
B. 当我不得不做决定时，我先是有点犹豫不决，然后就会行动
C. 我比较容易采取行动，不会坐着空想
16. 如果你们家外面发生一件严重的意外事故，你比较可能会（　　）。
A. 帮助解决困难，因为你有实际的急救常识
B. 在别人指挥之下帮忙，因为你不知道该怎么办
C. 顶多只能帮忙打电话叫救护车来
17. 如果你家被偷了，你会（　　）。
A. 感到震惊和难过
B. 立即打电话给你的保险公司或公安部门
C. 感到十分生气，并想对那些窃贼采取某种报复行为
18. 如果你的伴侣威胁说要离家出走，你会（　　）。
A. 建议他（她）叫出租车，把钱带够　　B. 尽量与其讲道理
C. 请求他（她）留下来
19. 你觉得缺少（　　）时，对你生活的影响最小。
A. 电话　　B. 汽车
C. 方便食品
20. 突然停电时，你会（　　）。
A. 使用蜡烛　　B. 后悔没有预先做准备
C. 上床去，一直到来电为止
21. 一般来说，你要走（　　）才会开始觉得疲劳。
A. 半里路　　B. 2 里路
C. 6 里以上的路
22. 在感到疲劳之后，你（　　）。
A. 还可以再走几里路　　B. 一步也走不动
C. 需要走多远就走多远
23. 你最怕（　　）。
A. 全部的钱和工作都丢掉了　　B. 失去你的家庭和朋友
C. 精神崩溃
24. 下列 3 件事情，你懂哪些？（可选多项）（　　）
A. 食物的种植和烹饪　　B. 医药
C. 建筑
25. 当你需要钱的时候，你就（　　）。

A. 尽量存钱　　B. 动脑筋想赚钱的办法
C. 如果借得到，就去向人借钱

26. 下列哪一句话对你来说是最确切的？（　　）
A. 我为生活制订了具有弹性的计划，如果遇到合适的机会，我会马上加以改变
B. 我对于生活中的每一件事情，几乎都计划好了，而且一定贯彻始终
C. 我对于生活的态度是顺其自然

27. 假设你是在一个荒岛上，你会选择把（　　）扔掉。
A. 一箱罐头食品　　B. 一箱书籍
C. 一箱工具

28. 如果有人攻击你，想置你于死地，你比较可能会（　　）。
A. 投降，而不是杀害那个攻击你的人
B. 把攻击你的人给杀了，如果有机会的话
C. 尽量逃跑

29. 你是否需要让周围的人觉得你是有用的人？（　　）
A. 是　　B. 否
C. 偶尔需要

30. 下列这些情况，你最不能忍受的是（　　）。
A. 身体上的疼痛　　B. 来自社会的苦难
C. 沮丧

附录4　大学生学习适应性测试[①]

【指导语】下面是一些有关你的学习情况的问题，请你看完每个问题后选择分数。完全符合，5分；比较符合，4分；符合与不符合之间，3分；比较不符合，2分；完全不符合，1分。每题只能选一个分数。

1. 我学习的动力主要来自对知识的好奇和渴求。　（1　2　3　4　5）
2. 在学习中我有强烈的掌握知识的渴望。　（1　2　3　4　5）
3. 课余时间我知道自己该干什么。　（1　2　3　4　5）
4. 我认为学习是赢得地位和自尊心的根源。　（1　2　3　4　5）
5. 我经常为学习上的事感到焦虑。　（1　2　3　4　5）
6. 自我提高的抱负促使我认真学习。　（1　2　3　4　5）
7. 在学习上，我有明确目标，不会能混就混。　（1　2　3　4　5）
8. 我觉得不努力学习今后就跟不上时代发展。　（1　2　3　4　5）
9. 成为长者眼中有发展前途的人是我学习动力的源泉。　（1　2　3　4　5）
10. 我希望自己学习成绩优异，这样能提高我在长辈和同学心目中的地位。　（1　2　3　4　5）
11. 我的学习是融会贯通，而非死记硬背。　（1　2　3　4　5）

① 张宏如，曹雨生．当代大学生心理学．北京：首都经济贸易大学出版社，2004.

12. 上大学后我的思维方式更加成熟了。 (1 2 3 4 5)
13. 我有自己的学习方法与计划，并能切实地付诸实施。 (1 2 3 4 5)
14. 我觉得自己上大学后，学习更具灵活性。 (1 2 3 4 5)
15. 我进入大学以来，认知更加宽广，前途更加清晰。 (1 2 3 4 5)
16. 我常常主动到图书馆借阅与学习有关的书看。 (1 2 3 4 5)
17. 晚上睡觉前，考虑第二天该学习什么内容。 (1 2 3 4 5)
18. 成绩不好时，会鼓励自己加倍努力。 (1 2 3 4 5)
19. 按自己的计划完成学习任务会很充实。 (1 2 3 4 5)
20. 我认为大学生不仅是学习具体的知识，更重要的是掌握学习知识的能力。 (1 2 3 4 5)
21. 学校生活条件对我的学习有较大的影响。 (1 2 3 4 5)
22. 家庭条件的好坏对我的学习有较大的影响。 (1 2 3 4 5)
23. 宿舍学习环境对我的学习影响很大。 (1 2 3 4 5)
24. 班级的学习风气对我的学习有较大的影响。 (1 2 3 4 5)
25. 学校的学习氛围对学习非常重要。 (1 2 3 4 5)
26. 大学里人际关系处理得如何，对学习影响很大。 (1 2 3 4 5)
27. 大学里过多的社交活动影响我的学习。 (1 2 3 4 5)
28. 我的学习与参加学校的文体活动有关。 (1 2 3 4 5)
29. 学校的地理位置等环境因素影响我的学习。 (1 2 3 4 5)
30. 学校的学习条件影响我的学习。 (1 2 3 4 5)
31. 大学的自由时间太多了，我有些不适应。 (1 2 3 4 5)
32. 大学对学生的管理方式不如中学。 (1 2 3 4 5)
33. 我不适应大学里这种理论多实践少的教育。 (1 2 3 4 5)
34. 大学老师的授课方式常让我觉得不舒服。 (1 2 3 4 5)
35. 老师的性格等个性特征影响我的学习。 (1 2 3 4 5)
36. 老师的教学风格影响我的学习。 (1 2 3 4 5)
37. 我觉得老师在学习上对我的要求太高。 (1 2 3 4 5)
38. 我希望老师多指导我的学习。 (1 2 3 4 5)
39. 我希望改变目前的教学模式。 (1 2 3 4 5)
40. 我希望学校能建立更有效的导学机制。 (1 2 3 4 5)
41. 从心理角度而言，我适应大学的学习。 (1 2 3 4 5)
42. 我感到自己学习潜力很大。 (1 2 3 4 5)
43. 我的情绪比在中学时更加稳定乐观。 (1 2 3 4 5)
44. 我能理性、冷静地看待和处理好自己的学习。 (1 2 3 4 5)
45. 我对学习比较有恒心。 (1 2 3 4 5)
46. 对待大学学习，我有坚持不懈的精神。 (1 2 3 4 5)
47. 相对于中学阶段，我现在在学习上更有自制性。 (1 2 3 4 5)
48. 大学学习阶段，我的性格等人格特征都发展得很好。 (1 2 3 4 5)
49. 对于大学的学业，我的身体状态很适应。 (1 2 3 4 5)

50. 经过大学的学习，我的心理素质越来越好。 (1　2　3　4　5)

【结果分析（参考）】 以上题目中，1 ~ 10 题的平均得分是学习动机适应的得分；11 ~ 20 题的平均得分是学习能力适应的得分；21 ~ 30 题的平均得分是学习环境适应的得分；31 ~ 40 题的平均得分是教育风格适应的得分；41 ~ 50 题的平均得分是学习身心适应的得分。其中，学习动机适应、学习能力适应和学习身心适应的得分在 3 分以下为适应性差，3 ~ 4 分为尚可，4 分以上为适应性很好。而学习环境适应、教育风格适应的得分在 3 分以下为适应性很好，3 ~ 4 分为尚可，4 分以上为适应性差。

附录 5　测测自己的学习动机①

【指导语】 下面是一些有关你的学习情况的问题，请你看完每个问题后自测打分。完全符合，2 分；比较符合，1 分；符合与不符合之间，0 分；比较不符合，－1 分；完全不符合，－2 分。每题只能选一个答案。

1. 我学习的努力程度主要是源自自己的兴趣。 (2　1　0　－1　－2)
2. 我学习的动力主要来自对知识的好奇和渴求。 (2　1　0　－1　－2)
3. 对未知领域的探究一直促使我努力学习。 (2　1　0　－1　－2)
4. 我觉得学习成绩的好坏无关紧要，关键是获得知识。 (2　1　0　－1　－2)
5. 我在学习上有计划性。 (2　1　0　－1　－2)
6. 在学习中我有强烈的掌握知识的渴望。 (2　1　0　－1　－2)
7. 我愿意接受挑战性知识的学习。 (2　1　0　－1　－2)
8. 假如没有考试，我也会认真学习。 (2　1　0　－1　－2)
9. 我非常清楚自己哪些知识的学习还需加强。 (2　1　0　－1　－2)
10. 课余时间我知道自己该干什么。 (2　1　0　－1　－2)
11. 为自我满足而学习。 (2　1　0　－1　－2)
12. 上课时，我经常被知识所吸引。 (2　1　0　－1　－2)
13. 我有独立学习的愿望。 (2　1　0　－1　－2)
14. 对新异的知识，我喜欢探索。 (2　1　0　－1　－2)
15. 我常用自己的标准来衡量学习是否成功。 (2　1　0　－1　－2)
16. 我认为学习是赢得地位和自尊心的根源。 (2　1　0　－1　－2)
17. 能获得满意的奖学金是我学习的主要动力。 (2　1　0　－1　－2)
18. 我努力学习以追求成功。 (2　1　0　－1　－2)
19. 我经常为学习上的事感到焦虑。 (2　1　0　－1　－2)
20. 我希望自己今后能成为一名研究生（大学生），否则没有面子。 (2　1　0　－1　－2)
21. 大学毕业的文化水平已经够用了。 (2　1　0　－1　－2)
22. 由于我不够努力，常常达不到预定的学习目标。 (2　1　0　－1　－2)
23. 我发现自己的学习目标太高，以致难以达到。 (2　1　0　－1　－2)

① 张宏如，曹雨生．当代大学生心理学．北京：首都经济贸易大学出版社，2004.

24. 对不感兴趣的课程，若真正有用，我也会努力学好。 (2　1　0　-1　-2)
25. 自我提高的抱负促使我认真学习。 (2　1　0　-1　-2)
26. 在学习上，我有明确目标，不会能混则混。 (2　1　0　-1　-2)
27. 我非常努力以避免失败。 (2　1　0　-1　-2)
28. 我今天努力学习是为了今后有好的工作。 (2　1　0　-1　-2)
29. 我常用外部的标准来衡量学习是否成功。 (2　1　0　-1　-2)
30. 我觉得不努力学习今后就跟不上时代发展。 (2　1　0　-1　-2)
31. 今后能成为父母或老师那样的人促使自己努力学习。 (2　1　0　-1　-2)
32. 在学习中，我的动力是不辜负父母等家人的期望。 (2　1　0　-1　-2)
33. 我的学习动力主要是获得老师、同学的赞许。 (2　1　0　-1　-2)
34. 成为长者眼中有发展前途的人是我学习动力的源泉。 (2　1　0　-1　-2)
35. 我希望自己学习成绩优异，这样能提高我在长辈和同学心目中的地位。 (2　1　0　-1　-2)
36. 我要在学习中表现好，以向我的家人、朋友显示我的能力。 (2　1　0　-1　-2)
37. 我希望获得好成绩以提高自己在同学中的地位。 (2　1　0　-1　-2)
38. 我常把自己的成绩与班上的优秀同学相比较。 (2　1　0　-1　-2)
39. 老师的性格等个性特征影响我的学习。 (2　1　0　-1　-2)
40. 我能有意识地使自己的行为符合父母的期望标准。 (2　1　0　-1　-2)
41. 我觉得老师在学习上对我的要求太高。 (2　1　0　-1　-2)
42. 教师的教学风格影响我的学习。 (2　1　0　-1　-2)
43. 我希望老师能经常表扬我。 (2　1　0　-1　-2)
44. 我喜欢在课堂上积极思考或回答老师的问题。 (2　1　0　-1　-2)
45. 我愿意参加学习竞赛，这样可以提高自己的地位。 (2　1　0　-1　-2)
46. 如果老师不布置作业，就自己看书或找习题做。 (2　1　0　-1　-2)
47. 常常主动到图书馆借阅与学习有关的书看。 (2　1　0　-1　-2)
48. 一天的活动中，学习排在第一位。 (2　1　0　-1　-2)
49. 晚上睡觉前，考虑第二天该学习什么内容。 (2　1　0　-1　-2)
50. 如果没有按时完成学习任务，我会深深责备自己。 (2　1　0　-1　-2)
51. 自习课上，希望老师不要具体规定学什么。 (2　1　0　-1　-2)
52. 完成老师布置的作业后，还会主动加量。 (2　1　0　-1　-2)
53. 取得好成绩的时候，就奖励自己。 (2　1　0　-1　-2)
54. 关心自己的学习名次。 (2　1　0　-1　-2)
55. 成绩不好时，鼓励自己加倍努力。 (2　1　0　-1　-2)
56. 对于可做可不做的作业，力求都做出来。 (2　1　0　-1　-2)
57. 如果一门功课落下较多，就加倍学习补上。 (2　1　0　-1　-2)
58. 解决学习中一些难题后，有一种满足感。 (2　1　0　-1　-2)
59. 感到自己学习潜力很大。 (2　1　0　-1　-2)
60. 按自己的计划完成学习任务会很充实。 (2　1　0　-1　-2)

【结果分析（参考）】上述 1 ~ 15 题的平均得分为认知驱动力的得分；16 ~ 30 题的平均

得分为自我提高驱动力的得分；31～45 题的平均得分为附属驱动力的得分；46～52 题的平均得分为学习自主性的得分；53～60 题的平均得分为学习自我效能感的得分。各项平均得分高于 4 分的为优秀；3～4 分为一般；3 分以下为较差，需要提高。

附录 6　人际交往方式问卷

本问卷共 28 个问题，每个问题做“是”（打√）或“否”（打×）回答。请你认真完成。然后参看后面的计分方法，对测验结果做出解释。

1. 关于自己的烦恼有苦难言。（　　）
2. 和陌生人见面时感觉不自然。（　　）
3. 过分羡慕和妒忌别人。（　　）
4. 与异性交往太少。（　　）
5. 对连续不断的会谈感到困难。（　　）
6. 在社交场合感到紧张。（　　）
7. 时常伤害别人。（　　）
8. 与异性来往感觉不自然。（　　）
9. 与一大群朋友在一起，常感到孤寂或失落。（　　）
10. 极易受窘。（　　）
11. 与别人不能和睦相处。（　　）
12. 不知道与异性相处如何适可而止。（　　）
13. 当不熟悉的人对自己倾诉他的生平遭遇以求同情时，自己常感到不自在。（　　）
14. 担心别人对自己有什么坏印象。（　　）
15. 总是尽力使别人欣赏自己。（　　）
16. 暗自思慕异性。（　　）
17. 时常避免表达自己的感受。（　　）
18. 对自己的仪表（容貌）缺乏信心。（　　）
19. 讨厌某人或被某人所讨厌。（　　）
20. 瞧不起异性。（　　）
21. 不能专注地倾听。（　　）
22. 自己的烦恼无人可倾诉。（　　）
23. 受别人排斥与冷漠。（　　）
24. 被异性瞧不起。（　　）
25. 不能广泛地听取各种意见、看法。（　　）
26. 自己常因受伤害而暗自伤心。（　　）
27. 常被别人谈论、愚弄。（　　）
28. 与异性交往不知如何更好地相处。（　　）

根据自评统计结果，进行分析。分析规则如下：

总分为 0～8 分，说明你在与朋友相处上的困扰较少。你善于交谈，性格开朗，主动，关心别人，对周围朋友很好，愿意与他们在一起，彼此相处得不错。而且，你能够从朋友相处中得到许多乐趣。你的生活是比较充实而且丰富多彩的，你与异性朋友也相处得很好。一句话，你不存在或较少存在交友方面的困扰，你善于与朋友相处，人缘很好，获得许多人的好感与赞同。

总分为 9 ~ 14 分，说明你与朋友相处有一定的困扰，人缘一般，与朋友的关系不牢固，时好时坏，经常处于起伏变动的状态之中。

总分为 15 ~ 28 分，说明你在与朋友相处时存在严重困扰。分数超过 20 分，则表明你的人际关系行为困扰程度很严重，而且在心理上出现较为明显的障碍：你可能不善于交谈，也可能是个性格孤僻的人，不开朗，或者有明显的自高自大、讨人嫌的行为。

附录 7　气质类型测试量表

条　目	很符合	较符合	一般	较不符合	很不符合
1. 做事力求稳妥，一般不做无把握的事	A	B	C	D	E
2. 遇到可气的事情就怒不可遏，想把心里话全说出来才痛快	A	B	C	D	E
3. 宁可一个人干事，不愿很多人在一起	A	B	C	D	E
4. 到一个新环境很快就能适应	A	B	C	D	E
5. 厌恶那些强烈的刺激，比如尖叫、噪声、危险镜头等	A	B	C	D	E
6. 和人争吵时，总是先发制人，喜欢威胁人	A	B	C	D	E
7. 喜欢安静的环境	A	B	C	D	E
8. 我善于和人交往	A	B	C	D	E
9. 羡慕那种善于克制自己感情的人	A	B	C	D	E
10. 生活有规律，很少违反作息制度	A	B	C	D	E
11. 在多数情况下情绪是乐观的	A	B	C	D	E
12. 碰到陌生人觉得很拘束	A	B	C	D	E
13. 遇到令人气愤的事，能很好地自我克制	A	B	C	D	E
14. 做事总是有旺盛的精力	A	B	C	D	E
15. 遇到问题总是举棋不定、优柔寡断	A	B	C	D	E
16. 在人群中从不觉得过于拘束	A	B	C	D	E
17. 情绪高昂时，觉得干什么都有趣；情绪低落时，干什么都没劲	A	B	C	D	E
18. 当注意力集中于某一事物时，别的事很难使我分心	A	B	C	D	E
19. 理解问题时总比别人快	A	B	C	D	E
20. 遇到危险情境，常有一种极度恐怖感	A	B	C	D	E

续表

条　目	很符合	较符合	一般	较不符合	很不符合
21. 对学习、工作、事业均有很高的热情	A	B	C	D	E
22. 能长时间地做枯燥、单调的工作	A	B	C	D	E
23. 符合自己兴趣的事，干起来劲头十足，否则就不想干	A	B	C	D	E
24. 一点小事就能引起情绪波动	A	B	C	D	E
25. 讨厌做那种需要耐心、细致的工作	A	B	C	D	E
26. 与人交往时不卑不亢	A	B	C	D	E
27. 喜欢参加热烈的活动	A	B	C	D	E
28. 爱看感情细腻、描写人物内心活动的文学作品	A	B	C	D	E
29. 工作、学习时间久了，常感到厌倦	A	B	C	D	E
30. 不喜欢长时间谈论一个问题，愿意实际动手干	A	B	C	D	E
31. 宁愿侃侃而谈，不愿窃窃私语	A	B	C	D	E
32. 别人说我总是闷闷不乐	A	B	C	D	E
33. 理解问题常比别人慢些	A	B	C	D	E
34. 疲倦时只要短暂休息就能精神抖擞地重新投入工作	A	B	C	D	E
35. 心中有话，宁愿自己闷想，但不愿讲出来	A	B	C	D	E
36. 认准一个目标就希望尽快实现，不达目的，誓不罢休	A	B	C	D	E
37. 同样和别人学习、工作一段时间后，常比别人更感疲倦	A	B	C	D	E
38. 做事有些莽撞，常常不考虑后果	A	B	C	D	E
39. 当老师或师傅讲授新知识或新技术时，总是希望他们能够讲慢些，多重复几遍	A	B	C	D	E
40. 能很快地忘记不愉快的事情	A	B	C	D	E
41. 做作业或完成一件工作，总比别人花费的时间多	A	B	C	D	E
42. 喜欢运动量大而剧烈的体育活动，或参加各种文艺活动	A	B	C	D	E
43. 不能很快地把注意力从一件事转移到另一件事情上去	A	B	C	D	E
44. 接受一个任务后，就希望把它迅速地解决	A	B	C	D	E
45. 认为墨守成规要比冒险强些	A	B	C	D	E
46. 能够同时注意几件事	A	B	C	D	E
47. 当我在烦闷的时候，别人很难使我高兴起来	A	B	C	D	E
48. 爱看情节起伏跌宕、激动人心的小说	A	B	C	D	E
49. 对工作抱认真严谨、始终一贯的态度	A	B	C	D	E
50. 和周围人们的关系总是相处不好	A	B	C	D	E

续表

条　目	很符合	较符合	一般	较不符合	很不符合
51. 喜欢复习已学过的知识，重复做已经掌握的工作	A	B	C	D	E
52. 希望做变化大、花样多的工作	A	B	C	D	E
53. 小时候会背诗歌，似乎比别人记得更清楚	A	B	C	D	E
54. 别人说我“出口伤人”，可自己不觉得如此	A	B	C	D	E
55. 在体育活动中，常因反应慢而落后	A	B	C	D	E
56. 反应敏捷、头脑机智	A	B	C	D	E
57. 喜欢做有条理而不甚麻烦的工作	A	B	C	D	E
58. 教师讲新概念，常常听不懂，但一旦弄懂以后就很难忘记	A	B	C	D	E
59. 兴奋的事常常使我失眠	A	B	C	D	E
60. 假如工作枯燥无味，马上就出现情绪低落	A	B	C	D	E

根据自己的实际情况选择，分别在 A、B、C、D、E 这 5 个选项上打“√”。

根据“A = 2，B = 1，C = 0，D = －1，E = －2”的计分规律，在下表中填入自己的得分，并计算各单项总分。

胆汁质	题号	2	6	9	14	17	21	27	31	36	38	42	48	50	54	58	总分
	得分																
多血质	题号	4	8	11	16	19	23	25	29	34	40	44	46	52	56	60	总分
	得分																
黏液质	题号	1	7	10	13	18	22	26	30	33	39	43	45	49	55	57	总分
	得分																
抑郁质	题号	3	5	12	15	20	24	28	32	35	37	41	47	51	53	59	总分
	得分																

如果某一项或某两项的得分超过 20 分，则为典型的“某气质”或典型“某气质—某气质混合型”，如典型多血质，典型黏液质—抑郁质混合型；如果某一项或某两项得分大于 10 分，小于 20 分，其他各项得分较低，则为该项一般气质，例如，一般多血质，一般胆汁质—多血质混合型；如果各项得分都在 10 分以下，但又相差 5 分以上的偏差，则为略倾向该气质（或几项混合），例如，略倾向抑郁质，多血质—胆汁质混合型。

一般来说，正分值越高，表明被试者越具有该项气质的典型特征；反之，分值越低或明显负值，表明越不具备该项特征。